インタビュー調査法
入門

質的調査実習の工夫と実践

山口富子
|編著|

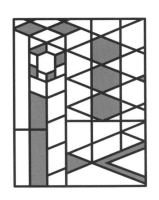

ミネルヴァ書房

はじめに

　日々の困りごとや何か特別な問題が起こった時，それを解決するためにきっと情報の探索をすることだろう。先輩にアドバイスを求めたり，本や資料を読んだり，あるいはまず手始めにインターネットで検索をするかもしれない。しかし，あなたの知りたいことが，インターネットから得られる情報だけでは不十分な場合，人に直接話を聞くということを思い浮かべるのではないか。

　あなたがジャーナリストなら，取材相手に連絡をとり，インタビューを試みることだろう。あなたがマーケティングの会社に勤めているのならば，消費者の購買傾向についてマーケティング調査をするかもしれない。あなたが官公庁で働いているのならば，タウンミーティングを企画し，住民に話を聞くかもしれない。では，あなたが卒業論文執筆のために人に話を聞かなくてはならない場合はどうだろう。本書は，そのような目的をもつ人たちを対象とするインタビュー法の本である。インタビュー法には，非構造化インタビュー，半構造化インタビュー，構造化インタビューという異なる特徴をもついくつかの技法がある。本書は，その中で半構造化インタビューと呼ばれる技法を取りあげる。特に，質的研究における半構造化インタビュー法に焦点をあてる。

　第1章は，インタビュー法という技法の方法論上の位置づけを明らかにするために，質的研究の考え方や基本的な概念を確認する。質的研究の研究デザインや研究デザインを構成する要素，またインタビュー法の定義やその特徴を解説する。第2章では，どのようにして調査テーマを決め，リサーチクエスチョンを立てるのかを論ずる。先行研究の探し方から，学術書の読み方，また読んだ本の記録の仕方まで具体的に解説をする。第3章は，社会調査においてリサーチクエスチョンを立てるということの意味を改めて確認し，インタビューをおこなう前の準備について解説する。また，調査依頼状やインタビュー・ガ

イドと呼ばれる調査ツールの作成法も紹介する。第4章は，インタビューの実施に焦点をあてる。この章では，調査のプロセスを記録・管理する方法やトランスクリプトを作成する方法，調査対象者のプライバシーの保護など実務的な内容にも触れる。第5章は，質的研究におけるデータ分析の考え方や分析の進め方について，コーディングの事例を示しながら解説する。そして第6章では，研究成果を論文としてどうまとめるのかについて，論文の基本構造と論文に書くべきことを中心に解説する。論文に相応しい文章やパラグラフライティングなど実践的なトピックについても触れる。

　本書は，インタビュー調査が初めてであるという人が一人で課題を進められるように，実際の研究ステップの流れに沿う順番で章が構成されている。第1章で質的研究におけるインタビュー法の基本について理解を深めた上で，第2章から第6章まで順に読み進め，研究の流れや進め方について理解を深めてほしい。そのとき，ただ単に本を読み流すのではなく，本から得た知識やアイデアをあなたの研究テーマに応用しながら読み進めていくことが大切である。本書では，学びを深め，実践力を身に付けられるように，下記を設けた。

- 実践例：「食のリスクと安全安心」を例として，課題の実践の様子を具体的に示す。
- 演習：演習課題。巻末のワークシートを使用するものもある。実践後は，実践例を参照しながら理解を深めてほしい。
- ワークシート：演習で使用する書き込み式シートを巻末に掲載（希望の大きさに拡大コピーして活用）。
- BOX：コラム。本題に関連して重要なことを紹介。

これらを積極的に活用し，あなたの研究を発展させてほしい。

　本書の筆者らは社会学を専門とするため，本書が引用する文献の多くは，社会学に関連するものである。しかし，本書で紹介する事柄の多くは，他の学問領域と深く結びついており，他の領域でも十分に通用するものである。他方，本書では，学際領域や新領域など比較的新しい学問領域の方法論については，十分に検討できなかった。こうした領域の研究をおこなう場合，ここで紹介す

る方法を応用し，試行錯誤を試みてほしいと思う。

　本書は，私たちが2013年に出版した国際基督教大学モノグラフシリーズ『質的調査法を教える』（山口富子・中野佑一・川口遼・今林寛之著）をさらに発展させたものである。以来，筆者らは10年以上に亘って，教育あるいは自らの研究を通して質的研究法との関わり合いを持ってきた。この経験から，本書には，学生との対話から得られたアイデアが散りばめられている。

　このようにしてできあがった本書があなたの課題に役立ってくれることを願ってやまない。

2023年1月

編著者　山口富子

インタビュー調査法入門
——質的調査実習の工夫と実践——

目　次

はじめに

<table>
<tr><td>第1章</td><td>質的研究におけるインタビュー法</td></tr>
</table>

　本書の「はじめに」で述べたように日々の困りごとは，自分自身がこれだと思う方法で情報を入手して，問題を解消すればよいのだが，社会科学的な研究として情報を探索する場合，社会調査法と呼ばれる方法論の知を踏まえ系統的に情報を集め結論を導きだす必要がある。では，系統的な情報の探索や収集は，どのようにおこなえばよいのだろうか。

　そのためにまず研究をどうデザインするのかという観点から課題の全体像を描くことが必要である。そこで本章では，研究デザインがなにを指すのか，また研究デザインがどのような要素から構成されているのかについて紹介する。また，半構造化インタビューという技法の特長や，インタビュー法の実践において配慮すべき事柄として，倫理の問題を取りあげる。

1　研究デザイン

　研究を進めるにあたり課題の全体像を描きつつも，それをどう実践するのかという個別の事柄にも目配りをする必要がある。その際，役に立つのが研究デザインと呼ばれる調査の見取り図である。一般的に実証研究の研究デザインには，学術的な知と実社会にかかわる事柄の両方が含まれる。ただし，質的研究の研究デザインは，量的研究ほど標準化されておらず，論者によって考え方や構成要素が異なるため（Flick 2007=2016; Kvale 2007=2016），わかりにくい面もあるが，本章では細かな違いにはとらわれず，研究課題をどう構成するのかという点から研究デザインのポイントを示す。

　質的研究の研究デザインは，横断的研究と縦断的研究，事例研究と比較研究

という異なる視座をもつ研究からとらえることができる（Flick 2007=2016）。横断的研究とは，多くの事例や事象の検討を通して，社会をとらえるというもの，縦断的研究とは，ひとつの事例やひとつの事象を対象として，関連するフィールドや調査対象者を何度も訪ね，知りたい事柄について理解を深めるというスタイルを取る。前者の研究のスコープ（研究の範囲）は，後者よりも広いのに対し，後者のほうが研究の深みや厚みをもつ。

　事例研究とは，特定の人，制度，組織，特定のコミュニティや人々が経験したできごとを研究ユニット（研究の単位）とし，そのユニットをひとつの事例としてまとめるというタイプの研究である。これに対し比較研究とは，ある基準を用い2種類以上の調査対象を取りあげ，それぞれを比較するというタイプの研究である。比較研究では，調査の対象とするグループの類似点や相違点といった観点から特定の事象の理解が目指される。これらの特徴を参考にしながら，研究課題を構想する段階で，あなたの研究課題にどのような視座を用いるのが適切なのか大まかな方向性を決めておこう。

　次に，研究デザインの内容についてである。研究デザインは，「データを集める」，「データを分析する」，そして「分析結果を記述あるいは説明する」という3つの実践から構成される。実証的な社会科学研究の場合[1]，この3つの実践を網羅する必要がある。データを集める方法は第3章と第4章で，データを分析する方法は第5章で，そして研究成果をどうまとめるのかについては，第6章で詳しく説明をする。

　実証的な社会科学研究の3つの実践は，さらに9つのステップに分けることができ，それぞれに標準的な進め方がある。

　ここで，**図1-1**を参照しよう。まずはじめに，調査テーマを決める（①）。そしてテーマに関連する先行研究を探し（②），それらに目を通し研究テーマについて理解を深める。そしてリサーチクエスチョン（学術的な問い）を設定する（③）。これらが済んだら，次に，だれにインタビューをするのか（④），またインタビューの時になにを聞くのかなど，インタビューを実施するためのツールとしてインタビュー・ガイドを作成する（⑤）。そして，インタビュー・

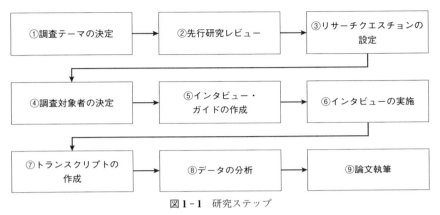

図1-1　研究ステップ

出所：筆者作成。

ガイドを用い，インタビューをおこなう（⑥）。インタビューが終了したら，トランスクリプトと呼ばれる会話記録を作成し（⑦），データの分析をおこなう（⑧）。最後に研究から得られた知見を論文やレポートにまとめる（⑨）。この9つのステップを実際にどのように進めるのかについては，次章以降で詳しく解説する。

　ここで理解しておかなくてはならないのは，質的研究の研究ステップは行きつ戻りつするという点である。すなわち，情報の収集，分析，選別，検証を繰り返しながら，研究している事象について理解を深める。また，データ収集や分析後もリサーチクエスチョンの練り直しや，調査対象者やインタビュー・ガイドの内容について再検討をおこなう（Ruben and Ruben 2012）。逆に，研究ステップが一方向的に進むことは稀で，常に先行研究レビューから得られたアイデアを実社会のできごとと見比べながら検証するということが求められる。本書ではこれを直線的な調査プロセスの対比として循環的な調査プロセスと呼ぶ。

　ここで注意をしてほしいのは，研究ステップを行ったり来たりしている間に，時間が経ってしまうという点である。クラスの演習として課題を進める場合は，課題の実施スケジュールが決められ，こうした問題に直面することは少ないのかもしれないが，1年あるいは2年というスケジュールで卒業論文，修士論文

3

のための研究を自主的に進めなくてはならない場合，管理上の問題が起こることがある。そうならないためにも，課題の全体像がある程度できあがったら，各ステップでなにをするのか，またそれをいつ実施するのかについて，スケジュールを立てておこう。

ひとたび研究課題が動きはじめると，目の前にある作業を進めながら，次のステップにかかわる作業の準備をはじめなくてはならず，ある程度見通しを立てておくことが大切である（Kvale 2007=2016）。例えば，リサーチクエスチョンを検討しながら，調査対象者をだれにするのか，調査対象者へのアクセスが可能なのか，また調査の依頼をどうするのか，インタビューで何を質問するのかなど，研究ステップの先へ先へと考えをめぐらせておこう。

本書を読んでいる多くの人はきっと限られた時間のなかで，この9つのステップを完了させなくてはならないことだろう。よって，調査対象者が見つかるのか，調査対象者にアクセスできるのかという点は，テーマを決める段階から目配りをしておく必要がある。調査対象者へのアクセスが難しい，あるいは調査対象者へのアクセスに時間がかかることが見込まれるようなテーマは，選ばないという判断もある。こうした選別を研究ステップの早い段階でしておくことが大切となる。

2　研究デザインの構成要素

次に研究デザインの構成要素についてである。はじめに，研究デザインの4要素を確認し，その上で認識論と理論的枠組みの関係，方法論と技法の関係について述べる。また研究デザインについてさらに理解を深めるために，研究の問題関心と方法論の関係についても検討する。

（1）認識論と理論的枠組み

研究デザインの構成要素について，ここではマイケル・クロッティを参照し（Crotty［1998］2020），認識論，理論的枠組み，方法論，技法の4つをその構成

表1-1　研究デザインの4要素の具体例

認識論	理論的枠組み	方法論	技法
客観主義 構築主義 主観主義	実証主義 （ポスト実証主義） 解釈主義 ・シンボリック相互作用論 ・現象学 ・解釈学 フェミニズム ポストモダニズム	実験 量的調査 エスノグラフィー 現象学的調査 グラウンデッド・セオリー アクションリサーチ 言説分析 フェミニスト・スタンドポイント・リサーチ	質問紙 観察 ・非参与 ・参与 インタビュー フォーカスグループ ケーススタディ 生活史 統計分析 因子分析 ドキュメント分析 内容分析 会話分析

出所：Crotty（2020: 5）をもとに筆者作成。

要素と考える（**表1-1**）。これらは主に調査研究の「どのように（How）」にかかわる理論的・抽象的な立場と具体的な調査・分析手法を指す。また，調査研究における「なぜ（Why）」という問題関心，「なにを（What）」というリサーチクエスチョンにもかかわる。

　認識論と理論的枠組みは「方法論を構成することにおける哲学的な立場であり，そのことによって調査研究プロセスを文脈づけ，その一貫性と内的基準を根拠づける」（Crotty 2020: 3）ものと理解できる。つまり，方法論と技法は，認識論と理論的枠組みによって決まってくるのである。例えば，食の安全安心という問題への関心から有機農業を営む農家を対象とする調査を計画したとしよう。最近は，過疎化対策の一環として，有機農法に関心をもつ新規就農者を呼び込もうとしている地域もある。この新規就農者が，新規就農というライフコース上の選択や有機農法という農法を，食の安全安心とリスクとの関連のなかでどのように意味づけているのかを明らかにしたいと考えた。さらに，先行研究レビューや予備的な非参与観察などを通して，新規就農者の実践が，自治体などの政策，地域に住んでいる農家や同じく新規就農者として移り住んできた人々とのネットワーク，あるいはJAなどの農業協同組合，さらには消費者

などとのかかわり合いの総体のなかに位置づけられることがわかってきた。ここでの安全安心の意味づけは，他者との言語的な相互行為のなかでなされることが前提となっている。これはシンボリック相互作用論が取る前提である。

　シンボリック相互作用論は，人がある事柄についてどのように意味づけているかを主要な問いとする。そして，その意味は，社会との関わりの中で形成されると指摘する（Blumer 1969=1991）。つまり，方法論としてのエスノグラフィーと技法としての参与観察の採用は，理論的枠組みとしてのシンボリック相互作用論によって方向づけられる。このように理論的枠組みは，問題関心と方法論および技法の一貫性をもたらすものである。

　認識論は「理論的枠組みに埋め込まれた知の理論」（Crotty 2020: 3）である。理論的枠組みは調査研究者が「世界をまなざし，理解する方法」（Crotty 2020: 7）である。そのため，社会調査に関する理論的枠組みは必然的に知識の理論，すなわち社会調査が生みだす，あるいは発見する知識がどのようなものであるかを説明する知の理論が必要となる。

　認識論の分類の仕方はさまざまであるが，クロッティは大きく客観主義，構築主義，主観主義に分類する（Crotty 2020）。社会学の文脈においては，特に客観主義と構築主義の違いが重要である。客観主義的な立場から見れば，知識は行為者や人々の相互行為とは独立して存在すると考えられる（Flick 2007=2016）。この立場において，社会調査は，「厳密で科学的なデータ収集と分析によって客観的な事実を発見でき，そうすることによって社会のあり方が説明でき，さらに社会変動の予測さえも可能となるような法則や一般化を目指す」（桜井 2003: 456）ものと位置づけられる。この認識論的立場は，実証主義やポスト実証主義といった理論的枠組みに埋め込まれている。

　他方，社会構築主義的な立場において，知識は，社会構造上の条件などさまざまな文脈のなかで，人々の言語実践（意味づけ）を通じて生みだされていくものとされる（上野 2001）。この発想を踏まえ特にインタビュー調査は，聞き手と語り手とによる社会的現実を構築する相互行為とみなされ（Holstein and Gubrium 1995=2004），その目的は「調査対象者の生活世界における中心的な

テーマの意味を理解すること」（Kvale 2007=2016）である。それゆえ，インタビューを通じて生みだされた知は状況に埋め込まれたものと理解され，客観主義的な立場ほどには，法則の発見や結果の一般化は目指されない。

　以上のような認識論の分け方は，かなり図式的なものである。それぞれの立場はいわばスペクトラムの両端のようなものであり，実際の調査研究は両者のあいだのどこかに位置づけられると考えるとよいだろう。例えば，長らく生活史調査をおこなってきた谷富夫は，実証主義的な立場に立ちながらも，質的調査における「厳密で科学的なデータ収集と分析」による「客観的な事実」の把握の困難さを踏まえ，調査研究のことをデータと事実の間隔を少しでも縮め，理論へ一歩でも近づく不断の努力と述べている（谷 1996）。あるいは，社会構築主義的な立場からインタビューを調査者と被調査者の相互行為ととらえたとしても，例えば，調査者が果たした役割やインタビューが状況づけられた文脈を，分析の際に取り込む度合いは，研究者の理論的関心に依存している（桜井・石川編 2015）。

（2）方法論と技法

　これまで述べてきたように理論的枠組みは，調査研究の「なぜ（Why）」「なにを（What）」を方向づけるものだが，方法論は「特定の技法の選択ならびに採用の背景にある戦略，行為の計画，プロセス，デザイン」（Crotty 2020: 3）と定義づけられる。方法論は，大きく量的研究法，質的研究法，そして両者を併用する混合研究法の３つに分けられる。例えば，量的研究法においては，質問紙調査の方法や，横断調査か縦断調査かといった問題関心に応じた調査設計やさまざまな統計的な分析手法などが体系化されている。これに対し技法は「データを集め，分析する際の手法（techniques）」と定義される（Crotty 2020: 3）。本書が取りあげる半構造化インタビューや分析手法としてのコーディング（第5章）といった具体的な方法や手続きもこれら技法の一種である。

　一方，質的研究においても，グラウンディッド・セオリーというアプローチを用いる場合，調査技法としてはインタビュー法が採用され，サンプリングに

おいて理論的飽和を重要視するというように，具体的な技法の選択に関する方向性が示される。

　ここで重要なのは，どのような方法論的立場を取るかが，調査研究の問題関心やリサーチクエスチョンに深くかかわっているという点である。先に新規就農者に関する事例で見たように，どの方法論を用いるのかという選択には，**表1-1**で示す理論的枠組みが深くかかわる。先ほどの例では，地域コミュニティ内部のさまざまな関係性に文脈づけられた，新規就農者の実践の意味づけが問題関心の射程に収められていた。これらを丸ごと理解するとするならば，おそらく方法論的立場としては，エスノグラフィー，調査の技法として参与観察と非構造的インタビューが有力な選択肢となるだろう。これらの選択が正当化されるのは，エスノグラフィーという方法論的立場の焦点である調査対象となる人々の世界のとらえ方や意味づけのあり方への問題関心が，その選択の背景にあるからである。

（3）問題関心と方法論

　次に問題関心と方法論の関係についてである。この点に関連してまず考えなくてはならないのは，特定の問題関心に対し，どの方法論を用いるのかということである。その際に問題関心をより具体的な問いに翻訳して検討することにより，どの方法論を用いるべきかについて判断がつきやすくなる。例えば，有機農産品の購買行動という研究テーマの場合，有機農産品を購入している人に話を聞けば，結論を得られると思われるかもしれないが，購買行動ということばの意味は，実にさまざまである。どのような層が有機農産品を購入しているのかということを明らかにするという問いも考えられるし，あるいは購買動機を掘り下げるということも考えうる。前者を意図する場合，データ・アーカイブを使い，消費者の属性と有機農産品の購買行動の関係性を調べるという研究デザインが想定される（大橋 2004）。後者の場合，購買動機という概念を「人はなぜ有機農産品を買うのか」という問いに翻訳し，なぜという問いの答えを得るためにインタビュー法を用いるということが考えられる。どのような研究

テーマであってもこのように問題関心を具体化し，答えを導きだすための方法論や技法を前もって検討しておくことは大切である。

　この点についてさらに理解を深めるために，**図1-2**のように，問題関心をマクロとミクロという座標軸で，方法論を質的研究と量的研究という座標軸でとらえ，さらに検討をすすめる。

　右上のボックスを第Ⅰ象限とし反時計まわりに，第Ⅱ象限，第Ⅲ象限，第Ⅳ象限とする。では，象限別にそれぞれの特徴についてみていこう。

> 第Ⅰ象限：マクロな視座から個人や小集団に接近する問題群。社会実験によるデータの収集や世帯統計，離婚率，自殺率などのデータ・アーカイブの統計解析をおこない，現代社会の特徴を読み解くタイプの量的研究。

　マクロな視座をもつ問題関心に量的アプローチを用いる研究の例とし，エミール・デュルケームの『自殺論』があげられる（Durkheim 1960=2018）。『自殺論』は，自殺の社会理論であり，読者のなかには社会学の古典としてこの本を手にしたことがある人もいることだろう。デュルケームによれば，自殺は個人の意識や心理的要因だけで説明できるものではなく，そのような意識や心理状態を招いた社会的要因と深くかかわり合いがある。つまり自殺は，社会の問題なのである。そのような前提に立てば，自殺は，自殺率の増減や人の意識との相関を示す数値だけでは，到底理解できるものではない。デュルケームは，自殺を①自己本位的自殺，②集団本位的自殺，③アノミー的自殺の3つに分類し，それぞれについて社会との関わりという観点から検討している。例えば，宗教と自殺率の関係に着目し，プロテスタントとカトリック教徒の自殺率の比較がおこなわれ，前者のほうが後者より自殺率が高いということを明らかにした。そして，そこに関連する社会的要因として集団としての凝集性の強弱を取りあげている。デュルケームは，この研究のために統計データを参照しているが，自殺を社会の問題としてとらえるという前提を踏まえ，他にもさまざまな社会的要因との関係性を吟味している。

　問題関心と方法論の関係性についてさらに理解を深めるために，この象限で

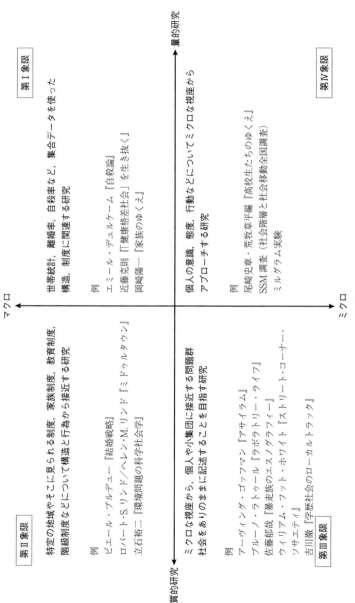

第Ⅰ象限

特定の地域やそこに見られる制度、家族制度、教育制度、階級制度などについて構造と行為から接近する研究

例
ピエール・ブルデュー［結婚戦略］
ロバート・S. リンド／ヘレン・M. リンド［ミドゥルタウン］
立石裕二［環境問題の科学社会学］

第Ⅱ象限

世帯統計、離婚率、自殺率など、集合データを使った構造、制度に関連する研究

例
エミール・デュルケーム［自殺論］
近藤克則［『健康格差社会』を生き抜く］
岡崎陽一［家族のゆくえ］

第Ⅰ象限

量的研究

個人の意識、態度、行動などについてミクロな視座からアプローチする研究

例
尾嶋史章・荒牧草平編［高校生たちのゆくえ］
SSM 調査（社会階層と社会移動全国調査）
ミルグラム実験

第Ⅳ象限

ミクロ

マクロ

ミクロな視座から、個人や小集団に接近する問題群
社会をありのままに記述することを目指す研究

例
アーヴィング・ゴッフマン［アサイラム］
ブルーノ・ラトゥール［ラボラトリー・ライフ］
佐藤郁哉［暴走族のエスノグラフィー］
ウィリアム・フット・ホワイト［ストリート・コーナー・ソサエティ］
吉川徹［学歴社会のローカルトラック］

第Ⅲ象限

質的研究

図 1-2　問題関心と方法論

出所：筆者作成。

10

紹介するほかの研究書も同様の視点で目を通してみよう。

> 第Ⅱ象限：マクロな視座から家族や教育制度，特定の地域にかかわる事象に接近す
> る問題群。事例研究や比較研究などが用いられ，横断研究の枠組みからデザイン
> される研究が多い。

　第Ⅱ象限には，マクロな視座の事例研究が含まれる。ピエール・ブルデュー
の『結婚戦略——家族と階級の再生産』(Bourdieu 2002=2007) を参照してみよ
う。この本は，社会的地位の再生産という理論的関心を踏まえ，フランスの農
民の未婚率の上昇をもたらした社会的な要因を読み解くという問題関心をもつ。
ブルデューは社会的地位の再生産には，「象徴的支配」と呼ぶ社会プロセスが
関与していると述べる。本章で示すマクロ，ミクロの視座という分類になじみ
にくい内容ではあるが，社会全体の傾向をとらえることを主眼としているとい
う点で，マクロな視座をもつと言えよう。先に述べたデュルケームの『自殺
論』とは対照的に，特定の地域について，特定のテーマを掘り下げるという事
例研究が用いられている。

> 第Ⅲ象限：ミクロな視座から個人や小集団に接近する問題群。フィールドワークや
> ナラティブ分析，ライフヒストリー，モノグラフ研究など，縦断研究のスタイル
> の質的研究。

　第Ⅲ象限は，ミクロな視座をもち，フィールドワークを通して社会をとらえ
ようとする研究群である。アメリカの下層社会の若者の人間関係を描いた『ス
トリート・コーナー・ソサエティ』(Whyte 1993=2000) は，ミクロな視座で，
フィールドワーク手法が用いられた例である。いわゆるシカゴ学派と呼ばれる
社会学研究者らによって輩出された数々のエスノグラフィーも同様の視座と方
法論が用いられている。日本の事例を扱うエスノグラフィーは数が少ないもの
の，佐藤郁哉『暴走族のエスノグラフィー——モードの叛乱と文化の呪縛』
(1984) といった良書がある。

　ここでは詳しく述べないが，科学研究の現場である実験室をフィールドとし，
科学的な知がどのように生成されるのかという問題関心を持つ科学社会学の中

にもこの象限に含まれる研究がある。

　ここでは第Ⅲ象限に含まれる研究の中から，吉川徹『学歴社会のローカル・トラック——地方からの大学進学』(2001) を取りあげ，その内容について詳しくみてみよう。吉川は，高校生の進路選択や高校卒業後の人生に関心をよせ，6年間もの長い期間に亘り，ある地方の公立高校の国公立大学進学クラスに在籍した生徒を追っている。生き生きと描かれた生徒のライフコースについての描写は，ライフヒストリー研究と呼ぶのにふさわしい内容である。興味深いのは，吉川は，観察法やインタビュー法に加えて，世代間の移動や地域移動の動態を明らかにするというマクロな問題関心ももち，質問紙を使ったパネル調査もおこなっているいう点である。質的研究と量的研究を融合させるということを強く意識した研究デザインであり，第Ⅰ象限に分類することも可能だが，学生の視点からライフコースが生き生きと描かれ，学生の「群像」がとらえられているという点で，第Ⅲ象限に分類した。教育社会学の研究デザインを検討するときに参考になる本である。

> 第Ⅳ象限：個人の意識，態度，行動などミクロな視座をもつ社会調査。個人を対象とする実験から得られたデータを集計，分析するタイプの量的研究。

　第Ⅰ象限の研究が，国際機関や国・自治体レベルで集計されたデータ（マクロデータ）を扱うのに対し，第Ⅳ象限の研究は，分析の対象が個人に関するデータ（ミクロデータ）であり，それらを集積したものを統計解析することを目指すものである。例えば「学歴によって結婚観が異なるのか」や「性別によって科学技術のとらえ方が異なるのか」といった問いを立て，学歴の異なる個人間の比較や職業，性別間の比較，また調査の対象とする人々の意識の変化などを観察するという進め方である。ここで尾嶋史章と荒牧草平による『高校生たちのゆくえ——学校パネル調査からみた進路と生活の30年』(2018) をみてみよう。この本は，高校3年生の進路選択や学内外での日常に目を向け，生活や意識の変化を明らかにすることを目的とする研究である。この研究では，30年のあいだに3度の社会調査がおこなわれている。

　この例のようにあなたの関心が社会の全体の傾向を把握することに向けられている場合，多くのサンプルが必要となる。そのような問題関心をもつ卒業論文や修士論文の場合，データ・アーカイブ機関からあなたのテーマに関連する個票データの提供を受け，課題を進めるという方法がよいだろう。「社会階層と社会移動全国調査（SSM調査）」，「日本版総合的社会調査（JGSS）」，「東大社研パネル調査（JLPS）」など，実にさまざまなデータ・アーカイブが存在し，あなたが関心を寄せるテーマに関するデータも存在するはずだ。データ・アーカイブの活用法については，量的研究の教科書を参照されたい。

　以上，いくつかの例を示しながら，研究デザインの構成要素の関係性を俯瞰した。全体像をやや単純化して解説をしているが，大切なのはあなたの研究がどのような視座をもつのか，またその問題関心に対してどのような方法でデータを集めるのかをしっかりと見極めることである。

3　質的研究のインタビュー法

　では次に，インタビュー法に目を移そう。加藤秀俊は，インタビュー法について「生きた人間から，生きたことばによって学ぶ」（加藤 1975: 95）ための方法と定義する。生きた人間から聞く，生きた言葉は，あなたが関心をもつテーマについて深い理解を与えてくれるだけではなく，人々の日々の生活の向き合い方から，生き方まで，さまざまな生き様に触れるきっかけを与えてくれる。一度，インタビューを経験するとその体験に魅了される人が多いのは，そうした理由からなのかもしれない。

　スタイナー・クヴァールは，インタビュー法を「インター・ビュー」と表現する。インター・ビューとは，共通に関心をもつテーマについての2人の見解（ビュー）のやりとりなのである（Kvale 2007=2016: 6）。ここでの共通に関心をもつテーマとは，調査者にとっては学術的な問いであり（第2章），調査対象者にとっては，自らが体験したことやその事象についての意見，また自らが置かれている状況を語ることである。このように考えると，インタビュー法は，学

術的な問題関心と調査対象者の日常が交差する領域を探る技法なのである。もちろん，日常会話も情報や意見のやりとりではあるが，インタビュー法は，学術的な問いの答えを導きだすという目的をもち，情報収集のための形式や手順が決まっているという点で日常会話とは異なる特徴をもつ。

　改めて説明するまでもなく，質的な方法論を用いる研究者の多くは，調査対象者の経験，価値観や信条などに関心を寄せ，人の内側から社会を探求する事を大切にする。その特徴から，インタビュー法は，自然主義的探究法（naturalistic inquiry）とも呼ばれる。

　自然主義的探究法には，ほかにも調査者がフィールド（現場や現地）に出向き，人々や組織の営みを観察する（参与／非参与）観察法や少人数の集団を対象とし，特定のテーマについてインタビューをおこなうフォーカスグループ・インタビューがある。さらに，調査対象者が自分や自分の体験を物語るという点に着目するナラティブ研究，そして本書が取りあげるインタビュー法など，さまざまな技法が含まれる。技法をこのように列挙するとひとつの研究課題には，ひとつの技法しか使えないという印象を与えてしまうかもしれないが，多くの場合，観察法とインタビュー法を併用したり，テクスト分析をおこなってからインタビューを実施したりなど，複数の技法が用いられる。

　インタビュー法の特徴についてさらに理解を深めるために，次節ではコミュニケーションの構造，実践の形式，認識の枠組みを検討する。

（1）コミュニケーションの構造からみる特徴

　インタビュー法と一言でいっても，それを用いる目的や手法の特徴は実にさまざまである。

　表1-2は，その目的や特徴などからインタビュー法を分類したものである。インタビュー法は，大きく分けて，①非構造化インタビュー，②半構造化インタビュー，③構造化インタビューの3つに分けられる。①から③になるにつれてインタビューの形式が定式化し，データ収集の手順が標準化するという特徴があり[4]，この特徴をとらえる概念として構造化という言葉が用いられる。前節

表1-2　インタビュー法の分類

	非構造化 インタビュー	半構造化 インタビュー	構造化 インタビュー
手法を 使う目的	課題の具体化	調査対象者の考え方の探索， 調査者が知りたい情報の収集	調査者が知りたい 情報の収集
調査対象者	研究テーマについて 知っている人	研究テーマについて 知っている人	サンプリング
インタビュー の形式	自由な会話	インタビュー・ガイドを使い 会話をおこなう	インタビュー・ガイドに 則る
手法の特徴	探索的	探索的，仮説の検証	仮説の検証
情報収集の ツール	五感，レコーダー， ノート	インタビュー・ガイド， レコーダー，ノート	質問リスト，ノート
親和性のある アプローチ	エスノグラフィー， 縦断的事例研究	縦断的／横断的事例研究	統計解析

出所：筆者作成。

で示した**図1-2**に関連づけると，①と②は，質的研究に，③は，量的研究に用いられることが多い技法である。すなわち，調査対象者の考え方を内側から描き出すことを目指す質的研究の場合，コミュニケーションの構造が比較的緩やかであるという特長をもつ。

　本書が取りあげている半構造化インタビューの場合，表面上，日常会話でみられるような自発的な情報や意見の交換に似ている。しかし，インタビュー・ガイドを使いながら会話の流れをコントロールするという点は，日常会話とは著しく異なる（徳田 2007）。しかし，半構造化インタビューの場合，構造化インタビューのように，インタビュー・ガイドに書かれている質問を厳密に追う必要はなく，調査対象者との会話の流れ次第で，インタビュー・ガイドにない質問をしたり，インタビュー・ガイドにある質問をその場で修正して聞いたり，臨機応変に質問の内容や順番を変更する。このことから，半構造化インタビューにおけるインタビュー・ガイドは，あくまでも調査対象者が話せることや，話したいことを探索するためのツールであり，現場で会話の舵取りをどうするのかということがポイントとなる。**BOX 1-1**に，構造化インタビューと半構造化インタビューの問いかけ方の違いを例示する。

BOX 1-1　質問の形式からみる構造化インタビューと半構造化インタビュー

構造化インタビューの質問リスト（JGSS2018面接調査表より作成）

問1　先週，あなたは収入をともなう仕事をしましたか，または仕事をすることになっていましたか。この中からあげてください。

（ア）仕事をした

（イ）仕事をもっているが，病気，休暇などで先週は仕事を休んだ

（ウ）仕事をしていない　→5ページ問18へ

問2　あなたは，先週，残業も含めて仕事を合計何時間しましたか。2つ以上仕事をおもちの場合は，主な仕事1つとそれ以外の仕事に分けて，それぞれの時間を教えてください。（調査員向けの指示：サービス残業も含め，実際に働いた時間数を答えてもらうこと。副業をもっていない場合は，副業の時間数に0（ゼロ）と記入する。先週，病気や休暇などで仕事をしなかった場合は，ふだんの状態について答えてもらう。）

主な仕事を週合計で [　] 時間　　　副業を週合計で [　] 時間

　構造化インタビューの場合，調査員によって得られるデータの質が変わらないように質問文，質問の順序はあらかじめ決められたとおりにおこなう。

半構造化インタビューのインタビュー・ガイド

（1）自然食品店に関する質問

• いつから自然食品店に足を運ばれるようになったのですか。

• いつもはどのような商品を購入されているのですか。

　　　⋮

（2）無農薬野菜に関する質問

• 無農薬野菜を選ばれることになったきっかけについて教えてください。

　　　⋮

（3）無添加食品に関する質問

• 無添加食品を選ばれることになったきっかけについて教えてください。

　　　⋮

　半構造化インタビューの場合，あらかじめ質問文は考えておくが，調査対象者との話の流れによって，質問の順番を臨機応変に変えたり，特定の事柄について深堀りをする質問をしたり，予定になかった質問をすることになる。

（２）実践の形式からみる特徴

　インタビュー法には，１対１でおこなう個別インタビューと複数の人に同時に話を聞くグループ・インタビューがある。個別インタビューから得られるデータは，個人の体験やあるできごとに対する個人のとらえ方を，グループ・インタビューから得られるデータは，ディスカッションの参加者がテーマについてさまざまな角度から検討した集合的な意識を示すものである。前者では，ライフストーリー，ライフヒストリー，あるいは非構造化インタビュー，半構造化インタビューなどの技法が用いられ，後者では，フォーカスグループ・ディスカッションなどが用いられる。

　ここでライフストーリーとライフヒストリー，またフォーカスグループ・ディスカッションについて，簡単に説明しておこう。

　ライフストーリーとライフヒストリーは，いずれも特定の個人が生きてきた人生の全体像を描きだすことを目的とする研究法である。ライフストーリーとは，個人のこれまでの経験や人生についてのストーリーに着目する研究（桜井・小林 2005），ライフヒストリーとは，社会的存在としての個人の歴史を明らかにするという目的をもつ研究である。言い換えれば，個人の一生の記録，あるいは，個人の生活の過去から現在に至る記録から見る歴史である（谷 1996）。ライフヒストリーにおいて，「ヒストリー」という言葉が表しているように，個人の生活にかかわるストーリーを社会，文化，歴史的変動というより大きな視点に関連づけながら解釈することが目指される，歴史研究なのである。調査対象者の語りから得られたストーリーを公文書や史実を記録する活字メディアと関連づけながら客体化するというステップが伴うという点で，ライフストーリーとは異なる認識論に立つ。

　次にフォーカスグループ・ディスカッションと呼ばれる，集団を対象としておこなうインタビューについてである。フォーカスグループ・ディスカッションは，学術的な研究課題に用いられるだけではなく，地域や住民のニーズの把握のために国や自治体が用いる場合や，民間事業者による事業評価といった実社会の課題に対応するような場面でも用いられる。この技法では，仲間意識や

競争，だれかによるリーダーシップなどのグループ・ダイナミクスと呼ばれる集団の特性を利用する（安梅 2001）。

　グループでインタビューをおこなう場合，参加者は参加者同志のやりとりから刺激を受け，自らの考えや意見，価値観，経験を言語化する可能性があるという良い面もあるが，他方，一部の人の発言が議論の流れをコントロールしてしまったり，グループのダイナミズムにより議論が研究課題の目的から著しく離れてしまうということが起こりうる。また，参加者のプライバシーにかかわる事柄がディスカッションの際に露呈した場合，その情報の漏洩や個人情報の保護をどう保障するのかという，倫理上の問題も起こりうるという難しさがある。

　個別インタビュー，グループ・インタビューのいずれも，調査対象者の経験を明らかにするという目的をもつという点で似ている技法ではあるが，得られるデータの質が異なる。あなたのリサーチクエスチョンが，個人の経験にじっくり耳を傾けることを必要とするものなのか，ある事柄について多様な意見や経験を探索するものなのかについて改めて考え，研究の目的に合った技法を選ぶことが大切である。

（3）認識の枠組みからみる特徴

　次に認識の枠組みの違いから，インタビュー法の特徴について見てみよう。インタビュー法の認識の枠組みをとらえるものとして，客観主義と社会構築主義，事実探求型と概念探求型[5]，スタンダード・インタビューとアクティブ・インタビューなどの概念があげられる。対をなすこれらの概念は，おおよそ対応関係にあるため，ここではスタンダード・インタビューとアクティブ・インタビューを比較し，インタビュー法の認識の枠組みについて理解を深めたい。

　スタンダード・インタビューは，しばしば社会に観察される現象やできごとを客観的にとらえることを目的とする研究に用いられる。その認識論の根底には，社会現象や人の行為は，観察や測定が可能なものであり，科学的な手続き，実験主義に根ざす手続きを踏むことにより，社会の状況を客観的にとらえるこ

とができるという考え方が流れる。よって，データ収集の過程で生じるバイアスをできるかぎり取り除くことが目指され，インタビュー・ガイドやガイドに含まれる質問リストを精緻化することや質問の順番を工夫すること，またデータのサンプリング方法を改善することなどが重視される。**表1-2**で紹介した構造化インタビューは，スタンダード・インタビューの典型的な技法である。

　それとは対照的に，アクティブ・インタビューは，インタビューの実践を調査者と調査対象者のアクティブな社会関係のなかから生まれる意味構築の過程としてとらえる。この点に関連してホルスタインとグブリアムは，インタビューは「人と人のあいだに起こる，その筋書き自体がどんどん展開していく演劇である」(Holstein and Gubrium 1995=2004: 48) と表現する。同様の視点で，桜井は「語ることは，過去のできごとや経験がなんであるかを述べること以上に＜いま―ここ＞で語り手とインタビュアーの双方の『主体』が生きる」(桜井 2002: 31) とする。これらの議論を踏まえると，インタビューの場面において，調査対象者はアクティブに意味を構築する主体であり，調査者は「物語を生みだす力に刺激を与える」(Holstein and Gubrium 1995=2004: 70) 役割が与えられているということになる。つまり，インタビューの場こそがストーリーがつくられる現場なのである。

　社会を客観的にとらえることを重視するスタンダード・インタビューの場合，調査者と調査対象者のあいだに存在する社会関係をできるかぎり排除することが目指されるが，アクティブ・インタビューの場合，客観主義で排除しようとした社会関係の存在を積極的に受け入れたうえでストーリーの解釈を試みる。例えば，調査者が教員で調査対象者が学生であるという場面を想定し，インタビューという場面でどのようなことが起こりうるのか，想像してほしい。よく知っている先生とのやりとりだから，あるいは先生のクラスを履修しているから，できるだけよい印象を与えるようなことを話そうと考えるかもしれない。あるいは，逆によい印象を与える必要のないような関係性がすでに築かれているということも考えられる。これがまさに社会関係から生まれる物語であり，調査者と調査対象者のあいだにこのような状況が存在するということを積極的

に引き受け，インタビューをおこなうという認識こそがアクティブ・インタビューの起点となっている。

　本書で紹介する半構造化インタビュー法においても，インタビューは，単に事実ベースの情報を得るための作業ではなく，そのプロセスには，調査者や調査対象者の解釈や意味づけが介在するという認識を前提とする。

4　インタビューの実践

　ここまでコミュニケーションの構造，インタビューの形式，認識の枠組みという点から技法の特徴を述べてきた。次に，インタビュー法の実践について述べる。ここでは「だれに」そして「どのように」サンプルを集めるのかについて紹介する。

（1）「だれに」聞くのか

　インタビュー調査を進めるときに，まずはじめに頭に浮かぶのは，「だれに」話を聞くのかということである。あなたのテーマについて話すことができる人をどうやって探すのか，また運よく調査対象者が見つかったとしても，その調査対象者があなたの知りたいことについて話ができるのかという点も確信がもてないという状況に遭遇する。このように，インタビューの準備には，なにかと不安がつきまとう。

　そのような疑問が生じたときには，あなたがそもそもなにを知りたいのか，まただれの視点からの情報が必要なのかなど，問いへの根源に立ち戻ることが大切である。これを理論的サンプリングと呼ぶ。先行研究から得られた理論や概念を踏まえ，知りたいことを探索するために，だれに話を聞くべきか，どのような人たちをどうサンプリングするのかを考えたうえで進めるというサンプリング法である。

　次に調査対象者をどのように探すのかについてである。前田らは，家族など自分がよく知っている人にインタビューをする，自分の知り合いを通して探す，

調査対象者と想定される人にとりあえず話を聞くという3つの方法を示す（前田ほか編 2016）。研究テーマやその時々の状況により，調査対象者の探し方はさまざまであり，ここでは試行錯誤が求められる。しかし，「なに」，また「だれ」ということが明らかになったら，3つの方法を参考にしながらしり込みしないで調査対象者にアクセスしてみることが大切である。

　では，特定の調査対象者があなたの知りたいことについて話ができるかどうかについて事前に見きわめるためには，どうすればよいのだろうか。この点に関連して，シャラン・B. メリアムは，インタビューに先立ってフィールドに出向き，現場を観察することを薦める（Merriam 1998=2004: 121）。確かに，メリアムが事例として取りあげたコミュニティ・スクールのプログラムのような事例の場合，フィールドに出向き，だれが，どのようにそれらのプログラムにかかわっているのかについて全体像を把握するというステップを踏むことは，大変有意義である。筆者が教えた学生が取り組んだ課題のなかにも，観察が可能な現場が存在するような課題がいくつもあった。他方，そのような現場が存在しないテーマ，あるいは現場が存在するものの，そこで観察することがかなわないようなテーマもある。そのような状況に遭遇した場合，テーマについてよく知っている専門家やキーパーソンに相談し，人を紹介してもらうという進め方が良い。**BOX 1-2** は，筆者がこれまで指導した卒業論文の研究課題のなかで，インタビューに先立って現場に出向き観察することが難しいと判断されたテーマの例である。これらは，観察する場がない，あるいは観察が困難な現場に該当するテーマであり，学生は，自身の家族や知り合いまた専門家を通して，そのテーマについて話ができそうな調査対象者を探すという方法を取った。

BOX 1-2　事前の観察が難しいことが想定されるテーマ

- •「女性」と「医師」の役割規範
- • ひとり親家庭で育った大学生の家族観
- • 育児ネットワークの形成過程と親へ影響
- • 沖縄におけるキリスト教の土着化の過程
- • 共働き家庭における価値意識の世代間伝達とライフコース選択

（2）特定の層へのインタビュー

　社会学の研究のなかには，調査対象者が高齢者，障碍者，児童，失業者，難民，貧困層といった，いわゆる社会的弱者へのインタビューが想定されるものがある。このような対象者からの聞きとりから，これまで気づかれないまま放置されてきた社会問題を発見したり，問題を解決するための糸口が得られる可能性もあり，社会的に意義がある研究となる（Adler and Adler, 2002）。しかし，このような研究テーマの場合，さまざまな局面で倫理的な配慮が必要となる。このように相反する2つの要件を満たすために，知識，スキル，経験が求められる。⁽⁷⁾この点について，ハーバード・J. ルービン／アイリーン・ルービンの『Qualitative Interviewing: The Art of Hearing（質的インタビュー法——聞くための技術)』を参照しながら，特定の層へのインタビュー調査にまつわる課題について触れる（Rubin and Rubin 2012）。

　例えば，調査対象者が未就学児童，あるいは高齢者の場合，親や介護者がその場に同席することにより聞きとりの内容に影響を及ぼさないかという点は考慮しておく必要がある。前者の場合，データが集められたとしても，インタビュー中に親が発言した場合，親が言ったことと子どもが言ったことを切り分けるのが難しいという方法論上の課題が生じる。調査対象者が施設に入所している高齢者の場合も，入所者と介護者の発言が混在してしまう可能性がないとはいえず，ここでも分析のときにそれらをどう切り分けていくのかという方法論上の課題が生じる。

　これとは別に，入所者が介護者に遠慮して言いたいことが言えないというよ

うな状況が現場で生じることもある。半構造化インタビューの方法論上の手順にしたがい，現場で臨機応変に質問を変え，調査対象者が言いたいことを聞きだせたとしよう。しかし，それを論文のなかでどう記述したらよいのだろうか。後述する倫理の原則では，研究の成果を事前に調査対象者に提示し了解を得る必要性，また調査対象者は，公表された研究結果にアクセスできる権利を有することが示されている。この原則を踏まえれば，調査対象者を保護あるいは援助する立場である親や介護者も研究成果にアクセスする権利をもつものと解釈でき，論文に親や介護者を批判するような事柄が調査対象者の語りとして書かれていた場合，その後になんらかの不都合が生じる可能性は否めない。このように，社会的弱者への聞きとりは，方法論上の課題や倫理上の課題がさまざまな形で現れるという難しさが伴う。

　筆者が過去に指導した学生のなかにも，配慮が必要な調査対象者に関連するテーマを選んだ例がいくつかある。介護施設，障碍者介助の現場，子ども食堂などがフィールドとなったが，いずれの場合も配慮が必要な人に直接話を聞くのではなく，ボランティアやアルバイトとして施設の活動に参加し，観察法を主な手法とした。加えて介護や介助をしている人，子ども食堂の運営に携わっている人など，配慮が必要な調査対象者とかかわっているまわりの人々にインタビューをおこなった。このような工夫をすることで社会的弱者を取り巻く社会の状況についてさまざまな洞察を得ることができる。また，直接インタビューをおこなわなくても，あなたがインタビューをしたいと考える層を対象とする先行研究に事前にしっかりと目を通す，あるいは，そのテーマについて精通している人やそのテーマについてインタビュー調査の経験がある人に話を聞くといった方法であなたが知りたいことに迫っていくこともできる。

　先述の例とは別に，研究テーマによっては，特定の訓練や資格をもつ専門家にインタビューをするということも考えられる。科学技術社会学や医療社会学と呼ばれる領域では，医師，科学者，技術者などの，いわゆる専門家が調査対象者となることがある。このような調査対象者にインタビューをおこなう場合，対象者の職業や専門にかかわる事柄について，事前に勉強しておくことが求め

られる。ノーベル賞を受賞した科学者にインタビューをするという稀有な課題に取り組んだズッカーマン（Zuckerman 1972）は，専門家にインタビューをする場合，あなたの研究者としての調査能力や研究課題へのコミットメント，またあなたの質問の内容と調査対象者の専門領域の関連性などが厳しく問われると述べている。こうした状況に対処するために，科学社会学の研究者のなかには，科学計量学と呼ばれる方法を用い，事前に特定の領域の科学的知識の産出の動向を把握してから，インタビューをおこなうという進め方をする研究者もいる（Laudel and Glaser 2007）。専門的な知識は一夜で身につかないが，少なくとも調査テーマに関連する主要な専門用語をある程度理解しておく必要がある。そうすることにより，調査対象者とのラポール（信頼関係）の形成や対話を深めるためのきっかけが得られる。

5　社会調査倫理

　最後にインタビュー調査において，配慮すべき倫理的諸課題と調査倫理がどのようにして制度に組み込まれていったのかについて紹介しよう。

（1）インタビュー調査に関連する倫理

　インタビュー法は，質問紙調査や観察法では発見できないような，人々の考え方や経験を掘り起こす技法であり，あなたの問題関心について深い理解を与えてくれる。しかし，会話の進み具合によっては，調査対象者の日常や私的な領域に立ち入ってしまうこともあり，あなたが気づかないままに調査対象者に迷惑をかけたり，調査対象者を傷つけてしまうことがある。倫理とは，そうしたことを避けるために気をつけておくべきことを示唆してくれるものである。そこで本節では，インタビュー調査法を実践するときに起こりうる倫理的諸課題を検討する。

　質的研究におけるインタビューでは，一時的であったとしても調査者と調査対象者のあいだになんらかの社会関係が生まれる。調査者は，インタビューを

通して調査対象者の生活や私的なことを知りうる立場となり，そこからさまざまな倫理上の問題が生じる可能性がある。

　では，どのような倫理的問題が生じるのだろうか。調査対象者との向き合い方に関わる倫理について考えてみたい。まず，そもそも知らない人に話をするということは，不安がともなうものであるということを理解しておく必要がある。そのような状況で個人の生活にかかわる経験や考え方といった私的な領域に足を踏み入れられるのは，不愉快な気分を生じさせたり，場合によっては相手に怖いという感情を抱かせるかもしれない。桜井は，この点について「ライフストーリー調査の場合（中略），プライバシーを侵す危険，トラウマ経験などの語りにみられる被害感情の追体験，時代や地域，民族性を反映した差別的・偏見的表現が常にともなう」とし，インタビューの際には，こうしたことが起こりうるということを念頭に置き，調査対象者の人権や権利の保護という観点から，調査対象者に真摯に向き合う必要性を指摘している（桜井・小林編 2005: 20）。

　社会調査の倫理についてさらに論点を掘り起こすために，村上春樹の『アンダーグラウンド』というノンフィクションを取りあげてみよう。『アンダーグラウンド』は，村上が地下鉄サリン事件の被害者にインタビューをおこない，被害者の体験をライフストーリーのような形式で綴る文芸作品である。本の冒頭，どのようにして取材に応じてくれる人を探したかについて（いわば，方法論についての）記述があるため，それらを参照する。本の中にインタビュー調査の対象者が「もう事件のことは思いだしたくない」，「オウムとかかわり合いになりたくない」，「マスコミが信用できない」，「これ以上巻きこまないでほしい」と言い，それらを理由に取材を断ったと書かれている。また，被害者本人ではなく，被害者の家族が取材を受けることに反対をしていることを理由に取材が断られたこともあったと書かれている。140名にアプローチをし，最終的には64名が取材に応じてくれたそうだが，こうした状況にはどう対応したらよいだろう。

　その問題を考えるにあたって，社会調査の倫理原則を参照してみよう。ここ

では，筆者らが所属する日本社会学会の倫理綱領を一例とするが，実際には，あなたが専門とする領域の倫理原則を参照してほしい。

　この例のようにインタビュー調査対象者が調査への参加を断ってきた場合，無理にインタビューを実施してはいけないというのがその答えである。この問題は，巻末に掲載する「日本社会学会倫理綱領にもとづく研究指針」（以下，研究指針）の「(5) 研究・調査対象者の保護　b. 調査への協力を拒否する自由」という項目に該当する問題である。綱領には，調査対象者は，調査への協力を拒否する権利をもち，調査者は，その権利について事前に伝えておく必要があると書かれている。

　別のエピソードもみてみよう。本の冒頭に，取材に応じてくれた人々に対し，取材から得た情報を出版するのに先立ち，本に実名を掲載するか，仮名で掲載するかを聞いたと書かれている。また，実名を公表した場合，その後にどのようなインパクトがあるのかについても追加で説明をしている[8]。これは倫理綱領の「(5) 研究・調査対象者の保護　a. 研究・調査対象者への説明と得られた情報の管理」に関わる問題である。この原則によれば，研究者は，調査対象者に対する説明責任を負う。また，調査者は，研究・調査の目的やデータ・情報のまとめ方や結果の利用方法，また研究成果の公開の仕方，得られた個人情報の管理の仕方や範囲などについて調査対象者にあらかじめ説明をする必要がある。

　説明責任の範囲には，あなたの研究がどこかの組織から助成を受けている場合，研究費の名称を伝えるといった点まで含まれる。蘭由紀子は，社会的差別や社会的弱者に関連するテーマの場合，その問題に関与する第三者検証団体，当事者団体や支援者団体などから委託されるかたちで研究を進めるという場合もあり，それらについて調査対象者にしっかり伝え，その調査の正当性を理解してもらう必要があるとする（蘭 2007）。筆者が担当するクラスの場合，履修生は，大学名，演習名，担当教員名とその連絡先を書いた文書を準備し，調査の目的などを，調査対象者に伝えるという手段をとっている。

　項目(5)-a の「得られた情報の管理」に関連して，筆者が教えるクラスでは

収集したデータの管理と機密保持のため，ICレコーダーで記録した音声は，トランスクリプトとして文字起こしをした後，速やかに消去をしている。また，トランスクリプト作成時に個人名や地名など個人が特定できるような事柄は，すべて記号に置きかえている。そのうえで，研究成果の発表後は，トランスクリプトをシュレッダーし，記録を消去する。加えて，調査で知り得たことがSNSや普段の会話を通して第三者に流出しないよう，最大限に配慮をするように求めている。

　研究指針の「(6) 結果の公表」に関連して，研究結果の公表により，調査対象者が損害を被らないかについて事前に検討する必要性や（「a. 調査対象者への配慮」），公表予定の内容の骨子やデータ，原稿などをできるかぎり事前に示し，調査対象者に了解を得ることの必要性（「b. 事前了解・結果公表等の配慮」）が示されている。『アンダーグラウンド』では，インタビューの音声記録は，文字起こしされた後，調査対象者らに送られ，活字にして欲しくない部分を削除するというステップをふんでいる。

　この作品のように事件の被害者を調査の対象とするようなテーマを学生が取りあげたという例は一度もないが，指導した学生のなかには，母子家庭や離婚した家庭で育った子ども，政治運動に参加する若者，障碍者の介助者を対象とした研究など，倫理的課題について事前にブレーンストーミングをしておく必要があるようなテーマを取りあげるという例があった。この技法の性質上，調査者と調査対象者のあいだに，非対称的な力関係が存在するという状況は避けがたく（桜井 2003），その状況を踏まえたうえで，調査対象者との社会関係について目配りをする必要がある。それぞれのテーマや調査対象者によりインフォームド・コンセントの取り方や，研究プロセスと研究成果の公表に関連するプライバシーの保護の問題，また，データの記録の秘密保持の確保をどうするのかが異なることから，現場でそれをどう乗りこえるのか，あなたの力量が試される。

　2005年の日本社会学会年次大会で「社会調査と倫理」というテーマで議論がおこなわれ，社会調査倫理について集中的な議論がおこなわれたが，そのとき

の「セッションのねらい」で述べられていることは，倫理的に研究を進めることの難しさを端的に表している。いささか長い引用であるが，以下に紹介する。

　　倫理問題は，ややもすれば，タテマエ的で教科書的な，表面的考察にとどまりがちである。けれども，実際の調査のプロセスには，試行錯誤の連続であり，時間的・予算的制約，人的制約のなかで，苦渋の決断を迫られることも少なくない。先行研究や先例的な調査の少ないパイオニア的な研究であるほど，乗りこえるべき課題も障害も多い。研究者の倫理と社会的責任，科学性という重い十字架を背負いながら，坂道を上るようなものかもしれない。また社会調査は，調査対象者という「相手」のある問題であり，聴取にせよ，調査票の記入にせよ，調査対象者に，なんらかの迷惑をかけざるを得ない。調査者は，プライバシーに立ち入ろうとする「よそもの」的存在でもある。調査は，大なり小なり「社会学的介入」という側面をもっている。一方で，多くの場合，調査は共同研究者や院生・学生との共同作業によって遂行される。こうした現実との緊張関係のなかで，状況に応じてそのつど，さまざまのレベルでの決断と判断が求められる。調査チームとして，また研究者として，これらの課題をいかに乗りこえていくのか。社会調査の倫理は，その乗りこえのなかで，まさしくフィールドという現場で，試される。(長谷川 2007: 193-4[9])

　ここに書かれていることは，社会調査全般にかかわる倫理であるが，インタビュー法にもあてはまるものである。インタビュー法を用いる場合，探索的な問いを立てるケースが多く，「セッションのねらい」に書かれているパイオニア的研究に該当する場合が多い。つまり，課題を進めるときに，さまざまな課題や障害に遭遇する可能性があり，倫理という観点からいくつもの判断を迫られるのである。そのような局面で難しいのは，あなたは研究者として科学的な研究，すなわちよりよい研究デザインやより系統的なサンプリング法で，インタビューを進めたいと考えることだろう。しかし，研究者として社会調査にか

かわる倫理を守るという義務もあり，そのバランスをどう取るのかについて調査者は常に問われる。たとえあなたがインタビュー調査をはじめておこなう学生だとしても，これは向き合わなくてはならない問題である。研究ステップのすべての過程で生じうるあらゆる状況に対してあなた自身が最大限の責任を引き受けなくてはならないということを心に留めておこう。

　研究を遂行するプロセスでは必ずといっていいほど，予測しなかったようなことが起こる。社会調査の倫理が制度化され，一定の目安は存在するものの，インタビューの現場での判断は，多くのことが研究を実施する人に任されている。学術的な活動は，調査被害を巻き起こす可能性があるということと表裏一体であるということを踏まえつつ，倫理的諸課題に最大限の注意を払い課題を進めてほしい。

（2）倫理にかかわる制度

　次に倫理の制度化について述べる。社会科学研究における倫理的配慮の必要性について，社会的要請を背景にアメリカでは1970年代ごろから，日本では1980年代後半ごろより，学協会が中心となって制度が整えられてきた。本書が取りあげるインタビュー調査も「人を対象とする研究（human subject）」に該当し，倫理原則の対象となる。

　「人を対象とする研究」についての倫理原則は，非倫理的な人体実験の歴史への反省から定められたもので，1947年には「ニュルンベルク綱領」，1964年の「ヘルシンキ宣言」が採択され，1979年には「ベルモント・レポート」が公表されている。これらはもともと，医学研究に関連する倫理規程であったが，その後，ほかの領域でも参照されるようになった。今では，主要な学術団体は，会員に調査対象者の人権の尊重や，調査対象者の個人情報の保護，プライバシーの保護などの原則を守ることを求めている（高智 2010）。

　例えば，日本社会学会の場合，「日本社会学会倫理綱領」および「日本社会学会倫理綱領にもとづく研究指針」を各々2005年10月，2006年10月に制定し[10]，学会員が研究・教育において遵守すべき原則を明文化している（長谷川 2007）。

また，民間調査機関が会員である一般社団法人社会調査協会，一般社団法人日本マーケティング・リサーチ協会なども同様に倫理宣言や倫理綱領を作成している。

　これらの指針は，国内の大学や研究機関に設置された施設内研究倫理審査委員会（IRBs：Institutional Review Boards）と呼ばれる委員会を通して実質化されている。よって人を対象とする研究をする場合，多くの大学や研究機関では，事前に倫理審査を受けるよう求めている。IRBによる審査は医学研究の倫理審査と誤解されがちであるが，社会科学系の研究も該当する。近年では，所属機関でIRBの承認を得ていることが海外の学術雑誌への投稿の条件となることが多く，多くの研究機関でその仕組みが整えられている。

　本節では，社会学にかかわる学会を中心に倫理の制度について示したが，研究課題を実施する際には，各々の専門領域に関連する学協会の制度や倫理原則を確認することが求められる。

　本章では，研究デザインやその構成要素，またコミュニケーションの構造，インタビューの形式，認識の枠組みからみるインタビュー法の特徴を概説してきた。これらの基本を十分に理解したうえ，調査の実践に進むことが大切である。

　　　注
(1)　実証的研究とは，観察や経験を踏まえて社会的現実を明らかにすることを目的とする研究を指す。素朴な実在論に根ざす量的研究とは対照的に，質的研究の場合，社会的現実には複数の意味が存在するという相対主義的な立場をとることが多い。
(2)　図1-2は，山本（2010）の分類に着想を得て改訂したものである。山本務，2010，「社会調査法の類型と量的・質的調査の位置──「社会調査入門」講義ノート」『県立広島大学経営情報学部論集』2：169-87.
(3)　吉川自身は，研究の目標を「青年群像をメゾレベルで描く」（2001：20）とし，『学歴社会のローカルトラック』をライフヒストリー研究，また大規模なデータを

使う量的な社会調査のどちらでもなくその中間に位置するものであるとする。

(4) 標準化とは，調査の形式の定型化をさす。標準化を通して調査者の能力にかかわらず同じようなクオリティの調査の実施可能性が高まるとされる。

(5) 事実探求型のインタビューでは，事実に関する情報を得るためにインタビューをおこなう。概念探求型のインタビューとは，概念の意味を明確にするという目的をもつインタビューである。

(6) 里山保護プロジェクト，地域のお祭り，プレイパーク，クラブ文化など。

(7) 筆者らが指導する学生はインタビュー調査がはじめてという人がほとんどである。また限られた時間内に研究のすべてのステップを完了しなくてはならないという制約もあり，さまざまな局面で研究倫理上の課題が生じるようなテーマを推奨していない。

(8) 筆者らの授業では，調査対象者の実名は調査を実施した者のみが知りうる情報であり，レポートには実名を記載しない。

(9) 初出は，第78回日本社会学会大会要旨集。

(10) 日本社会学会の倫理綱領・研究指針はその制定から15年以上の年月が経っており，社会調査を取り巻く環境の変化，社会調査の手法の進展を踏まえ，現在，倫理綱領・倫理指針の見直しに取りくんでいる。この後に改訂が見込まれる。

参考文献

Adler, Patricia A. and Peter Adler, 2002, "The Reluctant Respondent," Jaber F. Gubrium, and James A. Holstein eds., *Handbook of Interview Research: Context and Method*, Thousand Oaks: Sage Publications, 515-36.

蘭由紀子，2007，「『問いかけに気づき，応えること』をめざして」『先端社会研究』6：115-41.

安梅勅江，2001，『ヒューマン・サービスにおけるグループインタビュー法——科学的根拠に基づく質的研究法の展開』医歯薬出版.

Blumer, Herbert, 1969, *Symbolic Interactionism: Perspective and Method*, Englewood Cliffs, N.J.: Prentice-Hall. （後藤将之訳，1991，『シンボリック相互作用論——パースペクティヴと方法』勁草書房.）

Bourdieu, Pierre, 2002, *Le Bal des Célibataires: Crise de la Société Paysanne en Béarn*, Paris: Editions due Seuil. （丸山茂・小島宏・須田文明訳，2007，『結婚戦略——家族と階級の再生産』藤原書店.）

Crotty, Michael, [1998] 2020, *The Foundations of Social Research: Meaning and Perspective in the Research Process*, London: Routledge.

Durkheim, Emile, 1960, *Le Suicide: Étude de Sociologie*, Paris: Presses Universitaires de France.（宮島喬訳，2018，『自殺論』中央公論新社.）

Flick, Uwe, 2007, Designing Qualitative Research, Los Angeles: Sage Publications.（鈴木聡志訳，2016，『SAGE質的研究キット1　質的研究のデザイン』新曜社.）

長谷川公一，2007，「社会調査と倫理——日本社会学会の対応と今後の課題」『先端社会研究』6: 189-211.

Holstein, James A. and Jaber F. Gubrium, 1995, *The Active Interview*, London: Sage.（山田富秋・兼子一・倉石一郎・矢原隆行訳，2004，『アクティヴ・インタビュー——相互行為としての社会調査』せりか書房.）

加藤秀俊，1975，『取材学——探求の技法』中央公論社.

Kvale, Steinar, 2007, *Doing Interviews*, Los Angeles: Sage Publications.（能智正博・徳田治子訳，2016，『質的研究のための「インター・ビュー」』新曜社.）

Laudel, Grit, and Jochen Glaser. 2007, "Interviewing Scientists," *Science, Technology and Innovation Studies*, 3. DOI: 10.17877/DE290R-983.

前田拓也・秋谷直矩・朴沙羅・木下衆編，2016，『最強の社会調査入門——これから質的調査をはじめる人のために』ナカニシヤ出版.

Merriam, Sharan. B., 1998, *Qualitative Research and Case Study Applications in Education*, San Francisco: John Wiley & Sons.（堀薫夫・久保真人・成島美弥訳，2004，『質的調査法入門——教育における調査法とケース・スタディ』ミネルヴァ書房.）

村上春樹，2003，『アンダーグラウンド』講談社.

尾嶋史章・荒牧草平編，2018，『高校生たちのゆくえ——学校パネル調査からみた進路と生活の30年』世界思想社.

Rubin, Herbert J. and Irene Rubin, 2012, *Qualitative Interviewing: The Art of Hearing Data*, Los Angeles: Sage Publications.

桜井厚，2002，『インタビューの社会学——ライフストーリーの聞き方』せりか書房.

桜井厚，2003，「社会調査の困難——問題の所在をめぐって」『社会学評論』53(4): 452-70.

桜井厚・小林多寿子，2005，『ライフストーリー・インタビュー——質的研究入門』せりか書房.

桜井厚・石川良子編，2015，『ライフストーリー研究に何ができるか——対話的構築主義の批判的継承』新曜社．

佐藤郁哉，1984，『暴走族のエスノグラフィー——モードの叛乱と文化の呪縛』新曜社．

谷富夫編，1996，『ライフ・ヒストリーを学ぶ人のために』世界思想社．

高智富美，2010，「調査倫理をふまえる」谷富夫・山本努編『よくわかる質的社会調査 プロセス編』ミネルヴァ書房，216-29．

徳田治子，2007，「半構造化インタビュー」山田洋子編『質的心理学の方法——語りをきく』新曜社，100-113．

大橋正彦，2004，「JGSS－2002 データにみるわが国消費者のエコ諸行動とその規定要因」大阪商業大学比較地域研究所・東京大学社会科学研究所編『日本版General Social Surveys研究論文集——JGSSで見た日本人の意識と行動［3］』東京大学社会科学研究所，93-107．

尾嶋史章・荒牧草平編，2018，『高校生たちのゆくえ——学校パネル調査からみた進路と生活の30年』世界思想社．

上野千鶴子編，2001，『構築主義とは何か』勁草書房．

Whyte, William F., 1993, *Street Corner Society: The Social Structure of an Italian Slum*, Chicago: University of Chicago Press.（奥田道大・有里典三訳，2000，『ストリート・コーナー・ソサエティ』有斐閣.）

吉川徹，2001，『学歴社会のローカル・トラック——地方からの大学進学』世界思想社．

Zuckerman, Harriet A., 1972, "Interviewing an Ultra-Elite," *Public Opinion Quarterly* 36: 159-75.

<table>
<tr><td>第2章</td><td>調査テーマ</td></tr>
</table>

　調査テーマとは，なにについて調査するのか，だれを対象に調査するのか，なにを聞くのかといった大まかな方向性のことである。調査テーマを決めるためには，なんらかの問いが必要だ。なんらかの問いのことをここでは問題関心と呼ぼう。問題関心は，私たちが日常生活を送るなかで疑問に思ったり，違和感を抱いたり，興味をもったりしたできごとのなかに潜んでいる。社会学の場合，人間がかかわるあらゆる社会現象が分析対象になりうる。身近に起こったできごとから日本のどこかで，そして世界のどこかで起こっているグローバルな現象までさまざまなことが調査の対象になる。まずは，なにかしらの問題関心を思いつくことが求められる。

　こうした問題関心の種を大事に育てていくために，ここでは3つの方法について説明する。1つ目の方法は，入門書や概説書を読んでみることだ。入門書や概説書とはその専門領域の基本的な知識や概念を解説している本のことを指す。専門的な書籍や論文に挑戦するのもよいが，内容が難解であったり，その書籍や論文の専門領域があなたの専攻と違っていたりすることもある。もしあなたが専門書や論文を読み慣れていないのなら，基礎的な知識を学ぶことを目指して，図書館や書店で『××入門』『××の基礎』『××への招待』など，初学者向けのタイトルがつけられた入門書や概説書を何冊も探してみよう。1冊よりも複数冊のほうがよい。本によってどのような内容を扱っているのか違いがあるし，出版年によって扱うトピックにも違いがある。

　このように，入門書や概説書の内容を見ていくなかで，あなたの問題関心に近いことが書かれているかを確認する。手に取った本のすべてを読む必要はない。目次を見て，あなたが関心をもった部分を読むだけでよい。もし，あなた

の問題関心に近いことが書かれていたら，調査テーマへと発展していく見込み
があるといえるだろう。多くの場合，入門書や概説書には専門書や論文が紹介
されている。これは調査テーマを決定するための手がかりになる。

　入門書や概説書を読んでみて問題関心が定まってきたら，専門的な書籍や論
文を読むことに挑戦しよう。これが２つ目の方法だ。こうした専門的な書籍や
論文のことを先行研究と呼ぶ。先行研究はこれまで明らかにされてきたこと，
明らかにされていないことを理解するために読むのである。数多くの先行研究
を読むことで，単純な思いつきの問題関心を理論的な問題関心へと発展させて
いく。こうした段階を経て調査の方向性が決まってくる。

　そして３つ目の方法は，入門書や概説書を読んだり，専門的な書籍や論文を
読んだりするのと並行して，あなたが関心を寄せている社会的な現象に関する
さまざまな情報を集めることである。一番手軽なのはインターネットで検索す
ることだ。PCやスマートフォンを使えば，世界中の情報にアクセスできる，
と私たちは思い込んでいる。しかし，インターネットでの情報収集には限界が
ある。真偽不明の憶測や単なるデマ，専門家ではない人による不確かな情報，
ページビューを稼ぐためだけのネット記事など，インターネットだけで情報を
収集すると偏りが出てきてしまう。そこで，情報の確度の高い新聞記事の収集，
適切な方法で作成された統計資料の収集，そして自分で現場に足を運んで社会
的な現象を確かめるという非参与観察をおこなうことで，インターネット上に
はない情報を集めてみよう。この作業は，あなたが調査したいことにどのよう
な社会的意義があるのかを確かめることにもつながる。

　このように，思いつきの問題関心から始まって，入門書や概説書を読んだり，
専門的な文献に手を伸ばしたり，さまざまな情報を集めたりしていくなかで，
調査テーマを決定することができるのである。調査テーマを決定すると，調査
を通じてなにを明らかにするのかという調査の問い，すなわちリサーチクエス
チョンの構築に進むことができる。本章では，思いつきの問題関心からどのよ
うに調査テーマを決定していくかについて説明する。

1 思いつきの問題関心からはじめる

　社会調査をはじめるためには，社会的なできごとや社会に見られる現象に注目して，それがなぜ起きているのか，それがどのような状態にあるのかといった疑問をもつことが必要だ。新聞やテレビで報道されているような社会問題でもいいし，身のまわりに起きているできごとでもいい。最初はなにかの事象に対して疑問を持ったり，不思議に思ったりすること，つまり問題関心の種を見つけだすことからはじめてみよう。インターネットを使ってもよいし，新聞や雑誌を読んでみたり，図書館や書店をのぞいてみたりしてみるのもよい。

　調べ続けてみて興味が湧いてきたら，それは問題関心の種に芽が生えつつある証拠だ。興味が湧かなければ，ほかの問題関心を探そう。まずは，視野を広げて，自分がなにに問題関心を寄せているのかをじっくりと考えてみよう。

　問題関心の種を育てていくこと，つまり，思いつきの問題関心から先行研究を踏まえた理論的な問題関心，そしてリサーチクエスチョンの構築へと発展させていくことは，高校までの勉強のように先生に出された問題を解くといった性質のものではない。社会調査を実践することは研究することと言いかえることもできる。

　研究と勉強は似ているようにみえるかもしれないが，両者はまったく異なる。市川伸一によれば，勉強とはすでに蓄積されている情報を検索し，自らの知識とすることであり，知識の吸収である（市川 2001）。他方，研究とは，自分で立てた問題に取り組み，なんらかの結論を得て，それを報告することで知識を生産することである。つまり，勉強とは，だれかが丁寧に育てた果実を食べるようなものであるのに対して，研究とは自分自身が種を立派な果実になるまで育てあげ，それをだれかにおいしく食べてもらうようなことだと言える。研究を成功させるには，問題関心の種から丹念に育てていく必要があるのだ。

（1）入門書や概説書を読む

　ここでは，思いつきの問題関心から，どのようにしてリサーチクエスチョンの構築へと発展させていくのかについて説明していく。まずは，あなたが専攻する学問分野の入門書や概説書を読んでみよう。例えば，社会学の場合，毎年のように多くの入門書や概説書が出版されている。教科書として授業で利用することを目的に書かれた入門書や概説書は，その学問分野において基礎となる理論や概念を広く解説している。こうした本のなかには，ブックガイドとして，内容をより深く理解するための関連文献が紹介されていることがある。これらは，研究を進めていくうえでの導き糸になる。また，新書などの形式で広く一般向けに書かれた本もある。学生の身近な関心事を取りあげつつ理論や概念を説明するものもあれば，執筆者の個性や専門領域を生かした，より発展的な内容のものもある。特に筆者が専門としている社会学では入門書や概説書のバリエーションが豊かなので，何冊も手に取ってみて内容を比較してみるとよいだろう。

　また，入門書や概説書は，その学問領域の魅力や研究の方向性を知るためのものであるため，それらを読むだけでリサーチクエスチョンが構築できるわけではない。入門書や概説書を読むことは，問題関心の種を育てるために畑を耕すようなものだ。これによって問題関心の範囲が広がるだろうし，思ってもみなかったようなテーマを見つけることができるかもしれない。あなたの問題関心に近いものがどうしても見つからなければ，それがその学問分野では扱いづらいものであったり，その学問分野の範囲から外れたものであったりする可能性もある。入門書や概説書はあなたがどのような問いを立てればよいのか，どのような答えがありうるのかという見通しをたてるためにも役立つ。

　そして，入門書や概説書はできるだけ新しいほうがよい。大学図書館で探す場合はより新しいものを手に取ってみるとよいだろう。大学図書館にはかなり古いものから新しいものまで多くの文献が蔵書されている。古いものは質が悪いというわけではないが，事例が古すぎたり，いまではあまり使われていない理論や概念が説明されたりしている場合もある。一応の目安として10年以内の

ものを探してみよう。

　問題関心が定まってきたら，より専門的な入門書や概説書を手に取ってみてもいいだろう。家族について社会学的に研究してみたいのであれば家族社会学の教科書，地域社会についてであれば，都市社会学や地域社会学の教科書を確認してみるとよい。そうやって何冊も読むことで知識を増やしてくことができるのだ。**実践例 2-1** は食に関連する調査テーマを模索するプロセスを例示したものである。そして，もしあなたが社会学的な問いを立てたいならば，**BOX 2-1** を参照にしてほしい。

　入門書や概説書を読むことで，あなたの問題関心に近いものがあるかどうか，もしくは興味がそそられるような内容があるかどうかを確認しよう。その部分はしっかりと読み込む必要がある。そこでどのような概念や理論が説明されているのか，どういう参考文献が引用されているのかを確認しよう。

■実践例 2-1　食の安全安心を暫定的な卒論のテーマにした

　そろそろ卒論のテーマを考えなければならなくなった。好きなことをテーマにしてみたい。それは食べることだ。どのようにすればおいしい食事ができるのか，どのような店がおいしいのか，これらは到底，社会学的なテーマとはいえない。社会学的な問いにするためには，人間関係や社会構造に焦点をあてる必要がある。食べものについて社会的に関心が寄せられているものとはなんだろう。例えば，2011年の東日本大震災に端を発する食の安全安心をめぐる問題はどうか。福島県で生産されている農作物は安全性が確かめられているが，風評被害の影響でいまでも以前のように消費されていないようだ。食の安全安心というテーマを取りあげ，人々の行動や人間関係に着目していくことは社会学的な問いにはなりそうだ。そこで大学図書館の社会学の書棚で本を探してみる。盛山和夫ら編『社会学入門』をパラパラめくっていると，食の安全性の例として遺伝子組換え技術が取りあげられている。その部分をメモした。

　　遺伝子組換え作物とは，農業生産の効率を上げる等の目的のために人為的に遺伝子を導入（あるいは破壊）した農作物のことである。人体への影響や雑草との交雑等を懸念する消費者団体・環境保護運動と，従来の農作物と実質的に同等の安全性があるとする種子・農薬メーカーとのあいだで，双方が専門家を動員しての科学論争が続いてきた。この論争のなかでは，安全か危険かの線引

きに加えて，遺伝子組換え作物をいかに表示し，消費者の「選択」を可能にするかが焦点となった。また，遺伝子組換え作物を拒否することのリスク（代替農薬の危険性や「無農薬栽培」にともなう病虫害等）にも光があてられるようになった。なにを食べてもリスクゼロではないなかでの選択という，リスク社会的な構図のもとでこの問題は論議されてきたのである。（立石 2017: 216）

　ここから，食べることは科学技術の発展と密接に関連していることがわかった。前後も読んでみるとリスクや信頼といった社会学的な概念が論じられている。食べることはやっぱり社会学的な問いになりそうだ。試しにネット書店でも「食」と「社会学」という言葉で検索してみたら，1,000冊以上の本がヒットした。上から順番に『食の社会学』，『食と農の社会学』，『リスクを食べる』，『飽食と崩食の社会学』……。このなかから概説書っぽい『食と農の社会学』をみてみよう。目次には安全安心という言葉がある。あと，タイトルが気になるから『リスクを食べる』も読む。著者の専門は文化社会学，消費社会学，メディア論らしい。さて，この2冊の内容を確認してみよう。

BOX 2-1　社会学的な問いについて考えてみよう

　社会学的な問いを立てること，これは簡単なようで難しい問題だ。社会学はその名のとおり，社会を対象に研究をおこなう学問だ。社会を対象に研究をおこなう学問領域は一般的に社会科学と呼ばれる。社会科学には政治学，法学，経済学，経営学，人類学，心理学などが含まれる。社会科学の一分野である社会学はほかの社会科学とどのように違うのか。例えば，藤村正之によれば，政治学は主に政府組織の行動と結果，経済学は主に経済組織の行動と結果を対象としている（藤村 2016）。これらは学問の精密度を増すために社の一部分に対象を限定して議論をおこなっている。

　それに対して，社会学は人間関係の多様さに着目したり，社会を全体として総合的に把握しようとする学問である（藤村 2016）。藤村は学問の世界を野球にたとえて，社会学を学問の1番バッターだと位置づける（藤村 2014）。1番バッターはプレイボールがかかって最初の打者である。その役割は相手投手の球筋を見極め，ヒットでもフォアボールでもエラーでもいいからなにがなんでも塁に出ることである。3番や4番のクリーンナップは長打を狙ったり，ランナーをホームに返したりといった，より特徴的な能力が必要だが，1番バッターに必要とされるのは相手の投球や守備陣形に合わせて打法を修正し，出塁という結果そのものを求めていく能力である。藤村は社会学という学問の特徴を「新しい現実への対応や理解の革新が求められるとき，その実態を素朴に把握し，その把握の蓄積の中から問題を考察し

ていこうとする」（藤村 2014: 111-2）ことに見いだしている。

　社会学が取り扱うテーマは多岐にわたる。都市社会学や家族社会学のように特定の領域を扱う社会学のことを連字符社会学と呼ぶ（田中編 2019）。これは体系的な一般社会学に対して個別的な諸領域を扱う社会学である。主なものを列挙してみよう。

　　都市社会学／地域社会学／家族社会学／犯罪社会学／宗教社会学／環境社会学／政治社会学／科学技術社会学／ジェンダーの社会学／教育社会学／労働社会学／福祉社会学／医療社会学／文化社会学／階層・階級論／社会運動の社会学／食と農の社会学／自己の社会学／国際社会学／コミュニケーションの社会学／メディアの社会学／エスニシティの社会学／理論社会学など

　これらは学問領域としてある程度体系立てられているものもあれば，緩やかなものもある。ただ，それぞれが完全に独立しているわけではなく，社会学の理論を使って，それぞれ社会現象を分析したり，新たな理論を構築したりしようとしている。あなたの選んだテーマがどの連字符社会学に入るかを考えてみよう。注意が必要なのは，それぞれの連字符社会学がカバーする研究の範囲は重なり合っているということだ。

　都市社会学は都市化のように人口が集中する過程や人口集中地域に特有の社会現象に着目する分野である。この都市社会学はほかの連字符社会学が扱う内容と少しずつ重なり合っている。例えば，近年，都心部にタワーマンションが多数建設されるなど，都心回帰という人口増加現象が注目されている。そうしたタワーマンション住民の職業や所得に着目して研究するなら階層・階級論，家族のあり方を研究するなら家族社会学，タワーマンション建設をめぐる地域紛争を研究するなら社会運動の社会学，といったように社会現象は複数の連字符社会学を横断するかたちで研究されている。

　「自分の調査テーマには関係ない先行研究だから読まない」とか「調査テーマから遠そうな内容だから読むのはめんどくさい」などと思わずに，最初はなんでも見てやろう，なんでも読んでやろうという心持ちで守備範囲を広く，読み進めていこう。

（2）調査テーマの検討

　ここでは，どのようにして調査テーマを検討していけばよいのかについて説明しよう。量的調査であれば，調査票が完成した段階で調査テーマを変更する

ことはできなくなるが，質的調査は調査を進めながら調査テーマを変更したり修正したりすることができる。とはいえ，調査テーマはどんなものでもよいというわけではない。調査テーマを決定する段階で，調査の社会的重要性，学問的な重要性，情報収集の可能性，調査の到達点という4つの要素を考えておこう（舩橋 2012；盛山 2004）⁽²⁾。

　社会的重要性とは，その対象がもっている社会的意義や影響が重要であることである（舩橋 2012）。社会問題としてメディアに取りあげられているような現象，例えば，公害，災害，貧困状態にある人々やマイノリティの人々が抱えている問題は社会的に重要である。他方で，就職活動やアルバイト，友人とのコミュニケーションやファッションなどといった身近な事柄を調査することにも意義はある。ただし，思いつきの問題関心だけで調査テーマを決めるのではなく，それを調べることにどのような意味があるのかを常に考えなければならない。

　学問的重要性とは，調査によってもたらされる知見が学問的にみて貴重だということである（舩橋 2012）。リサーチクエスチョンが先行研究とは異なるあなた自身のオリジナルなものであることが求められる。調査の最終的な目標は，調査によってもたらされる知見によって，科学的研究の蓄積に寄与することである。社会調査の初心者は，「学問的な見地から重要な論文を書くことなんてハードルが高すぎる」と思うかもしれない。しかし，自分なりに先行研究を読み解き，リサーチクエスチョンを構築し，調査をおこない，データを分析し，何らかの答えを出せばそこにオリジナリティは必ず出てくる。

　情報収集の可能性とは，ある調査対象についての情報を，あなたがもっている資源や能力などの条件のもとで，収集可能かどうかということである（舩橋 2012）。例えば，プロ野球選手の交友関係を知りたくても，プロ野球選手にコンタクトを取ることができなければ，調査はできない。情報収集の可能性がなければその時点で，その調査テーマはボツになってしまうのだ。社会問題に関するテーマであれば，それに関連する団体や機関がある。専門的な団体や機関がある場合，調査の協力依頼ができるかもしれない。調査テーマを決定する前

に調べておこう。

　最後に，調査の到達点をイメージしてみよう（盛山 2004）。現在の地点から到達点までをイメージしてどんな困難があるのか，どんな不可能なことがあるのかを想像してみよう。あなたが調査することによって調査対象者にどのような影響があるのか，調査対象者をただ傷つけて終わるだけにならないかをイメージすることが重要だ。ここで必要なのは調査テーマについてあなたが現在もっている知識，学術的な知識，そしてあなたの想像力だ。調査によってどんなことがわかればよいのか，漠然としたイメージでよいので考えてみよう。

　そこで，調査テーマをより明確にするため，現時点での調査テーマとその学問的重要性，社会的重要性，情報収集の可能性，調査の到達点という調査の構想を考えてみよう（**演習 2-1**）。**実践例 2-2** は食の安全安心という調査テーマで調査の構想をまとめたものである。

●**演習 2-1** --

　調査テーマをより明確にするために現時点で考えていることを調査の構想として書きとめてみよう。巻末のワークシート 1 には，「調査テーマ」，「調査の社会的重要性」，「調査の学問的重要性」，「情報収集の可能性」，「調査の到達点」を書き入れられるようになっている。

■実践例 2-2　食の安全安心を暫定的な調査テーマとした

　食べることが好きだからという理由で，食を対象にしようと考えた。社会学の入門書にも食の安全について触れられていたし，食に関する入門書や概説書もある。でも，来週のゼミで「調査テーマと調査の構想」について発表しなければならなくなった。

　調査テーマをどのように具体化していけばよいだろう。『社会学入門』や『食と農の社会学』で触れられていた遺伝子組換え技術でもいいけど，現在の日本ではあまり話題になっていないような気もする。『食と農の社会学』の「第Ⅱ部 危機・安心・安全」には遺伝子組換え技術のほかに，農薬開発，畜産，生ごみが取り扱われている。どれも身近な話題のように思えるけど，スーパーに行くとよく見つけるのが無農薬という表示だ。わざわざ無農薬の野菜をつくったり，それを買ったりする

ことにどんな意味があるんだろう。やっぱりつくる側も買う側も食べることのリスクを気にしているんだろうか。『リスクを食べる』の目次には「食のリスクをめぐる関心と不安の高まり」とある。食とリスクに関して研究することは学問的に重要なんじゃないだろうか。

　無農薬野菜をつくっている生産者さんに話を聞いてみたいけど，心当たりがない。近くにそれらしき畑もない。それに私は消費者として無農薬野菜を買ったり買わなかったりしているわけで，どちらかといえば消費のほうが興味があるかも。無農薬野菜を扱っている自然食品店に通っている人がよいのではないだろうか。

　最後に，この調査はどういう到達点が予想できるだろう。まだ想像がつかないけど，無農薬野菜を買っている人が食べることのリスクをどのように考えているか，食べることに対してどのような不安を抱えているのかを明らかにする。こんな感じでどうだろうか。なんかそれらしくなってきたような……。

ワークシート1：調査テーマと調査の構想

現時点での調査テーマ 　無農薬野菜を買っている人が食べることのリスクをどう考えているか。
調査の社会的重要性 　食の安全安心についての社会的な関心が高まっていることを背景に，無農薬野菜を選んでいる人たちがいる。なぜ割高な無農薬野菜を買うのか，それらがどういう人なのかを明らかにすることは価値がある。
調査の学問的重要性 　食の安全安心にかかわる人々の行為をリスクという概念を使って分析する。
想定される調査対象者 　無農薬野菜を扱う自然食品店を利用する人
想定される到達点 　無農薬野菜を買っている人が食のリスクをどのように考えているか，リスクをどう回避しているか。

2　先行研究の探し方

リサーチクエスチョンを構築するために必要なのは，先行研究を探しだして，

読み進めることである。先行研究とは，あなたが選んだ問題関心に関連する現象についてすでにおこなわれている研究であり，論文や専門書として発表されているものである。先行研究を調べてまとめることを先行研究レビューという。先行研究レビューをおこなうことの意義は，すでになにが明らかにされているのか，なにが明らかにされていないのか，自分の調査テーマではどんな理論が用いられているのか，どんな理論が用いられるのかを知ることである（Flick 2007=2011；小田 2010）。

あなたがどんなに新しい社会現象に着目したとしても，必ずなにかしらの先行研究がある。例えば，家族に関連する新しい社会現象であれば，家族社会学においてこれまで蓄積されてきた概念や理論をもちいて分析することができる。できるだけ多くの先行研究を読むことで，複数の理論や概念を組み合わせてリサーチクエスチョンを構築する。そうして，オリジナルな分析の枠組みをつくりあげていくことができるのである。

そこで，本節では先行研究レビューを進めていくために，先行研究の調べ方，先行研究の読み方，先行研究の整理法について説明する。なお，論文における先行研究レビューのまとめ方は第6章で説明する。

（1）先行研究を探す

先行研究を探すのに最初に使うのは，図書館ごとに設けられたオンラインの文献検索システムであるOPAC（Online Public Access Catalog）やインターネット上の文献データベースである。調査テーマに関連するキーワードで検索して，そこでヒットした文献に目を通してみよう。1冊ではなく，時間の許す限り何冊も目を通そう。ただし，そこで見つかったすべての文献が先行研究として扱えるわけではない。後で説明するように学問分野が異なっていれば，先行研究として参考にできないものもある。また，**BOX 2-2** で示したように学術書や論文のかたちになっていないものは先行研究にならない。

重要な先行研究はOPACや文献データベースを検索しただけで都合よく見つかるものでもない。キーワード検索では出てこないが，リサーチクエスチョン

の構築に役立つ先行研究をどれだけ探せるのかが調査の成否のカギを握っているといっても過言ではない。研究の終わりごろになって，重要な先行研究を探しあてて，「もっと早く読んでおけば……」と後悔することはよくある。そういった事態を招かないためにも先行研究を常に，しっかりと探しだしておこう。

BOX 2-2　入門書や辞典は先行研究になるか？

　入門書はリサーチクエスチョンを構築するためにとても役に立つ。また，社会学辞典による概念の説明もまた，その概念の意味や用法を知るうえでは大変参考になる。しかし，それらは「社会学という学問分野のなかでは，このように論じられている」という社会学のなかでの通説の説明であり，著者のオリジナルな議論の表明であるとは限らない。また，入門書や辞書を参考文献に使ってしまうと，論文の読み手に先行研究を深く調べていないというイメージを与える可能性がある。したがって，入門書や辞典を安易に先行研究レビューに用いることは避けたほうがよい。

表：主に先行研究として扱われている文献の一覧

種類	文献の種類	内容
学術書	単著・共著	学術論文として書かれたもの
	論文集	学術論文として書かれたもの
学術誌 学会誌	寄稿依頼論文	当該学問分野に精通した編集委員に依頼されたもの
	査読論文	当該学問分野に精通した査読委員によって掲載が認められたもの
	紀要論文	発行する大学で掲載が認められたもの
一般書	研究者が書いたもの	新書や文庫などのかたちで出版されるもの

　出所：筆者作成。

①大学図書館で探す

　大学図書館は学生や教員の研究目的のために設置されている機関である。それゆえ，区や市が運営する公共図書館よりも学術的で専門的な文献が所蔵されている。無闇にインターネットで探すよりも効率がよい。あなたが大学生なら，

学生でいるあいだに大学図書館を使いこなそう。

　先行研究を探す方法としては主に２つの方法がある。それは，先に述べたようにOPACを用いる方法と，直接書棚に行って探す方法だ。

　OPACは手軽でとても便利だ。キーワードで検索するだけで，図書館にある何十万の蔵書のなかから，数十冊の候補に絞ることができる。シンプルなキーワードで検索するだけでは，大量の無関係な文献が多数探されてしまうこともあるので，他のキーワードを追加したり，分野を絞ってみたり，検索を工夫することによって，あなたの問題関心に近い先行研究を探しだそう。

　ただし，OPACにも弱点がある。OPACはあなたが入力したキーワードを含んだ文献しか探してくれない。その文献はあなたの問題関心に近いものとは限らない。OPACのような検索エンジンはあなたの問題関心を汲み取って検索結果を出してくれるわけではない。そういう意味で，OPACの検索能力には限界があるのだ。[3]

　次に，図書館の書棚に足を運んでみよう。図書館に所蔵されている文献は内容によって分類されている。この分類の基準のことを日本十進分類表と呼び，文献には内容に応じて番号が割りあてられている。あなたの専門分野が何番にあるのかを調べてみよう。例えば，社会学の文献は361番台に配架されている。とりあえずそこに行ってみて，書棚に並んだ本の背表紙を眺めてみる。入門書や概説書に相当する本，気になるタイトルの本を片っ端からチェックしていこう。チェックの仕方は後述する。[4]

②各種のデータベースで探す

　調査テーマに関する本や論文が図書館でうまく見つけだせなかった場合は，インターネットの力を借りて本や論文を探すこともできる。本の場合は「国立国会図書館オンライン」や「国立国会図書館サーチ」で検索してみよう。すぐに入手できるかどうかはわからないが，調査テーマに関する本が実在するのかどうかを確認できる。そこで見つかった本がどうしても必要な場合は大学図書館や公共図書館のレファレンスサービスに相談するとよいだろう。[5]

　論文の場合は「J-STAGE」（科学技術振興機構）という論文検索のデータベースがある。「J-STAGE」の特徴は論文のタイトルや著者名だけでなく，査読の有無や全文検索ができること，そして一部を除いてPDFファイルでダウンロードが可能なことだ。インターネットを工夫して使えばいつでもクオリティの高い論文を閲覧できるのである。「J-STAGE」では『社会学評論』（日本社会学会）や『年報社会学論集』（関東社会学会）や都市社会学，家族社会学，教育社会学など各分野の学会誌も公開されているのも強みである。ほかには，「Google Scholar」や「CiNii Research」（国立情報学研究所）も使ってみよう。これらはすべての学問領域を対象とし，論文によってはダウンロードできるものもある。

　英語で書かれた論文のデータベースも多数ある。それを使えば，数え切れないほどの論文のなかからあなたの調査テーマに近いものを見つけだすことができる。専門書の出版社であるSAGEやTaylor & Francis，Wileyなどは論文雑誌のデータベースを構築している。また，「EBSCOhost」や「JSTOR」のように多数の雑誌，書籍を網羅したデータベースもある。ただし，これらのデータベースはライセンス契約が必要で，利用は契約者のみに限られている。大学図書館でライセンス契約の有無を確認しよう。

　最後の砦は公立図書館と国会図書館である。公立図書館とは都道府県や市区町村にある図書館である。東京都立図書館や神奈川県立図書館など，都道府県の図書館には，一般書だけではく学術的な専門書も多く所蔵されている。市区町村の図書館だと，専門書の数はあまり多くないかもしれないが，郷土資料など地域に関する文献は充実している。国会図書館は東京にある本館と京都にある関西館の2館しかない。ただ，日本国内で出版されたものは国会図書館に納入する納本制度があるので，大学図書館や公立図書館にない本を閲覧することができる。費用はかかるが遠隔複写サービスもあるので一度利用してみるとよいだろう。

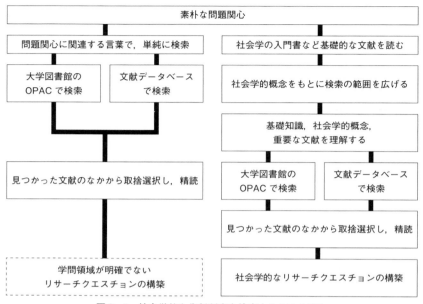

図 2 - 1　社会学的な先行研究を検索するための流れ

出所：筆者作成。

③特定の学問分野における文献を探す

　先行研究を検索していくうえで心がけておかなければならないことは，あなたがどの学問分野に立脚してリサーチクエスチョンを構築するのかを常に考えておくことだ。もちろん，ひとつの学問分野ではなく複数の学問分野にまたがって学際的にリサーチクエスチョンを立てることもある。しかし，それは意図的におこなわれるものだ。調査テーマに関連している文献であればなんでも先行研究になるというわけではないのである。**図 2 - 1** で示したように単純に検索するだけでは，学問領域が不明確なリサーチクエスチョンになってしまうこともある。

　もしあなたが社会学的なリサーチクエスチョンを構築するのであれば，社会学者が書いた文献を探すことが必要だ。社会学の関心領域はほかの学問分野と重なることが多いので，まったく社会学的ではない文献も社会学の先行研究に

みえてしまうことがある。社会学的なリサーチクエスチョンを立てることを目標とするならば，社会学の入門書や概説書で説明されている概念や理論をもとにキーワード検索をし，社会学者が書いた文献を探していくとよいだろう。

（2）先行研究の内容をチェックする

　先行研究になりそうな本や論文を探しだせたら，冒頭から順に読み始めるのではなく，まずはその文献の内容をあらかじめ把握するためのチェックをおこなおう。このチェックはその文献が先行研究になるのか，調査テーマに関する知識を得られるのか，リサーチクエスチョンを構築するのに役立つのかを判断するためのものである。チェックポイントは，①書名／論文名，②執筆者／編者，③執筆者／編者のプロフィール，④出版年，⑤出版社／掲載誌，⑥目次，⑦索引，⑧参考文献の8つである。

①書名／論文名

　表紙やタイトルを見て，あなたが興味を持った本や論文を見つけよう。本の場合は本の最後にある奥付をチェックする。奥付とは本の最後にあるもので，図2-2に示したように，著者名や編者名，出版社や著作権など，文献の情報が書かれているページである。

②執筆者／編者，③プロフィール

　奥付のページの近くに書かれている著者紹介を参照し，[8]著者がどういった経歴の人か，どういう立場にある人かを確認しよう。専門分野が社会学ならば，社会学的な見方を学ぶことができる。それに対して，著者が作家やジャーナリスト，評論家という肩書きの場合，学術的な文献ではないため，調査テーマに関連する知識を得ることはできるが，学術的な概念や理論を学ぶことはできない。

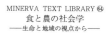

MINERVA TEXT LIBRARY ㊹
食と農の社会学
——生命と地域の視点から——

2014年5月20日　初版第1刷発行　　　　　　　　〈検印省略〉
2021年11月10日　初版第5刷発行

定価はカバーに
表示しています

　　　　　　　　　桝　潟　俊　子
　　　編著者　　　谷　口　吉　光
　　　　　　　　　立　川　雅　司

　　　発行者　　　杉　田　啓　三

　　　印刷者　　　坂　本　喜　杏

発行所　株式会社　ミネルヴァ書房
　　　　607-8494　京都市山科区日ノ岡堤谷町1
　　　　電話代表　（075）581-5191
　　　　振替口座　01020-0-8076

©桝潟・谷口・立川, 2014　冨山房インターナショナル・藤沢製本
ISBN 978-4-623-07017-6
Printed in Japan

図2-2　奥付の例

出所：桝潟ほか編（2014：奥付）。

④出版年

　また，奥付では出版年を確認する。あなたの調査テーマが新しい現象であれ
ば，最新の研究，とりわけ数年以内のもののほうがよい。もちろんこれは絶対
的な判断基準ではないが，気にとめておこう。[9]

⑤出版社／掲載誌

　奥付では出版社を記録しておく。出版社によっては学術書をたくさん出版し
ているところもあれば，一般書を中心に出版しているところもある。初学者に[10]
はなかなか判断は難しいかもしれないが，先行研究の検索を続けていくうちに，
ある程度見分けがつくようになるとよいだろう。

　論文の場合はそれがどの媒体に掲載されたものなのかを確認する。その媒体
が学術誌であれば学術論文として問題なく先行研究になる。

⑥目次

　目次を読むと，本の内容を一覧で確認することができる。あなたの問題関心に近いものが見つかれば，そのページを詳しく読んでみよう。問題関心に近いものがなくても，興味深い項目があれば読んでおこう。

⑦キーワード

　文献の内容を確認し，あなたが気になったキーワードもチェックしておこう。論文の場合は最初のページに著者がキーワードを書いている場合もある。これは他の文献を探すための検索語になる。本の巻末にある索引も役立つかもしれない。索引とは，その本のなかにある言葉を見出し形式にしてリストアップされているページのことだ。

⑧参考文献

　文献の内容チェックにおいてもっとも重要なのが章末あるいや巻末に掲載されている参考文献リストである。参考文献が充実している文献はそれだけたくさんの文献を引用して書かれたものだと評価できる。反対に，参考文献リストがない文献は著者の恣意的な意見や信憑性の低い情報を根拠に書かれている可能性が高い。先行研究として取り扱うには注意が必要だ。参考文献リストは本や論文を吟味する判断材料にしよう。この参考文献リストは，次に先行研究を探すための重要なヒントになる。参考文献リストを確認し，あなたの問題関心に近いものや調査テーマに関連するものは必ずチェックしておこう。

　最後に，本や論文の要点についてメモしておこう。要点とはなぜその文献を選んだか，どこに面白さを感じたか，どのような方法論を用いているか（質的調査，量的調査，理論研究など）である。巻末のワークシート２を活用し，思いついたことを書いておこう（**演習 2-2**）。**実践例 2-3** は食の安全安心に関する先行研究の内容をチェックしたものの例である。文献の書誌情報を確認しながら作成してみよう。

●演習 2-2 --

　巻末のワークシート 2 を用いて「先行研究の文献チェックシート」を作成し
よう。1 冊の本，1 本の論文ではなく，図書館の OPAC や文献データベースで
いくつも調べてみて，そのなかから先行研究になりそうなものを見つけて
チェックシートを作成してみよう。

■実践例 2-3　食の安全安心の先行研究の文献チェックシートを作成した

　一応，食の安全安心を調査テーマにするという方向で文献を調べてみた。『食と
農の社会学』の第 8 章，桝潟俊子の「ローカルな食と農」という章が役立ちそうだ。
これが先行研究になりうるかどうかワークシートを用いてチェックした。

ワークシート 2：先行研究の文献チェックシート

①書名／論文名 　「ローカルな食と農」（桝潟俊子・谷口吉光・立川雅司編『食と農の社会学 　──生命と地域の視点から』の第 8 章。169 ページから188 ページまで）
②執筆者／編者 　桝潟俊子
③プロフィール 　専門は環境社会学。淑徳大学コミュニティ政策学部教授
④出版年 　2014年
⑤出版社 　ミネルヴァ書房
⑥目次／節構成 　1　食と農をいかにつなぐか（グローバル・フードシステムの支配──食と 　　農の分断と荒廃，アメリカにおける「ローカル」と「コミュニティ」の再 　　評価，ローカル・フードムーブメントの世界的広がり，食と農を地域にと 　　りもどす） 　2　アメリカにおける有機農業の「産業化」の進展（有機農産物流通のグ 　　ローバリゼーションを前提とした有機認証の陥穽，オルタナティブな農 　　業・有機農業の「産業化」）

　　3　大地と人とのつながりの再構築（オーガニックをこえて（beyond
　　　organic），オーガニックからローカルへ，シビック・アグリカルチャ──
　　　地域農業とフードシステムの再生）
　　4　日本における地域・「ローカル」への視座（有機農産物の商品化と提携
　　　運動の停滞，地産地消の取り組み，食の「安心・安全」から持続可能な地
　　　域社会の形成に向けて）

⑦**キーワード**
　新自由主義，有機農業運動，食の安全安心

⑧**参考文献**
- 原山浩介，2008，「喪失の歴史としての有機農業──『逡巡』の可能性を考
　える」池上甲一ほか『食の共同体──動員から連帯へ』ナカニシヤ出版，
　119-76.
- 桝潟俊子，2008，『有機農業運動と〈提携〉のネットワーク』新曜社.
- 徳野貞雄，2002，「食と農のあり方を問い直す──生活農業論の視点から」
　桝潟俊子・松村和則編『食・農・からだの社会学』新曜社，38-53.

本書の要点
- 地産地消運動は，日本だけでなく，アメリカにもあることがわかった。これらは食の安全安心に対する意識の高まりと関係している。
- 有機農業は地域づくりの運動としての側面が強いことがわかった。
- 入門書だから先行研究として使えるかどうかはわからないが，たくさんの文献が引用されている。

（3）先行研究を読む

　調査テーマにぴったり合うもの，近いもの，あなたの考えを広げてくれそうなもの，検索すればするほどそれだけ多くの先行研究が見つかる。先行研究の内容チェックを行ったもののうち，あなたが重要だと判断した文献は内容を精読する必要がある。そこで紹介したいのが，Ｍ・Ｊ・アドラーとＣ・Ｖ・ドーレンによる『本を読む本』という本である。本書によれば，読書には初級読書，点検読書，分析読書，シントピカル読書という４つの段階がある。

　初級読書とは，本に書いてあることを理解するという読書にとってもっとも

表 2 - 1　分析読書の 3 段階

第 1 段階 ——内容の確認	①種類と主題によって本を分類する。 ②本全体がなにに関するものかを、できるだけ簡潔に述べる。 ③主要な部分を順序よく関連づけて、その概要を述べる。 ④著者が解決しようとしている問題がなんであるかを明らかにする。
第 2 段階 ——内容の解釈	⑤キーワードを見つけ、著者と折り合いをつける。 ⑥重要な文を見つけ著者の主要な命題を把握する。 ⑦一連の文のなかに著者の論証を見つける。または、いくつかの文を取りだして、論証を組み立てる。 ⑧著者が解決した問題はどれで、解決していない問題はどれか、見きわめる。未解決の問題については、解決に失敗したことを、著者が自覚しているかどうか見定める。
第 3 段階 ——内容の批評	⑨「概略」と「解釈」を終えないうちは、批評にとりかからない。 ⑩けんか腰の反論はよくない。 ⑪批評的な判断を下すには、十分な根拠をあげて、知識と単なる個人的意見を、はっきりと区別する。 ⑫著者が知識不足である点を、明らかにする。 ⑬著者の知識に誤りがある点を、明らかにする。 ⑭著者が論理性に欠ける点を、明らかにする。 ⑮著者の分析や説明が不完全である点を、明らかにする。

出所：Adler and Doren（1940 = [1978]1997）をもとに筆者作成。

初歩的な段階を指している。点検読書とは、本を拾い読みしながら全体像を把握するものである。前節の先行研究の内容チェックはこれに相当する。

　それに対して、分析読書とはより積極的に、そして分析的に文献を読むことである。アドラーとドーレンは分析読書においては**表 2 - 1**に示したような読み方をするべきだとしている。

　分析読書とは先行研究を批判的に読むことである。批判的に読むということは、先行研究の主要な命題を把握したり、論理的なつながり（論証）を確認したり、なにが明らかにされたのかを確認することである。ただし、批判とは先行研究の著者の知識不足や誤り、論理性に欠けていること、説明不足の箇所をあげつらうものではない。批判するということは、先行研究の価値を認めることでもあり、あなたの研究が先行研究を継承するということでもある（白井 2013）。先行研究に対する批判はリサーチクエスチョンを構築するための重要な要素になりうる。

　最後に，アドラーとドーレンのいうシントピカル読書とは1つのテーマについて何冊もの本を相互に関連づけながら読むことである。オリジナルなリサーチクエスチョンを立てるためには複数の論者によるいくつもの先行研究を引用する必要がある。調査テーマに関連してどのような論文や専門書があるのかをできるだけ探しだし，それらがどのように関連し合っているのかを検討しなければならないのだ。これについては次節で説明する。

　分析読書をおこなった上で，文献の批評をしてみよう（演習2-3）。論文でも専門書でもどちらでもよい。もし専門書1冊全体を批評するのが難しいと思うなら，そのうちの1章でもかまわないので批評に取り組んでみよう。

　批評とは単なる読書感想文ではない。文献のもつ価値を読み手に伝えるような文章を書くことである（川崎 2016）。そのためには全体を要約して，その文献のどこが面白かったのか，どこに問題があるのかを分析的に解説してみよう（河野 2002）。要約とは他人が書いた文章を自分の言葉で短くまとめ直す作業であるが，これは文献の内容を理解するために必要な作業だ（矢田部 2013）。どのようなキーワードや概念が用いられているのかを確認しながら要約を作成しよう。**実践例2-4**は食の安全安心という調査テーマの先行研究として柄本三代子『リスクを食べる』の批評をおこなったものである。批評的に文献を読むことで何が参考になったのか，何がわからなかったのかを明確にしておこう。

●演習2-3 --

　調査テーマにとって重要な文献の批評をしてみよう。巻末のワークシート3に，「文献の書誌情報」，「文献の内容要約」，「文献のなかに含まれるキーワード，概念」，「文献の参考文献のうち重要なもの」，「文献の内容のよいところ，面白かったところ」，「文献の内容についての問題点，説明が足りないところ」，「文献の内容のうち，あなたの調査テーマに関連するところ」をそれぞれ書いてみよう。

■実践例 2-4　食の安全安心の先行研究を批評した

　有機野菜や食の安全安心を調べていくなかでリスクという概念が重要なことが分かってきた。そこで柄本三代子『リスクを食べる』の批評をしてみる。本の全体を批評の対象にするのは大変だから，第2章「食べることと知識」を取り扱うことにする。

ワークシート3：文献の批評

文献の書誌情報
柄本三代子，2016，『リスクを食べる——食と科学の社会学』青弓社.（第2章　食べることと知識）

文献の内容要約
本章は5つの節からなる。まず1節「食べることについて社会学で扱うということ」では，食べることが社会学的な研究の対象になることについて論じられている。食べることを〜（中略） 　続いて，2節「リスク論の系譜」ではリスクという概念がこれまで3つのアプローチでまとめられている。1つ目は〜〜（中略） 　最後に，5節「状況づけられた解釈」ではギデンズなど再帰的近代化の議論から複雑化する現状において，一般の人々が判断するために専門家に白紙委任するということが論じられる。（中略）リスクについて考えるためには一般の人々がどのように認知するのか，専門家システムとどのようにかかわるのか考えることが重要。

文献のなかに含まれるキーワード，概念
リスク，リスク社会，専門家システム，再帰的近代化

文献の参考文献のうち重要なものを列挙しよう。
デボラ・ラプトン『食べることの社会学』　　ウルリヒ・ベック『危険社会』 ニクラス・ルーマン『リスクの社会学』　　アンソニー・ギデンズ『近代とはいかなる時代か』

文献の内容のよいところ，面白かったところをできるだけ書いてみよう。
• 食べることが社会学的な研究の対象になることをさまざまな社会学理論をもとに説明している。 • リスクという概念には知識が深く関係していることがわかった。先行研究が一気に広がった。

文献の内容についての問題点，説明が足りないところをできるだけ書いてみよう。

- 抽象的な説明が多く，わからない部分が多かった。これは私の理論に対する理解が不足しているからかもしれない。
- ベック，ルーマン，ギデンズそれぞれがリスクをどのように使っているのかわかりにくかった。

文献の内容のうち，あなたの調査に関連するところをできるだけ書いてみよう。
- 有機農作物を好んで消費する人が知識をどのようにとらえているのか。
- 食の安全安心と知識はどのように関係しているのか。

（4）文献リストをつくる

　先行研究を探していくなかで，面白いと思った文献，リサーチクエスチョンの構築に役立ちそうだと思った文献，まだ読んではいないが調査に関連しそうな文献はすべてリストにしてまとめておこう。検索すればするほど，読めば読むほど先行研究は増えていく。大量の先行研究を整理するために文献リストをつくっておくとよい。BOX 2-3 には文献リストの作例を示しておいた。

　文献リストには正確な書誌情報を載せておいたほうがよい。書誌情報とは書籍の場合は著者名／刊行年／タイトル／出版社，論文の場合は著者名／刊行年／論文タイトル／掲載誌／該当ページなど，書籍や論文の巻末に掲載されている参考文献リストに掲載されているような情報のことである。書誌情報を正確に載せておくと，だれが，いつ，どの媒体で書いたものなのかをすぐに確認できる。具体的な書誌情報の示し方については第6章で示す。

BOX 2-3　文献リストの作例

　文献リストに最低限必要なのは書誌情報だ。著者の立場（例：××大学教授）や専門（例：環境社会学）などの追加項目を入れ込むことができる。しかし，項目が多いとリストをつくること自体に手間がかかってしまう。特別な情報を入れたいのであれば，メモの列を用意しておこう。列は後からでも増やせるので，なるべくつくりやすいかたちにしておいたほうがよい。

　例えば，列にアルファベット表記の著者名を加えた。日本語で論文を書く場合，日本語文献と英語文献（翻訳含む）が混在するため，書誌情報だけだと並び替えがしにくいからだ。Excelのフィルター機能を用いて並び替えをするとき，著者名が

アルファベット表記の列をつくっておくことでスムーズに並び替えができるのである。また、列に刊行年を加えたのは先行研究を時系列に並び替えることで、だれの議論がだれに影響を与えたかを視覚的に理解したり、想像したりするためである。

　文献リストが増えていくと、次になにを読めばよいか、どれが重要な文献なのかを視覚的に理解できる。計画的に研究を進めていくためにも文献リストをつくっておこう。

表：文献リストの作例

著者名 アルファベット	刊行年	書誌情報	メモ
Enomoto, Miyoko	2016	柄本三代子、2016、『リスクを食べる――食と科学の社会学』青弓社.	
Harayama, Kosuke	2008	原山浩介、2008、「喪失の歴史としての有機農業――『逡巡』の可能性を考える」池上甲一ほか『食の共同体――動員から連帯へ』ナカニシヤ出版、119-76.	
Giddens, Anthony	1990	Giddens, Anthony, 1990, *The Consequences of Modernity*, Cambridge: Polity Press.（松尾精文・小幡正敏訳、1993、『近代とはいかなる時代か？――モダニティの帰結』而立書房.）	

　文献リストを作成するのは、単に大量の先行研究を整理するだけでなく、どの先行研究が重要なのかを確認することにも役立つ。先行研究をみつけたら、その論文や書籍の巻末にある参考文献を確認し、あなたの問題関心に近いものをリストにどんどん入れていく。実際に読むかどうかは関係なく、とにかくリストの文献を増やしていく。この作業を続けていくうちに、複数の文献のなかに特定の文献が引用されていることに気づく。複数の論文に引用されている文献はその調査テーマにおいて重要な先行研究である可能性が高い。文献リストを作成することは、先行研究の重要性を判断するのにも役立つのである。

　ここで、書誌結合と共引用について説明しておこう。書誌結合とは、**図2-3**で示すように論文A、Bが両方とも論文C、D、Eを引用していることを指す。この場合、論文A、Bが立場的に近いことがわかる。このように論文同士を比較することが可能なのである。それに対して、共引用とは論文C、D、Eが共通して論文A、Bを引用しているものである。共引用されている論文はそ

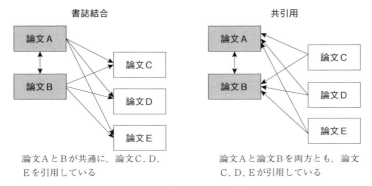

図2-3　書誌結合と共引用

出所：倉田（1999: 173）。

れだけ学術的な価値が高いとみなすことができる。調査テーマに関連する先行研究を読み進めていくと，何度も言及される書籍や論文が見つかる。そうした文献はたとえ新しいものでなくても，その調査テーマにおいては重要な先行研究だと判断することができるのだ。どれがあなたにとって重要な先行研究なのか，どれを読めばよいのかを考えながら文献リストを作ってみよう。

（5）中心的な概念の定義をする

　調査テーマを構築していくなかで，あなたにとってなにが重要な概念なのか考えておこう。概念とは私たちが事実を認識するためのものの見方である。例えば，アーヴィング・ゴッフマンが提唱した儀礼的無関心という概念がある（Goffman 1963=1980）。これは見知らぬ他者同士が同じ空間に居合わせたときに，互いに相手を見ることは見るが，すぐに視線をそらして相手に対して特別の好奇心や特別の意図がないことを示すふるまいのことを指している。私たちは儀礼的無関心を貫くことで，その空間の秩序を守っているのである。この儀礼的無関心という概念は，私たちがエレベーターや電車のなかで何となくおこなっている行為を特定し，分析可能にするためのものである。概念とはある社会現象のものの見方を示すためのものなのである。

概念を使うときは，その意味内容を明確にしておかなければならない。エミール・デュルケームは「社会学者が第一歩として行うべきことは，なにが問題であるのかを自他ともにしっかりと知ることができるように，かれの取り扱うものに定義を与えること」（Durkheim 1895=1978: 101）だとする。デュルケームは概念の定義をあらゆる説明や検証をおこなううえでの不可欠な条件だとしている。概念を定義づけることは，あなたがその概念をどのような意味で使っているのかを明示することであり，読み手との共通理解を促すものなのである。

概念の定義に必要なのは先行研究である。単なる思いつきで恣意的に定義してはならない。学術的な研究をおこなうのであれば，先行研究にもとづいて定義しなければならないのである。先行研究にもとづいて概念を定義するからこそ，あなたの思いつきを超えて，他者にとっても理解可能な研究になる。

調査テーマに関連した中心概念の定義ができたら，調査の方向性がより定まるはずだ。ただし，ここで注意がある。一度定義した中心概念は不変のものではない。現状の定義は現在の調査の方向性や調査における問題を検討するためのものなのである。これを感受概念という（佐藤 2006: 98）。定義を固定すると，あなたが調査対象とするものを明確に特定化することができるようになる。しかし，定義を完全に固定化してしまうと，調査対象にとって重要なことや新たな発見を見落としてしまうことになりかねない（Blumer 1969=1991）。調査が進むにつれて，その都度，概念の定義それ自体を再検討してみよう。これにより研究の経過を踏まえて，対象を変えたり，広げたり，逆に狭めたりとより綿密な分析が可能になる。**実践例 2-5** は食の安全安心という調査テーマに取り組むにあたってリスクという概念を社会学的に定義することを試みたものである。

■**実践例 2-5　食の安全安心というテーマからリスク概念を定義した**

先行研究を読み進めていくなかで，有機野菜を消費することとリスクという概念が関連しそうだということはわかってきた，社会学では，ウルリッヒ・ベックやアンソニー・ギデンズ，ニクラス・ルーマンらがリスクについて論じているようだ。彼らの議論をもとにして多くの社会学者が分析を進めている。大学図書館のOPACを「リスク」という言葉で検索してみると，間々田孝夫編，2015,『消費社会の新

潮流——ソーシャルな視点リスクへの対応』立教大学出版会．という論文集が見つかった。この本は計量的な調査によって得られたデータを分析したものだ。この論文集のなかで用いられているのは抗リスク消費という概念である。

　抗リスク消費とはリスク回避に関する消費行為を総称するものとして用いられている。鈴木康治によれば，抗リスク消費をおこなう消費者の条件とは「なんらかのリスクを個人的な行為によって回避することを選好していること，およびその回避行動を，自らが保持する貨幣を用いて市場での財やサービスの購入というかたちで実践可能なことの2点」（鈴木 2015: 116）である。鈴木が採用しているリスク概念はニクラス・ルーマンによるリスク概念である。ルーマンは将来の帰結としての損害が自分の責任によるものなのか，他者の責任によるものなのかを区別したうえで，前者をリスク，後者を危険と呼ぶ（Luhmann 1991=2014）。なにを食べるかという選択について考えることは食のリスクについて考えること，と言えそうだ。

　ここから，有機農業における抗リスク消費とは，消費者が，有機農法によって作られた農作物を選択することによって，将来被るかもしれない健康被害を未然に回避しようとすることと定義できる。このテーマで調査ができそうな気がしてきた。

3　資料の収集と非参与観察の実践

　先行研究を探しだして，読み進めるのと並行に，各種の資料を収集したり，現場に足を運ぶなどして，調査テーマを絞っていこう。これは調査テーマの社会的重要性を確認したり，調査の実現可能性を判断していくうえで必要な作業である。ここでは新聞記事や統計資料の収集，非参与観察の実践について説明する。

（1）新聞記事を確認する

　それでは，新聞などのマスメディアにおいて調査テーマに関連する社会現象がどのように報じられてきたのかを調べてみよう。**図2-4**は情報の種類と経時的な流れについて示したものである。現在の社会的できごとや問題が本や論文のかたちになるのは，早くて数ヶ月後，遅ければ数年後になる。大学図書館にある数多くの本は体系づけられた知識にもとづいているため先行研究にはなるが，社会のできごとや問題をリアルタイムに伝えるのはテレビやラジオ，

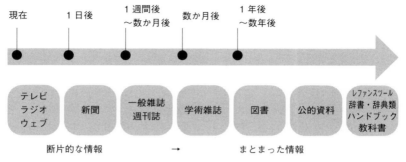

図 2 - 4　情報の種類と経時的な流れ

出所：上岡（2014: 37）。

ネットニュース，新聞などのメディアである。

　テレビやラジオは検索可能なかたちでアーカイブ化されていない。[12]ネット
ニュースは手軽に見つけられるが，後から編集される可能性もあるし，記事自
体が消えてしまうこともある。そのうえ，ネットニュースはジャーナリズムの
訓練を受けた記者やライターが書いていない場合もある。ネットニュースを研
究用のデータとして用いることは難しい。

　調査テーマに関連して，これまでどのようなできごとがあったのか，人々が
どのようにそれを認識したのか，どのように報じられてきたのかを確認するに
は，新聞記事を用いるのがもっとも適している。とりわけ日刊紙は世の中で起
きている事件やできごとをもっとも多く報じている。

　過去の新聞を調べるためには３つの方法がある。１つ目は新聞そのものを調
べることである。大学図書館や公共図書館にはそれぞれ館ごとに保管期間が異
なるものの，数ヶ月から数年分の新聞が所蔵されている。２つ目は新聞の縮刷
版を調べることである。朝日新聞，読売新聞，毎日新聞，日本経済新聞の４社
は新聞の月ごとに縮刷版を発行している。

　そして，３つ目は新聞記事のデータベースを活用することである。新聞記事
のデータベースには，「朝日新聞クロスサーチ」（朝日新聞），「ヨミダス歴史館」
（読売新聞），「日経テレコン」（日本経済新聞），「毎索」（毎日新聞）などがある。[13]

データベースは新聞社各社が有償サービスとして提供しているものであり，契約しなければ利用できないが，多くの大学図書館はいずれかのデータベースを契約しているので活用してみよう。新聞記事のデータベースが有用なのは，新聞に掲載されたほとんどすべての記事がアーカイブ化されていることである。実際に紙面として何年何月何日に発行されたのかが記録されているということは出典として確かなものになる。

　ただし，新聞記事にも注意が必要だ。紙面に限りがあるため，事件やできごとを詳細に説明したり，深く分析されたものばかりではない。政治や文化，科学などそれぞれ知識をもった記者もいるが，研究者ほど知識をもっているわけではない。それゆえ，新聞記事を先行研究として扱うことはできない。

　それでも新聞記事が有用なのは，新聞記事がある事件やできごとが起こって間もないタイミングで作成されていることである。新聞記事を調べることで，その当時ある事件やできごとがどれくらいの量で，どれくらいの説明で紹介されていたのかを知ることができる。例えば，**実践例 2-6** のようにあるトピックに関してどれくらいの記事数があったのかを経年で比較することもできる。記事の内容を理解することも重要なのだが，それ以上にその事件やできごとがどれくらい社会的にインパクトがあったのかを知ることも重要なのである。

■実践例 2-6　食の安全安心について新聞記事を探してみた

　食の安全安心について新聞記事を調べてみる。朝日新聞の「朝日新聞クロスサーチ」で「食　安全　安心」という言葉で検索したところ，記事数は 1 万件を優に超えた。これでは調べきれない。そのため「食　安全・安心」という言葉に変えてみると，2019年末までで3,008件になった。これでもすべての記事を調べるのは難しそうだ。本格的に記事が出はじめるのは2000年代からだ。2000年から2019年までの20年間の記事数をグラフにしてみると次のようになった。

　2008年がピークでその後，記事の数は減り続けている。2008年になにがあったのだろうか。見出しだけを読んでいくと 1 月に中国産のギョーザに食中毒が発生したという事件が報じられている。それを契機として地元産の野菜の安全性を主張する記事があったり，地方自治体で食の安全に関する条例制定の機運が高まったりしていることがわかる。

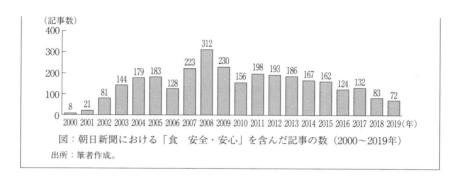

図：朝日新聞における「食　安全・安心」を含んだ記事の数（2000〜2019年）
出所：筆者作成。

（2）統計資料を探す

　本書が対象とするインタビュー調査は限られた人数を調査することになるため，社会全体の傾向や動向を明らかにすることはできない。そのため，背景的な情報として政府や諸機関が作成している統計資料を調べておくのもよいだろう。

　統計資料として代表的なのは政府が作成した官庁統計である。[14]総務省統計局のホームページ「e-Stat」では統計資料が公開されている。なかでも注目すべきは，日本に住んでいる人全体を対象とする国勢調査である。国勢調査の目的は，国内の人口・世帯の実態を把握し，各種行政施策やその他の目的のための基礎資料を得ることで，5年おきにおこなわれている。過去のデータと現在のデータを比較すれば，さまざまな社会変動を明らかにすることができる。

　都道府県や市町村など地方自治体のホームページにも統計情報が掲載されている。そこには官庁統計を地方自治体がまとめ直したものや地方自治体が独自に調査した世論調査の結果が掲載されている。

　統計資料には大きく分けて2つの種類があることを理解しておこう。ひとつは調査統計と呼ばれ，統計データをつくるために調査をおこなうものである。国勢調査は調査統計にあたる。また，世論調査のように調べたい対象（母集団）のなかから一部を無作為に抽出した標本を調査対象者として，調査をおこなう標本調査も調査統計である。例えば，**実践例 2-7** で取りあげた「食育に関する意識調査」は全国の20歳以上の人々を対象に無作為抽出によって選ばれた

5,000人を調査したものである。多くの人々の意識や考え方の傾向を知るために
は方法論上適切に行われた調査の結果を参考にしよう。

　他方，業務上集まった情報を集計してデータにしたものを業務統計と呼ぶ。
例えば，市町村のホームページには毎月の人口が発表されているが，これは住
民票を数えあげたものをまとめたデータである。住民票を移さずに一人暮らし
をしている場合はその市町村の人口には含まれないのだ。また，刑法犯の認知
件数も警察が犯罪を認知したという書類が作成されてはじめて件数として数え
あげられる。万引きのようにいつの間にか商品がなくなっていて被害届も出さ
ないような犯罪は確かに犯罪であるが認知件数には含まれない。これを暗数と
呼ぶ。業務統計の場合は暗数があるため，データを解釈するのに注意が必要な
のだ。

■実践例 2-7　食の安全安心について統計データを探してみた

　統計データについても調べてみよう。食べものに関しては，農林水産省の「食育
に関する意識調査」[05]のなかで，「安全な食生活を送ることについてどの程度判断して
いるのか」という質問が設けられている。この質問は，いつも判断している，判断
している，あまり判断していない，まったく判断していないという4つの選択肢か
らなる。2020年12月の調査の集計結果をもとにグラフを作成すると下のようになる。

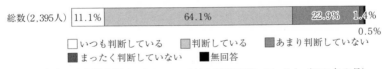

図：安全な食生活を送ることについてどの程度判断しているか（2021年3月）

出所：農林水産省「食育に関する意識調査報告書（令和3年3月）」より筆者作成。

　安全な食生活を送ることについて判断している人のほうが多数を占めている。や
はり食の安全性については社会的関心事になっていることがわかる。しかし，「い
つも判断している」と答えた人の割合は11％程度にすぎない。もしかしたら，安全
な食生活を送るために慎重に判断する人と，大まかに判断する人に差があるのかも
しれない。ただし，このグラフだけでそのように解釈するのは難しそうだ。

（3）非参与観察をする

　先行研究を読んだり，新聞や雑誌の記事を調べたり，統計資料をまとめることによって問題関心や調べたいことが浮かび上がってくる。しかし，それらはあなたが現場に足を運んで調べたものではなく，だれかが調べたものをまとめたものである。これは二次的資料と呼ばれる。

　それに対して，観察を通して自分の目で見，耳で聞き，肌で感じた体験をもとにして得られた資料のことは一次的資料と呼ばれる。ここでいう観察とはテーマに関係のある場所に出かけて，そこにはなにがあるのか，なにがおこなわれているのか，を見たり，感じたりしたうえで，それをメモに書きとめることである。これはフィールドワークと呼ばれる調査法である。

　フィールドワークには関与型のものと非関与型のものがある。関与型フィールドワークは参与観察と呼ばれるもので，調査者がある特定の組織や集団，地域に入り込んで，そこで生活したり仕事をしたりしている人々のなかに混じって，そこで起こっている会話ややりとりを記録することである（岸 2016）。関与型フィールドワークでは，インタビューや資料収集などさまざまな手段を用いて対象社会のできごとを観察し，記録する。第1章で紹介した『ストリート・コーナー・ソサエティ』など優れたエスノグラフィーは関与型フィールドワークによって生みだされたものである。

　それに対して，非関与型フィールドワークとは，調査対象者に接触をせず，部外者や第三者の立場で，調査対象を観察するものである（木下 2013）。これは非参与観察と呼ばれ，公共空間，例えば駅や広場，商店街などでおこなわれる（前畑 2009）。非参与観察は，先行研究や資料を調べていくなかで，机上の学問ではわからない現実を知るための下調べとして位置づけられる。調査対象者と接触しないため，それだけで論文を作成できるほどのデータを集めることは難しいが，非参与観察をおこなうことで，調査テーマに関する具体的なイメージをつかむことができる。

　それでは，あなたが選んだ調査テーマにとって，非参与観察が適切かどうかについて考えよう。例えば，食べものとリスクについて調べる場合，リスクに

敏感な食べものを取り扱う自然食品店に行ってみたり，特定の食材を使わないで食事を提供するレストランに行ってみるだけなら，非参与観察は可能だ。しかし，食糧生産の現場や流通の現場のように関係者立入禁止の場所では，非参与観察は不可能だ。観察可能かどうかを判断したうえで，非参与観察に臨もう。

　なお，非参与観察を実施する場合は，フィールドノーツをつけておこう。フィールドノーツとは調査地で見聞きしたことについてのメモや記録である（佐藤 2006）。後から観察の状況を思いだせるように再現性の高い記録を残すことが必要だ。非参与観察の場合，現場メモと清書版のフィールドノーツを作成しておくとよい。

　まず，現場メモとは，できごとが起こっている最中にメモ用紙，メモ帳，カードなどに書き込んだメモである（佐藤 2006）。文字を書いたり，絵を描いたり，柔軟に取り扱うことができるのは紙製のメモやカードだが，近年ではスマートフォンやタブレットなどでも代替可能かもしれない。あなたがメモを取るのに慣れているものやその場のマナーに沿ったものを選ぼう。いつどこでどんな現場メモを書くべきか，どのようにすればよりよい現場メモが書けるかということについては決まった答えはないが，フィールドに応じた工夫が必要である（能智 2011）。あなたが他人からどのように見られているか，その場に不適切なふるまいでないかを注意しながら，メモを取ることを心がけよう。

　次に，清書版フィールドノーツとは，1日（あるいは数日）のあいだの観察や考察をまとめ，清書した記録である（佐藤 2006）。現場メモやその場で考えたことを踏まえて記録するものであり，清書版フィールドノーツには断片的なメモではなく，文章で記録を残すことが大切となる。

　非参与観察をおこなう際には，調査倫理に十分気をつけよう。観察によって他者を困らせたり，傷つけたりすることがあってはならない。例えば，自然食品店やレストランのなかでおもむろにメモ帳を取りだし，どのようなお客さんがいるのか，どのようなものが取り扱われているのかをつぶさに記録することは不自然である。店員やほかのお客さんから不審がられるかもしれない。あくまで自然なかたちで観察するにとどめておいたほうがよい。観察を終えた後に

できるだけ早く記録できる場所を探し，見たこと聞いたことをフィールドノーツに書きとめておこう。**実践例 2-8** は実際に自然食品店に赴き，お店の様子をフィールドノーツに書きとめたものである。その場の状況をメモにまとめただけなので限られた情報ではあるが，それでも現場に行くかどうかでリサーチクエスチョンの内容が変わるかもしれない。実際に自分の目で見てみることは重要なのだ。

■実践例 2-8　食の安全安心について非参与観察をしてみた

食の安全安心について考えるため，無農薬野菜を取り扱う自然食品店に行って非参与観察を試みる。今回はお店には話を通していないので，完全にお客さんとしてふるまう必要がある。店内でメモや写真は取らず，ほかのお客さんや店員さんに迷惑をかけないようにした。お店を出て，近くのカフェに入り，次のようにフィールドノーツを書いた。

2021年5月×日，13時に家を出て14時に自然食品店Xの前に到着。2階建ての建物は倉庫のようなデザインで思ったより大きい。店の前にはウッドデッキが設えられていて，30歳代ぐらいの2組の夫婦が子どもを遊ばせながら立ち話をしている。家族づれでも入れるようなお店のようだ。去年オープンしたらしく，お店の外観も新しい。お店の外からでもおしゃれな雰囲気が伝わってくる。私が入ってもいいのだろうかと気後れする。入店すると店内にはお客さんが2組ほどしかいない。50歳代ぐらいの女性2人組と60歳代ぐらいの夫婦だ。それなりにお客さんがいるだろうと思ったが拍子抜けした。食べものだけではなく，食器や衣服，雑貨なども取り扱っている。質のよさそうな金属製の食器が棚に整然と並べられている。2階には雑貨が置かれているらしい。このゾーンはざっと見るだけにしておこう。

お米のコーナーに移動した。農薬や化学肥料を極力抑えて栽培していると書かれている。完熟堆肥を利用しているという。専門的な言葉が商品の売りになっているようだ。お米は種類が多く，どれもスーパーの売り場では見たことがない。玄米や雑穀も並べられている。スーパー

店内の様子のメモ

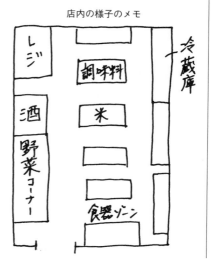

フードというキャッチフレーズが使われている。

　野菜のコーナーに移動した。3段の棚にいろいろな種類の野菜が陳列されている。良質な有機質肥料が使われているのだという。有機質肥料とはもみ殻と食品残渣でつくられているらしい。やはりここでも専門的な言葉が使われている。一番上段にあるのは葉物野菜。小松菜，チンゲンサイ，ニラ，ほうれん草が置いてある。2段目はトマトやナス，きゅうり。一番下は人参やニンニクなどが置かれている。人参は細くて長い紫色のものと短い黄色のもの，いくつか種類がある。野菜スムージーの作り方が書かれたパンフレットがあったので，1枚いただくことにした。

　調味料のコーナーに移動した。普段行くスーパーマーケットのラインナップとはずいぶん違うように見える。どの商品も地元産であることを売りにしているようだ。麦味噌を手に取ってみる。有機JASという表示がある。国産無農薬，無化学肥料，非遺伝子組換え大豆が使われているという。次に有精卵を使用しているマヨネーズを手に取ってみる。平飼い鶏の卵だという。鶏の飼い方が商品の売りになるのか。どのように生産されたかが消費者の判断基準になるのだ。マヨネーズを切らしていたので試しにこれを買うことにした。

4　調査テーマを決定する

　ここまで，調査テーマを決めるために，先行研究を探して読むこと，新聞記事を調べること，必要に応じて非参与観察をおこなうことについて説明してきた。調査テーマを決める判断の基準は2つ，リサーチクエスチョンを構築できるかどうか，そして，調査が実現可能かどうかだ。

　リサーチクエスチョンとは単純な思いつきの問題関心を学術的な研究にもとづいた理論的な問題関心へと発展させることである。リサーチクエスチョンを構築できそうな手応えが得られているのならば，その調査テーマで問題ないだろう。もしそうした手応えがなくても，卒論指導や社会調査実習を担当している教員など，専門的な知識をもっている人に，あなたが調べたことを報告して相談してみるとよい。あなた自身には手応えがなくても，実はリサーチクエスチョンとして重要なものであるのかもしれない。他者にアドバイスを求めるのはとても重要なことなのだ。

　もうひとつの判断基準は調査の実現可能性である。調査対象者はどのような

人々か，調査対象者は見つけられそうか，調査対象者とコンタクトが取れそう
かを考えておこう。調査対象者への調査依頼については第4章で詳しく説明し
ているが，調査対象者に協力していただけなければ，調査は失敗に終わってし
まう。調査テーマを決定する前に，だれにどのような話を聞くのかを考えてお
こう。

　調査テーマを決定しても，先行研究を探して読むこと，新聞記事を調べるこ
と，非参与観察を実施することは終わりではない。**実践例2-9**にも示したよう
に，特に先行研究を探して読むという作業は，論文を完成させるその直前まで
続けなければならない。調査のプロセスは行きつ戻りつしながら，少しずつ進
んでいくことを覚えておこう。

■実践例2-9　食の安全安心を調査テーマに決定した

> 　食の安全安心についての先行研究もいくつか見つかったし，リスク社会論や抗リ
> スク消費といった社会学的な概念もこれからの研究に使えそうだ。自然食品店に足
> を運んでみると，耳慣れない専門用語が書かれた食品がたくさん並んでいた。こう
> した商品を手に取る消費者はなんらかの知識をもって，どれを買うのかを判断する
> のだろう。つまり，何を食べるのかという選択をしているのだ。
> 　安全安心を求めて，有機野菜など一部の限られた食品を消費する人たちの考えを
> 調べることは，社会学的なリサーチクエスチョンに発展していきそうだ。そうした
> 人たちにお話を伺うことができれば，何を食べるのかをどのように判断しているの
> かがわかるはず。もっと問いを明確にするために，食の安全安心とリスク社会論，
> 消費社会論などの先行研究を読み進めていくことにしよう。

注
(1)　波平恵美子もまた「問題の種」という表現をしている（波平・小田 2010）。
(2)　この4つの要素のうち，舩橋晴俊があげているのは社会的重要性，学問的重要性，
　　情報収集の可能性の3つである。舩橋はこの3つのほかに研究主体としての蓄積性
　　と展開性をあげている。蓄積性とは類似の問題を複数の対象に即して調べることで
　　あり，展開性とはそれまでの蓄積を生かしながら，隣接する領域での調査研究をお
　　こなうことである。博士論文や修士論文，よりレベルの高い卒業論文の執筆を目指

すのであれば，蓄積性と展開性の要素も重要である。なお，調査の到達点の重要性を指摘しているのは盛山である（盛山 2004）。

(3)　マイケル・バックランド『情報学入門』など参照（Buckland 2017=2020）。

(4)　図書館での文献の探し方や入門書の読み方については野村一夫『社会学の作法・初級編——社会学的リテラシー構築のためのレッスン 改訂版』を参照（野村 1999）。

(5)　図書館のレファレンスは利用者の調べものに関する相談に対応するため，さまざまな文献検索の手法を活用している。こうした文献検索のコツを実践的に紹介しているのが，国立国会図書館で長くレファレンスサービスを担当していた小林昌樹による『調べる技術——国会図書館秘伝のレファレンス・チップス』という本である（小林 2022）。目当ての文献が見つからない場合には，図書館のレファレンスサービスを利用してもよいし，本書のような調べ方についての本を参考にするのもよいだろう。

(6)　論文の内容について他の研究者に審査を受けること。論文を学術誌に掲載してもよいかどうかが判断される。

(7)　特に『社会学評論』では分野別の研究動向として，これまで都市，地域，家族，福祉，労働，国際，社会病理，理論などが掲載されている。分野別の研究動向を読むとその分野でどんな研究があったのかを概観できる。

(8)　論文の場合はタイトルの下もしくは論文の最後に著者の所属が記載されている（例：××大学○○学部教授，△△大学大学院博士課程など）。

(9)先行研究を調べていくうちに古い文献が参考文献として引用されていたりする。そういう文献は調査テーマにとって重要な文献だと考えることができる。

(10)　場合によっては，学術書をたくさん出版しているところのほうが，文献としてより学術的な意義が深いのではと推測することができる。しかし，これはあくまで推測にすぎない。出版社だけで，その文献の学術的意義を評価することはできない。ひとつの参考材料ととらえよう。他方，一般書しか出版していない出版社の本は参考文献としてふさわしくないかもしれない。

(11)　文献リストにはEndNoteやRefWorks，Mendeleyといった文献管理ソフトもあるが，ExcelやWordでも作成可能である。

(12)　ただし，英語のニュースまで広げると，「LexisNexis」などでテレビやラジオのトランスクリプトが検索できるものもある。

(13)　これらは全国紙と呼ばれる新聞であるが，各地域ごとに合わせた地方面も閲覧す

ることができる。また，例えば，山梨日日新聞のような日刊の地方紙も新聞記事の
データベースを会員向けに公開しているものがある。山梨日日新聞は山梨県内ので
きごとや事件などをニュースとして報じるもので，県内全域で流通している。地域
のできごとについて調べたい場合は地方紙を対象に調べるのもよいだろう。また，
海外の新聞については「LexisNexis」のデータベースを通じて探しだすことができ
る。

⒁　業界団体などが作成した業界統計や民間統計がある。業界統計や民間統計とは，
官庁が作成した公的な統計を補完するものとされている（保坂 2014）。

⒂　農林水産省，2021，「食育に関する意識調査」（2022年9月20日取得，https://
www.maff.go.jp/j/syokuiku/ishiki/r03/other/s42.csv）.

⒃　参与観察の場合は，現場メモと清書版フィールドノーツのほかに，調査の最中に
つけた日記や日誌，聞き書きの記録がフィールドノーツの対象となる。

参考文献

Adler, Mortimer Jerome and Charles Lincoln Van Doren, 1940, *How to Read a
　　Book : The Art of Getting a Liberal Education,* New York: Simon and Schuster.
　　（外山滋比古・槇未知子訳，1997，『本を読む本』講談社.）

Blumer, Herbert, 1969, *Symbolic Interactionism: Perspective and Method,* Englewood
　　Cliffs, N.J.: Prentice-Hall.（後藤将之訳，1991，『シンボリック相互作用論——
　　パースペクティヴと方法』勁草書房.）

Buckland, Michael Keeble, 2017, *Information and Society,* Cambridge, Mass.: MIT
　　Press.（田畑暁生訳，2020，『新・情報学入門——ビッグデータ時代に必須の技
　　法』日本評論社.）

Durkheim, Emile, 1895, *Les Règles de la Méthode Sociologique,* Paris: Felix Alcan.
　　（宮島喬訳，1978，『社会学的方法の基準』岩波書店.）

Flick, Uwe, 2007, *Qualitative Sozialforschung,* Reinbek bei Hamburg: Rowohlt
　　Taschenbuch Verlag.（小田博志・山本則子・春日常・宮地尚子訳，2011，『新版
　　質的研究入門——〈人間の科学〉のための方法論』春秋社.）

Goffman, Erving, 1963, *Behavior in Public Places: Notes on the Social Organization
　　of Gatherings,* New York: Free Press.（丸木恵祐・本名信行訳，1980，『集まり
　　の構造——新しい日常行動論を求めて』誠信書房.）

藤村正之，2014，『考えるヒント——方法としての社会学』弘文堂.

―――――, 2016,「社会学とはどのような学問か」『社会福祉学習双書』編集委員会編『社会学――社会理論と社会システム／社会調査の基礎 改訂第 7 版』全国社会福祉協議会, 1-18.

舩橋晴俊, 2012,『社会学をいかに学ぶか』弘文堂.

保坂睦, 2014,「統計情報の種類と入手方法」市古みどり編『資料検索入門――レポート・論文を書くために』慶應義塾大学出版会, 81-99.

市川伸一, 2001,「心理学の研究とは何か」南風原朝和・市川伸一・下山晴彦編『心理学研究法入門――調査・実験から実践まで』東京大学出版会, 1-17.

上岡真紀子, 2014,「情報の種類と評価」市古みどり編『資料検索入門――レポート・論文を書くために』慶應義塾大学出版会, 35-51.

川崎昌平, 2016,『はじめての批評――勇気を出して主張するための文章術』フィルムアート社.

木下栄二, 2013,「参与観察法――まわりを見よう」大谷信介・木下栄二・後藤範章・小松洋編『新・社会調査へのアプローチ――論理と方法』ミネルヴァ書房, 332-47.

岸政彦, 2016,「フィールドワーク」岸政彦・石岡丈昇・丸山里美『質的社会調査の方法――他者の合理性の理解社会学』有斐閣, 37-94.

小林昌樹, 2022,『調べる技術――国会図書館秘伝のレファレンス・チップス』皓星社.

倉田敬子, 1999,「情報の生産, 伝達, 利用からみた科学研究活動」岡田猛・田村均・戸田山和久・三輪和久編『科学を考える――人工知能からカルチュラル・スタディーズまで14の視点』北大路書房, 164-85.

河野哲也, 2002,『レポート・論文の書き方入門 第 3 版』慶應義塾大学出版会.

Luhmann, Niklas, 1991, *Soziologie des Risikos,* Berlin: Walter de Gruyter.（小松丈晃訳, 2014,『リスクの社会学』新泉社.）

前畑みどり, 2009,「社会調査の種類と手法」石田路子編『社会調査の基礎』久美, 30-3.

波平恵美子・小田博志, 2010,『質的研究の方法――いのちの「現場」を読みとく』春秋社.

能智正博, 2011,『質的研究法』東京大学出版会.

野村一夫, 1999,『社会学の作法・初級編――社会学的リテラシー構築のためのレッスン 改訂版』文化書房博文社.

小田博志，2010，『エスノグラフィー入門——「現場」を質的研究する』春秋社．

佐藤郁哉，2006，『フィールドワーク 増訂版』新曜社．

盛山和夫，2004，『社会調査法入門』有斐閣．

白井利明，2013，「研究の進め方」白井利明・高橋一郎『よくわかる卒論の書き方 第2版』ミネルヴァ書房，110-29．

鈴木康治，2015，「抗リスク消費の諸類型——リスク回避に関する消費行為の論理」間々田孝夫編『消費社会の新潮流——ソーシャルな視点リスクへの対応』立教大学出版会，115-31．

高根正昭，1979，『創造の方法学』講談社．

田中正人編，2019，『社会学用語図鑑——人物と用語でたどる社会学の全体像』プレジデント社．

立石裕二，2017，「環境と科学技術」盛山和夫・金明秀・佐藤哲彦・難波功士編『社会学入門』ミネルヴァ書房，207-22．

桝潟俊子・谷口吉光・立川雅司編，2014，『食と農の社会学——生命と地域の視点から』ミネルヴァ書房．

矢田部圭介，2013，「要約の仕方」南田勝也・矢田部圭介・山下玲子『ゼミで学ぶスタディスキル 改訂版』北樹出版，27-37．

第3章	インタビューの準備

　調査テーマを決定したら，次はいよいよインタビューをおこなうことになる。本章では，実際にインタビューをおこなう前にどのような準備をすればよいかをあらためて学ぼう。調査研究においては，調査を開始する前に，その調査が「なんのために，なにを，どのように，明らかにしようとしているのか」，すなわち研究デザインをある程度，明確にしておくことが重要だ。

　前章で学んだ先行研究レビューを通じて，初発の問題関心は問いの形式を取るようになっているだろう。それこそが調査を通して明らかにしたい問い，リサーチクエスチョンである。しかしながらジャーナリズムでもマーケティングでもなく，社会現象に関する学術的な調査として，問うに値する問いを立てるということは決して簡単なことではない。リサーチクエスチョンを立てるということは，社会調査のプロセスにおいてもっとも重要な事柄である。そこで，本章の前半では改めて「社会調査の問いを立てる」ということの意味を確認しよう。

　前半の議論を受け，後半では，研究デザインを設計する実習をおこなう。具体的には，ワークシート（巻末に掲載）を使いながら調査依頼状とインタビュー・ガイドを作成する。調査依頼状は，調査対象者に向けて調査の目的や内容を説明するものであり，あなたの調査について，平易な言葉で表現したものである。通常，調査依頼状は研究デザインを明確にしてから作成するものだが，調査の初心者にとって学術的な先行研究を読み込んでオリジナルな調査計画を立てることは簡単ではない。そのような場合は，調査依頼状の作成を通じて，これらを明確にするというプロセスを取ってもよい。

1 社会調査において問いを立てるということ

（1）調査研究における理論的枠組みの重要性

　他者に話を聞くことで問いに答えを与えようとする試みは学術的なインタビュー調査にとどまらない。例えば，「はじめに」で触れたようにジャーナリズムやマーケティングの世界でも同様の試みがなされている。このような類似の試みと学術的なインタビュー調査（あるいは学術的な調査研究一般）が異なる点はなんだろうか。ジャーナリストの手によるルポルタージュやマーケティング会社が発行するレポートにはなくて，インタビュー調査にもとづく論文や学術書には必ずあるもの。それは先行研究レビューである。過去の研究を参照し，それらの流れの延長線上に自らを位置づけること，これこそが学術的な調査研究と類似の試みの分水嶺である。これまで，調査テーマやリサーチクエスチョンは，先行研究レビューを通じて定まっていくものだと繰り返し述べてきたが，まさにこの点が，インタビュー調査を「研究」たらしめるといえるだろう（第2章第1節）。さらに重要なことは，学術的な調査研究は，過去におこなわれた調査だけでなく，なんらかのかたちで理論的な議論を参照している。別の観点から見れば，これは学術的な調査研究には理論的枠組み（あるいは中心概念），すなわち関心の対象である社会現象をとらえる視点が定められているということを意味する。

　社会科学とは社会現象を学術的に同定し，理解し，説明しようとする試みだが，そのような試みにおいて研究者は理論や概念と呼ばれるものを使う。ここで理論とは社会現象に関する抽象的な説明であり，また，概念とはある事象をその特徴にもとづいて類似の事象から切り分けられるよう定義づけたものである（第6章）。例えば，前章で触れた抗リスク消費という概念は，人々の消費活動のなかからリスク回避を目的とするものを切りだし，把握するものだ。さらにこの概念の背景には，リスク社会論的な問題意識があるが，これは資本主義と科学が高度に発展していった結果，リスクの分配のあり方が社会的，経済的，

政治的に重要になっているという現代社会のあり方に対する理解（理論）である。

　例えば，「食の嗜好性」や「食の安全安心」にかかわる事象（具体的には，自然食品店での食料品の購入など）について調査をする際に，抗リスク消費やリスク社会論を理論的枠組みとして用いるということは，その事象を「リスク」の観点から理解しようとするということを意味する。

　実際には「食の嗜好性」や「食の安全安心」にかかわる事象は多様な理解のあり方があるはずだ。例えば，「食の嗜好性」はその人の階級的背景と関連づけて理解できるかもしれない（Bauman and Johnston 2014=2020）。あるいは「食の安全安心」については，社会運動論的な視点から有機農業を論じることができるかもしれない（桝潟 2008）。このように理論的枠組みは，多様な理解のあり方を特定の方向へと焦点化する働きをする。先行研究レビューを通じて理論的枠組みを定めていることこそが，学術的なインタビュー調査とその他の類似の行為を切り分けるポイントだ。

（2）理論の世界と経験の世界

　先に，理論とは社会現象に対する抽象的な説明だと述べた。このように理論が抽象的なものだとするならば，調査者がインタビューの現場で向き合う調査対象者の語りは個別的で具体的なものだろう。いうならば学術的なインタビュー調査とは，対面で聞きとった調査対象者の個別具体的な経験を，理論や概念という抽象的な枠組みを用いて理解すること，あるいは反対に，経験的なレベルで明らかになった事柄から概念や理論をつくりあげていく行為なのだ。[1]

　このように社会調査のプロセスにおいて，調査者は，個別具体的な経験の世界と，抽象的で一般的，普遍的な理論の世界を行き来する。岩崎美紀子は，このような社会科学的な調査研究の特性を「抽象の階段」という比喩を用いて説明している（岩崎 2008）。抽象の階段は，縦軸に抽象度を取り，上方ほど抽象度が高く，下方ほど抽象度が低い。「抽象度が高い」とは，換言すれば普遍的であることや一般的であることを指す。反対に「抽象度が低い」とは，具体的

図 3-1 「抽象の階段」の原型

出所：岩崎（2008: 59）。

であることや個別的であることを指す（図 3-1）。

　例えば，あなたの目の前で男性がレンガを積みあげていたとしよう。あなたがなんの予備知識ももっていなかったならば，目の前の事象をただただ見たままに，男性がレンガを 1 つずつ，積みあげている，としか理解できないだろう。しかし，観察を続けることで，あなたは男性がただ無目的にレンガを積みあげているのではなく，壁を作ろうとしていることに気づくかもしれない。さらに，あなたが地域の事情に通じていて，街の教会の建て替えが課題となっていることを知っていたら，男性の「壁を作っている」という行為は，「教会を建てている」と理解できるかもしれない。同じ行為であっても，観察の深さやもっている知識によって理解のあり方が変わるわけだ。

　このように私たちは，他者の行為を理解しようとするとき，なんらかの知識に依存している（例えば先の例では，そもそも「レンガ」というものが建築資材であることを知っていないと男性の行為を理解できない）。そしてもっている知識に応じて，行為の理解のあり方を一般化していくこと，すなわち抽象度を上げていくことが可能だ。先の例でいえば，「レンガを積みあげている」という理解に対し，「壁を作っている」あるいは「教会を建てている」という理解はより一般的で抽象度の高い理解といえる。

　同じことは，社会調査についてもいえる。私たちはインタビューを通じて聞きとった調査対象者の経験を理解しなければならない。ある人は「原発事故をきっかけに食の安全性に関心をもつようになった」と語るかもしれない。別の

人は有機農産物のおいしさについて語るかもしれない。インタビュー調査を通じて，調査者は，調査対象となる個々人がそれぞれの人生において生きた個別的で，具体的な経験を聞きとっていく。そのうえで，その語りを特定の視点からまとめてみたり，比較したりすることで，あるいは，理論や概念という知識を用いることで，調査対象者の多様な経験は，ある程度一般的で，普遍的な社会現象として理解できるようになる。「抽象の階段」を上り下りしながら，理論的な世界と経験の世界を行き来すること，インタビュー調査の営みはそんなふうにも理解できる。

　なお，インタビュー調査を「抽象の階段の上り下り」と表現できるのは，質的調査のプロセスが循環的だからである。インタビュー調査をはじめとする質的調査においては，例えば先行研究レビューは，インタビューの前にしかおこなわないものではないし，リサーチクエスチョンも一度立てたら終わり，というわけではない。研究の終盤においても，分析の方向性に行き詰まり，先行研究に当たり直すということや，調査をはじめてから問いの焦点を変えるということは頻繁に起こる。その度に，初発の問題関心に立ち返ってみたり，トランスクリプト（インタビュー内容を文字起こししたもの）を読み直してみたり，理論的な議論を参照してみたりする。まさに，インタビュー調査においては，調査プロセスを通じて「抽象の階段」を上り続けるのでも，下り続けるのでもなく，「上ったり，下ったり」しなければならないのだ。

（3）「抽象の階段」と問題関心

　人々の行為や社会現象の理解のあり方を「抽象の階段」に位置づけられるとすれば，当然，理解の前にあるもの，すなわち問題関心や問いも位置づけられる。図3-2は岩崎（2008）が主に量的調査法の研究デザインについて図示したものを参考に，筆者がインタビュー調査の実状に合うようつくり直したものである。

　質的調査においては，理論的で抽象的な問題関心・問いから，経験的で個別具体的な問題関心・問いまで，さまざまな抽象度の問いを取り扱う[2]。例えば，

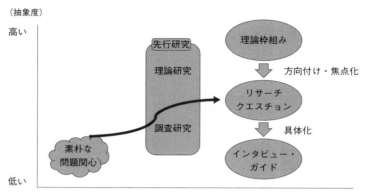

図3-2　質的調査の問題関心と「抽象の階段」
出所：岩崎（2008：127）をもとに筆者作成。

　多くの場合，調査をはじめる前の素朴な問題関心は，メディアを通じて見聞きしたり，周囲で話題になっていたりする社会現象への興味関心というようなかたちを取っているだろう。まだ，この段階では社会現象に対する知識は十分ではなく，その理解も個別具体的なレベルにとどまっているだろう。しかし，第2章で見たように関心のある事象の統計を集めたり，報道等での扱われ方を調べたり，非参与観察をすることで，徐々に知識が蓄積されていき，理解のあり方も例えば，類似の事象を思いついたり，大学の授業で学んだ議論と結びつけたりするようになってくるだろう。さらに，徐々に絞られてきた問題関心をもとに，経験的な事象を扱う調査研究や抽象的な議論をおこなっている理論研究を読んでいくことで，元々の問題関心を学術的な議論の流れのなかに位置づけられるようになっていく。そのうえで，依拠すべき理論的枠組みやリサーチクエスチョンを定めることとなる（図3-2）。

　改めて調査の準備段階での問題関心のあり方を抽象度に応じて整理し直すと，まず，理論的な問題関心がもっとも抽象度が高い。そして，リサーチクエスチョンは，理論的枠組みに方向づけられつつ，抽象度の高い理論的関心を，経験的な調査研究で取り扱えるほどに具体的にしたものといえるだろう[3]。例えば，「依存的な他者に対するケア責任と抗リスク消費はどのような関係にあるか」

といった問いを立てたとしよう。この問いは「依存的な他者」,「ケア責任」,
「抗リスク消費」といった概念を用いているが,その背景には,「依存」,「ケ
ア」,「リスク」をめぐる理論的な議論があり,これらの視点から経験的な世界
を理解しようとしている。ただ,さらに現実社会における「依存的な他者」や
「抗リスク消費」の具体的なあり方は多様な形式(「依存的な他者」であれば,介
護を必要とする高齢者,障碍をもつ人々,乳幼児など)を取ることが予想される。
これらを踏まえ,先ほどの抽象的な問いは,「個人はどのようにして食の安全
安心に関心をもつようになるのか。また,その過程において子育ての責任を負
うことはどのような働きをするのか」といったように具体化できる。この問い
であれば,インタビュー調査を通じて経験的に明らかにすることが可能である。
また,詳しくは本章後半で説明するが,半構造化インタビューでは,調査前に
実際の質問をリスト化しておくが(インタビュー・ガイドと呼ぶ),これはリサー
チクエスチョンをさらに個別,具体化したものである。

(4) 問いに答えられる可能性

　以上のように,リサーチクエスチョンは理論的な問題関心を具体化したもの
ということができるが,実際の調査プロセスは,素朴な問題関心をリサーチク
エスチョンへと抽象化する,という流れを取ることが多いだろう。とはいえ,
問いの抽象度という観点からみると,リサーチクエスチョンは,理論的な関心
を,調査を通じて答えを与えることが可能な程度まで具体化したものと理解で
きる。言いかえれば,リサーチクエスチョンとは調査の実現可能性を踏まえた
うえでの問いであり,理論的な関心を具体的な事象を対象とした問いまで抽象
度を下げたものである。第2章でリサーチクエスチョンを立てる際の基準とし
て,「社会的重要性」,「学問的重要性」,「情報収集の可能性」,「調査の到達点」
をあげたが,このことは「調査の到達点」にかかわる。自分の問いがインタ
ビュー調査を通じて明らかにできる問いなのかどうか,調査の準備段階から考
えることが重要だ。

　なお,この経験的な調査を通して明らかにできるかどうかというリサーチク

エスチョンの基準は，別の論点も含んでいる。その論点とは，社会調査においては，問いが「物事がどうあるべきか」という規範の形式ではなく，「物事がどうであるか」あるいは「なぜそうであるか」といった形式を取っていなければならないというものである。換言すれば，社会調査の問いは社会現象に関する記述や説明の形式を取っていなければならない。

　例えば，「保護者は子どもにどのような食べものを与えるべきか」といった問いはどうか。この問いへの答えとしては，なにを食べたいかに関する子どもの意思を尊重するという立場もあれば，栄養バランスを優先するという立場，あるいは食の安全性を重視する立場などがありうるだろう。こういった種類の問いに対する答えは，なんらかの価値基準に即して与えられるものであり，調査を通じて明らかにできる種類のものではない。日常会話で取り扱うほどに具体化された話題ではあるが，調査をおこなっても，問いに対して答えられないという意味で，調査を通してこの問いに答えることができない。人々の価値観に注目したい場合は，例えば「どのような食べものを親は子どもに与えたいと考えているか」や「子どもがいると，なぜ食の安全への関心が高まるのか」といった問いであれば，社会調査を通じて答えを与えられる可能性が高まる。

　また，社会調査は，人々の行為や意識などにかかわる社会的な事象を扱うものであることを理解しておくことも重要だ。例えば「愛とはなんであるか」という問いは，物事が「どうであるか」という問いの一種ではあるが，人々の経験的な世界を超えた形而上学的な問いであるため社会調査を通じて答えを得ることは難しい。「人々は愛をどのようなものとして認識しているか」といった問いであれば，社会調査を通じて答えを明らかにできる可能性が高い。

BOX 3-1　技法と問いの関係

　本章でここまで述べてきたこと，すなわち素朴な問題関心を，すでにおこなわれている理論的な議論や経験的研究のレビューを通じて，リサーチクエスチョンへと練りあげていくという調査プロセスは，方法論や技法を問わず社会調査に共通している。しかしながら，どのような問いを立てるかということと，どのような方法論ないしは技法を選択するか，という問題は相互に依存し合っている。言いかえれば，

本書で学んでいる半構造化インタビューに適した問いとそうでない問いがあるということだ。

　第1章で学んだ議論に則すると，質的調査法として位置づけられる半構造化インタビューは当然，社会現象を量的に把握することには向いていない。これは半構造化インタビューが，直接調査対象者と会って話を聞くことを基本とするために，比較に耐えうる数の調査対象者を確保することが難しかったり，調査対象者のサンプリングが有意抽出にならざるを得なかったりするからである。

　例えば「性別で食の安全への関心の度合いに違いはあるか」という問いはどうだろうか。この問いに答えるためには，まず「食の安全への関心の度合い」を異なる集団間で比較できるような形式として指標化する必要がある。多くの場合，それはなんらかの数値として表されるだろう。そのうえで，その指標を用いて調査対象者の食の安全への関心を客観的に把握し，男性の平均値と女性の平均値とを比較することになる。こういった場合は，設定された母集団から標本を無作為に抽出したうえで，標準化された質問紙を使って調査をおこなう量的調査法が選択されるべきだろう。

　一方，半構造化インタビューは，調査項目が完全に標準化されているわけではないため，調査対象者自身の考えや思いを聞きとるのに適している。また，調査対象とする社会現象や調査対象者の行為のプロセスを把握しやすいという特徴もある。半構造化インタビューは，どちらかというと特定の事例を深く理解することに向いており，リサーチクエスチョンも特定の事象や集団に焦点を絞ったものとなることが多い。

（5）先行研究とリサーチクエスチョンのつながり

　ここまで調査研究を構想する段階において，理論的な議論を参照することの重要性を論じてきた。社会調査が「学術的である」ためには理論の世界のなかに自身を位置づける必要がある。

　同時に調査研究は，これまでおこなわれてきた調査研究の延長線上にも位置づけられる。調査研究とは，一言でいうならば調査テーマに関連して，あまたの先行研究をもってしてもいまだ明らかになっていない事柄を，調査を通じて明らかにする営みである。このいまだ明らかになっていない事柄を問いの形式にしたものがリサーチクエスチョンである。リサーチクエスチョンこそが，調査研究を通して明らかにしたい問いなのだ。

「いまだ明らかになっていない事柄」がリサーチクエスチョンであるということは，リサーチクエスチョンを立てるためには，先行研究を批判的に吟味する必要があることを意味する。先行研究に対するあなたの評価とリサーチクエスチョンには論理的なつながりがないといけない。つまり，あなたのリサーチクエスチョンは，あなたの先行研究への評価にもとづいて導出されなくてはならない。

　この先行研究とリサーチクエスチョンの結びつきは，中嶌洋によれば7つのパターンに分類できる（中嶌 2015）。事前にこのパターンを理解しておくことで，リサーチクエスチョンが立てやすくなるだろう。

　表3-1で示した7つのパターンを大きく分類すると，①「付け加え型」，②「分類→付け加え型」，⑦「実態解明型」は，先行研究において明らかになっていない新しい問いに対して答えを与えようとするタイプといえる。ある程度の量の先行研究がおこなわれている場合は①もしくは②のタイプの問いを，先行研究が十分におこなわれていなかったり，おこなわれていても理論的なものに偏っており，調査研究が十分におこなわれていない場合は⑦のタイプの問いを立てることになるだろう。

　他方，③「記述検証型」，④「記述反証型」，⑤「比較検討型」は，調査テーマに対して有力な主張がすでになされている場合に，自身の調査研究を通じて新たな見解を示す，という性質が強い。このように，調査テーマの研究状況や自らの問題関心に応じて，表3-1のうち，どのタイプの問いを立てることが可能かを意識にすることで，リサーチクエスチョンを立てやすくなるだろう。なお，⑥「研究史整理型」の問いは社会調査には適さないことが多いので注意しよう。

2　調査依頼状とは

　リサーチクエスチョン，調査対象者の条件が決まれば，次はその条件にあう人を探そう。調査対象者を探す際には，事前に調査内容等についてまとめた書

表 3-1　先行研究に対する評価とリサーチクエスチョン（RQ）のつながり

①付け加え型	あるテーマについての複数の先行研究［ＡＢＣＤＥ］がどういう調査をしてどういう知見を得たのかを説明した上で，特定の視点からの研究がなされていないことを指摘し，関連したリサーチクエスチョンを立てる。	［A］研究 ［B］研究 ［C］研究 ⟩ RQ ［D］研究 ［E］研究
②分類→ 　付け加え型	あるテーマについての概説的な先行研究［ＡＢＣ］とより焦点化した先行研究［ＤＥＦ］に分類する。全体的な理論的枠組み（抽象的な社会理論）と具体的な社会現象の分析を組み合わせることができる。	［A］概説　　［D］焦点 ［B］概説 → ［E］焦点 ［C］概説　　［F］焦点 　　　　　　　RQ
③記述検証型 ④記述反証型	あるテーマについての重要な先行研究［Ａ］と，それを検証した複数の先行研究［ＢＣＤ］がある場合。［Ａ］の知見を再検討したり，［ＢＣＤ］で検証されなかったことを明らかにする（③）。また，［Ａ］が明らかにしたことを反証する（④）。	［A］研究 ↓　　↓　　↓ ［B］研究 ［C］研究 ［D］研究 　　　　　RQ
⑤比較検討型	あるテーマについての先行研究群が3つ［ＡＢＣ］あり，そのうち［Ａ］と［Ｂ］，［Ｂ］と［Ｃ］は比較検討されているが，［Ａ］と［Ｃ］は比較検討されていない。なぜ比較検討されていないのかを示しつつ，両者を比較する。比較することにどんな意味があるのか検討する。	［A］研究 ［C］研究 ［D］研究 ↓　　↓　　↓ ［A］と［C］の比較検討 　　　　　RQ
⑥研究史整理型	あるテーマについての先行研究を時期区分（草創期，始動期，展開期，発展期，衰退期など）しながら歴史的な視点から整理する。このうち本研究では特定の時期に焦点化して検討する。	草創期［ABC］研究 始動期［DEF］研究 展開期［GHI］研究 ⟩ RQ 発展期［JKL］研究 衰退期［MNO］研究
⑦実態解明型	あるテーマについての先行研究が少ない場合。論理展開としては次のようなものである。 「○○に関する先行研究として，□□という記述がわずかにみられるのみである。その理由として，△△が考えられるが，現在，××という問題が指摘されるなかで，○○についての研究を深める必要性が高まっている」	［A］研究 ↓ 社会的な問題 状況について ⟩ RQ の説明

出所：中嶌（2015）をもとに筆者作成。

面（調査依頼状）を用意しておくとよい。あなたが一体，なにを明らかにしたいのか，なぜその人に話を聞きたいのか，どのような話を聞きたいのか，調査対象者はこうした疑問を抱く。また，個人情報やプライバシーの扱いについて

表 3 - 2 　調査依頼状において，調査ごとに異なる項目

①調査者の氏名	⑥調査対象者
②調査者の所属	⑦質問項目
③研究の全体的なテーマ	⑧署名（所属・氏名）
④調査の具体的なテーマ	⑨連絡先
⑤調査目的	

出所：筆者作成。

懸念を抱く人もいる。調査依頼状はそのような疑問や懸念に対する答えを簡単に示す書類といえる。

（1）調査依頼状作成の目的と内容

　調査依頼状は，どの調査でも共通する項目と，調査ごとに異なる項目とからできている。**実践例 3-1** に調査依頼状を示している。

　どの調査でも共通して掲載する項目は，個人情報の扱い方の説明，調査対象者の権利（答えたくない事柄について答える義務がない旨）の説明，録音の依頼と録音データの取り扱いの説明，プライバシーの保護方法の説明である。

　一方，**表 3-2** にあげた項目は調査ごとに異なる項目である。

　重要な項目について説明していこう。まず，「③研究の全体的なテーマ」とは，あなたの調査研究を 1 フレーズで包括的に説明するものである。実践例では「食の嗜好と安全安心」としている。

　続いて，「④調査の具体的なテーマ」とは，本書でいう調査テーマにあたり，研究の全体的なテーマを具体化したものである。実践例では「消費者の食の嗜好性と安全安心に対する意識の形成要因」としている。研究の全体的なテーマである「食の嗜好と安全安心」からは多様な調査研究が考えられるが，調査の具体的なテーマを示すことで，調査内容を「個人の食の嗜好のあり方と安心安全に関する意識」へと限定している。

　次に，「⑤調査目的」とは，調査の具体的なテーマを受けて，どのような問題を取りあげたり検証したりしようとしているのかを簡単に示すものである。本書でいうリサーチクエスチョンを，専門用語を用いずに表現したものと考え

るとよい。実践例では,「個人の食生活において,食に対する嗜好性と安全安心に関する考え方がどのような関係にあるのかを明らかにしたい」としている。これは,一般消費者を事例に,どのような食を好むのかという「食の嗜好性」と,「食の安全安心」に関する意識の関係性という問いを端的に表している。

さらに,「⑥調査対象者」では,調査テーマや調査目的を受けて,どのような調査対象者を設定したのかを説明する。例では,「ご本人とご家族のために日常的に自然食料品店で買いものをしている方々」としている。「食の安心安全」に関心をもち,それを確保しようとする行動を取っている人々を,自然食料品店での日常的な買いものという基準をもとに選ぼうとしているわけである。また,「ご家族のために」の一語を入れることで,調査対象者を家族のいる人々に限定している。

最後に,「⑦質問項目」は,具体的にどのようなことを質問するのか,を示したもので,簡単かつ的確にインタビューの流れを示している。

● **演習 3-1** --

巻末のワークシート 4 「調査依頼状の内容」を使って,調査依頼状を作成しよう。

■実践例 3-1 調査依頼状

インタビュー調査のお願い

謹啓 時下ますますご清祥のことと,お慶び申し上げます。私,①調 査ノ助は②○○大学△△学部××学科に在籍し,③「食の嗜好と安全安心(研究の全体的なテーマ)」についての卒業研究を進めております。

今回は④「消費者の食の嗜好性と安全安心に対する意識の形成要因(調査の具体的なテーマ)」というテーマで⑤「個人の食生活において,食に対する嗜好性と安全安心に関する考え方がどのような関係にあるのか(調査目的)」を明らかにしたいと考えております。そこで,⑥ご本人とご家族のために日常的に自然食料品店で買いものをしている方々(調査対象者)を対象にインタビュー調査を計画いたしました。つきましては,お時間が許す範囲でご協力願えれば幸いです。質問の内容は,⑦食料品を購入する場所とそれぞれの頻度,食料品を購入する際の基準,自然

87

食料品店で買いものをするようになった経緯，ご本人やご家族の健康に関して気を
つけていらっしゃること（質問項目）などが中心となる予定です。
　この調査は，あなた様にご迷惑のかかることがないよう，個人情報の保護に細心
の注意を払っておこないます。すべての質問に答えていただかなくても結構ですし，
ご希望の場合は途中でインタビューを中止していただくことも可能です。もし可能
であれば，インタビューはICレコーダーにて録音させていただきますが，録音
データは厳重に保管いたします。インタビューの内容は文字で書き起こすことにな
りますが，プライバシーに関する事柄についてはすべて匿名で処理いたします。こ
の調査についてのお問い合わせがございましたら，下記の連絡先までお願いいたし
ます。
　お忙しいところ勝手なお願いで大変恐縮ですが，なにとぞ趣旨をご理解いただき
ご協力を承りたくお願い申し上げます。

⑧○○大学△△学部××学科4年
調　査ノ助

⑨連絡先
調　査ノ助（しらべ　さのすけ）
住所：XXX-XXXX　東京都××市X-XX-XXX
電話番号：XXX-XXXX-XXXX
メールアドレス：XXXX@XXXX.ac.jp

（2）よい調査依頼状の条件
　先ほど述べたように，調査依頼状の第1の目的は，調査内容について調査対
象者に理解してもらうということである。このことを踏まえると，よい調査依
頼状の条件は，調査対象者に興味を抱かせるような調査内容が，わかりやすく
表現されているということだ。そこで，ここでは，あなたが計画した調査の内
容をわかりやすく表現する方法について確認しよう。

①専門用語の使用を控え，日常的な言葉で言いかえる
　まず，調査対象者が理解できないような専門用語を調査依頼状で使うことは
避けよう。専門用語には，複雑な内容を一言で表現することができるというメ

リットがあるが，専門用語を使うことでなにかを表現したような気になってしまうというデメリットもある。調査依頼状を書く際には，専門用語で表したい内容を，調査対象者に伝わるよう言葉で言いかえるとよい。そうすることで調査テーマや中心概念についてのあなたの理解も進む。

　例えば，「抗リスク消費」を中心的概念として採用していたとする。ここで，抗リスク消費とは，「リスクの回避や軽減を主たる目的としておこなわれる消費行動」（鈴木 2014: 57）を指す。また，リスクは「消費行動への動機を生成する前段階において消費者がすでに主観的に知覚している損失の予期」（鈴木 2014: 57）と定義される。調査依頼状にこの言葉を用いたとしても，調査対象者に理解してもらえなかったり，誤解されてしまったりする可能性がある。それを防ぐために，わかりやすい表現で言いかえる必要がある。「食にまつわるリスクを考慮した消費行動」や「安全性を重視した消費行動」といった表現が考えられる。

②曖昧な表現を避け，言葉の意味を明確にする

　次に，調査依頼状では，曖昧な表現を避け，言葉の意味を明確にすることを心がけよう。ここで，曖昧な表現の例を2つ取りあげる。第1は，意味の似た言葉の列挙である。複数の意味の似た言葉が列挙されていると，それぞれがなにを意味しているのか，それらのあいだの違いはなんなのかということに関して混乱を招きがちである。列挙している言葉のうちの1つに絞るか，それらの意味を包括的に示す言葉を用いるようにしよう。例えば，「動機や理由」という表現は「動機」の1語で十分意味を表せるし，「考えや思い」という表現は「意識」とまとめられる。このように，意味の似た言葉を列挙するのではなく，1つの概念はできるかぎり1つの言葉で言い表すようにしよう。

　第2は，耳障りのよい言葉の多用である。はじめて調査依頼状を執筆する際，「×××についての価値観」「×××の環境」といった耳障りはよいが，なにを意味しているのかがはっきりわからない表現を使ってしまうことがある。例えば「価値観」という言葉は『広辞苑』では「なにに価値を認めるかという考え

方」(新村編 2018: 548) と定義されているが,「食についての価値観」といっても,食にかかわるどの部分の価値について論じているのかが不明瞭である。先行研究では,食の問題は,食料自給,食の安全性,食料廃棄,農業との関係性などさまざまな観点から論じられている。そこで,あなたがどのような観点から食の問題について論じようとしているのかを示す必要がある。

　もちろん,絶対にこのような表現をしてはいけないというわけではない。その言葉によって,なにを意味しようとしているのかを,あなたがきちんと理解し,その内容が調査依頼でわかりやすく表現されていれば問題ない。

③他人の意見を参考にして,ひとりよがりな文章を修正する

　これまで述べてきたことをまとめると,調査依頼状での文章表現は,抽象的すぎても具体的すぎてもいけないということになる。しかし,あなたが書いた文章がわかりやすいかどうかは,自分ではなかなかわからないものである。先行研究に引きずられて,ついつい専門用語を使いたくなってしまったり,反対に,わかりやすくしようと多くの言葉を重ねてしまったりすることもある。

　調査依頼状の文面がある程度整ったら,まわりの人にコメントをもらうとよい。教員やクラスメイトなど周囲の人たちに調査依頼状の文案を読んでもらい,わかりづらい表現を指摘してもらおう。それを踏まえ,文章を推敲することが大切だ。

3　インタビュー・ガイドの作成

　半構造化インタビューでは,理論的枠組みによるインタビューの方向づけは,具体的には事前に用意された質問リスト,インタビュー・ガイドを介しておこなわれる。ただし,インタビュー・ガイドはあくまで調査の指針である。調査対象者とのやりとりのなかで,質問の仕方を変えたり,質問する順番を変えたりすることも頻繁におこなわれる。ここでは,リサーチクエスチョンをもとにインタビュー・ガイドを作成する方法について学ぼう。

（1）リサーチクエスチョンと個別の質問の関係性

　インタビュー・ガイドを作成するにあたって，まずはリサーチクエスチョンと，調査対象者に投げかける質問の関係を改めて確認しておこう。繰り返しになるが，リサーチクエスチョンは，調査対象となる社会集団や社会現象に関する理論的な問題関心を，調査を通じて経験的に取り扱えるよう具体化したものだ。しかし，リサーチクエスチョンへの解答は，インタビューだけでなく，分析を通じて果たされる。つまり，いくら理論的関心を具体化したとはいえ，リサーチクエスチョンは直接聞くには焦点が広すぎて，調査対象者にとっては答えづらいことも多い。焦点が十分に絞れていない問いがなされる場合，調査対象者は往々にして，自分なりに問いを解釈し，その一部分に焦点化して回答することになる。各々の調査対象者が問いのどの部分に焦点化するかはさまざまであり，同じ質問を投げかけても，ばらばらの事柄について回答しているといったようなことも起こりうる。

　表3-3で確認するように半構造インタビューにおける質問は，「はい／いいえ」で回答できるようなものよりも，調査対象者の豊かな語りを誘発するようなものが望ましい。それでも，同じ質問をしているにもかかわらず，それぞれの調査対象者が異なる対象について語るということのないようにしなくてはならない。

　個別の質問は，リサーチクエスチョンをより具体的な事柄に分解していくなかで定まっていく。例えば，「食の安全安心にまつわる関心と行動がどのように形成されたのか」というリサーチクエスチョンは，「食品の安全性に関心をもつようになった経緯」や「安全な食にまつわる行動の変遷」などという問いに分解できる。さらに「関心をもつようになった経緯」は，より具体的に「関心をもった時期」や「関心をもつようになったきっかけ」などへと分解できる。また，「食の安全安心」への関心のあり方も，有機農産物を購入するといった個人的な行動から，学校給食の内容について自治体に働きかけるといった社会運動的な行動までさまざまにありうる。実際のインタビューの現場では，「食料品を購入する際にどのような点に気をつけていらっしゃいますか」，「日常の

表3-3　内容の観点からの質問の分類

1. 経験・行動にまつわる質問
2. 意見・価値観にまつわる質問
3. 感情にまつわる質問
4. 知識にまつわる質問
5. 知覚にまつわる質問
6. 背景にまつわる質問

出所：Patton（2014）をもとに筆者作成。

買いもの以外で『食の安全』に関してどのようなことをなさっていますか」，「『食の安全安心』に関心をもつようになったきっかけはなんですか」といった質問を重ねることになる。

　インタビュー調査全体の目的は，このような個別化・具体化した質問を個々の調査対象者に向けることで，調査対象者の経験を把握することだ。調査対象者に対する聞きとりを重ねるとともに，それら多様な語りを理論や概念を用いて分析することで，関心の対象である社会現象を包括的に理解する道が切り開かれる。なお，社会現象を理解するうえでは分析という手続きが必要であるという意味で，リサーチクエスチョンの答えは，個々の質問の答えを単純に足し合わせたものではない。個々の質問の答えは，あくまでデータ，つまり素材であって，リサーチクエスチョンの答えは，データを，分析を通じて加工することではじめて得られる。

（2）なにを問うのかを明確にする

　日常会話と異なり，インタビューは明確な目的のある相互行為である。その目的は，調査対象者がテーマとなっている社会現象をどのように経験し，どのように意味づけているのかを深く理解するというものである（盛山 2004）。分析に耐えうる意味のある語りを聞きとるためには，明確な意図のもとに質問をおこなっていく必要がある。

　どのような意図のもとに，どのような質問をするのかは，どのようなリサーチクエスチョンを立てたかによって変わってくるため，一概にこのようにすれ

ばよいという方法はない。ただし，半構造化インタビューにおいて頻繁に問われる事柄はある程度，一般化できる。以下はマイケル・パットンにもとづき，問われる中身の観点から質問を分類したものである（Patton 2014）。

　1つ目の分類は，調査対象者がどんな経験や行動をしたかを問う質問（経験・行動にまつわる質問）である。これらの質問は直接，観察可能な物事に焦点をあてたものといえる。具体的には「食の安全に関して，どのようなことに気をつけていらっしゃいますか」といった質問である。

　2つ目の分類は，調査対象者が抱く意見や価値観について問う質問（意見・価値観にまつわる質問）である。人間の外部にある観察可能な事象を問う経験・行動にまつわる質問に対し，これらの質問は，直接観察することのできない認知や解釈といった個人の脳内の現象に焦点をあてている。つまり，経験・行動などに対する調査対象者の「考え」を問う質問であり，ここから人々の目標，意図，欲望，期待などが明らかになる。具体的には，「農薬についてどうお考えですか」「日本では，多くの食べものが廃棄されているということですが，これについてどのようにお考えですか」といった質問である。

　3つ目の分類は，調査対象者が抱く感情について問う質問（感情にまつわる質問）である。具体的には，「最初に食品の偽装表示の記事を読んだとき，どのように思われましたか」といった質問である。意見・価値観にまつわる質問と同様，感情にまつわる質問も直接観察することの不可能な個人の脳内での現象に焦点をあてており，そのために両者はしばしば混同される。例えば，先ほどの質問に「こういった情報がもっと広く知られるべきだと思いました」という答えが返ってきたとする。この回答では，調査対象者が抱いた感情ではなく，考えが語られている。こういった場合は，「そのことに関してどのような感情をもちましたか」といったように限定して質問するとよい。

　4つ目の分類は，調査対象者がもっている知識について問う質問（知識にまつわる質問）である。この質問は，意見や感情とは区別される事実に関する情報に焦点をあてている。例えば，「○○について国がどのような規制をしているかご存知ですか」といった質問である。

5つ目の分類は，調査対象者が見たものや聞いたものについて問う質問（知覚にまつわる質問）である。例えば，「なるべく自然食品を用いるようにしていることに関して，ご家族はなにかおっしゃっていますか」といった質問である。

　6つ目の分類は，調査テーマやリサーチクエスチョンに関係する調査対象者の背景情報を問う質問（背景にまつわる質問）である。この質問は，年齢，学歴，職業など調査対象者をほかの人たちと関連づけながら位置づけるのに必要な情報に焦点をあてている。背景にまつわる質問は，調査対象者が自らをどのようにとらえているのかを理解する助けにもなる。これは複数の国にルーツをもつ人に，どの国に属していると考えているかを聞く場合を考えてみればよくわかる。

（3） 質問の文言や聞き方

　個別の質問項目を考える際には，なにを問うのかという質問内容の点だけでなく，質問文の文言や聞き方にも注意を払う必要がある。というのも，質問の文言や聞き方によって，その後のやりとりが促されたり，反対に抑制されたりすることがあるからだ。また，質問の仕方によっては調査対象者の語りの内容を誘導してしまうことがあり，注意が必要である。**表3-4**は，メリアムならびにパットンが示したインタビュー・ガイド作成の注意点を筆者が改変したものである。

　1つ目の注意点は，答えが文章になるような質問をすることである。問いかけへの答えが「はい／いいえ」となるような質問よりも，答えが文章となるような質問項目を考えるとよい。例えば，「自然食品を購入していますか」と問うよりは「食品の購入に際してなにか気をつけていることがありますか」と問うたほうが，多くの語りを引きだせるはずである。ただし，調査対象者の基本情報を聞きとる際など，場合によっては答えが「はい／いいえ」となるような質問をしなくてはならないこともある。なお，インタビュー調査においては，答えが文章となるような質問を「オープンエンドな質問」，「はい／いいえ」となるような質問を「クローズドな質問」と呼ぶ。この点については第4章でも

表3-4　質問文の文言や聞き方に関する注意点

1．答えが文章になるような質問をする
2．追加の質問を用意しておく
3．簡潔で明瞭な質問をする
4．「なぜ」という質問をさける
5．中立的な表現を心がける
6．フェイスシートを活用する

出所：Merriam（1998=2004）；Patton（2014）
をもとに筆者作成。

学ぶ。

　2つ目の注意点は，追加の質問を用意しておくことである。調査対象者の語りをさらに深めるような追加の質問もインタビュー・ガイドにあらかじめ掲載しておこう。質問によっては回答のパターンが予想されることがある。そのような場合は，パターンごとに追加の質問を用意しておくとよい。

　3つ目の注意点は，簡潔で明瞭な質問をすることである。意味が取りづらかったり，複数の解釈が可能な質問の仕方は避けよう。人によって解釈が異なるような言葉は，別の言葉に置きかえるようにしよう。また，同時に2つのことを聞くダブルバーレル（「食品を購入する際，価格や品質を気にしますか」など）はどちらの質問に答えればよいのか混乱を生むので避け，1つの質問では1つのことだけを聞くようにしよう。

　4つ目の注意点は，「なぜ」という質問に慎重になることである。「なぜあなたはそう思ったのですか」といった「なぜ」という言葉を用いた質問は，相手を非難しているような印象を与えることがある。また，このタイプの質問への回答はときに収拾がつかないほど多様になる。「どのような経験をしてそのように思うようになったのですか」など，言いかえることで，回答の範囲を狭めるようにしよう。

　5つ目の注意点は，中立的な表現を心がける。語りの内容を不必要に規定することのないようなるべく中立的な言葉を使うようにしよう。例えば「利益を優先する食糧メジャーが，大量の農薬を用いていることをどのように思いますか」といった質問は，否定的な語りを過度に誘導しているといえる。

表 3-5　質問の順番に関する配慮

1．調査対象者が答えやすいことから聞く
2．現在，過去，未来の順番に質問する
3．経験や行動に関する質問をしたのち，意見・価値観や感情に関する質問をする

出所：Patton（2014）をもとに筆者作成。

　最後に，場合によっては背景に関する質問などは，事前に用意した質問紙に書き込んでもらうことで聞きとってもよい。このような質問紙のことをフェイスシートと呼ぶ。特に学歴や年収など聞きづらいような情報はフェイスシートを活用すればお互いの心理負担を低減できる。また，フェイスシートの回答内容について調査対象者と話をしながら，インタビューを進めることもできる。

（4）質問の順番

　インタビュー・ガイドを作成する際には，内容，文言だけでなく，質問の順番にも配慮する必要がある。**表 3-5** の内容もパットンの整理を参考に筆者がまとめたものである。

　第1に配慮すべき点は，調査対象者が答えやすいことから先に聞くことである。インタビューの最初は調査者も調査対象者も緊張していることが多い。そのような場合は，答えやすい質問からして，徐々に答えづらい質問に移るとよいだろう。まだ緊張している状況で，答えづらい質問をしてしまうと，調査対象者はより一層答えづらくなってしまう可能性がある。

　第2に配慮すべき点は，できごとについては現在，過去，未来の順番で質問することである。人は現在のことがもっとも話をしやすく，過去については記憶をたどる必要がある分，語りづらくなる。また，未来についてはなにが起きるか不確定なため，信頼性の高い語りを聞けないこともある。調査テーマにもよるが，一般的には現在，過去，未来の順番で質問するとよい。

　第3に配慮すべき点は，経験・行動から聞くことである。**表 3-3** に示した質問分類では，経験・行動について最初に質問するのがよい。これらは事実を確認するような質問であり，比較的答えやすく，またそのほかの質問の前提と

なることが多いからである。すべての調査対象者に共通して確認すべき事項がある場合は，調査対象者が自記できるようにフェイスシートを事前に準備し，活用してもよい。意見・価値観や感情にかかわる質問は，経験・行動について聞きとった後にするとよい。

◉演習 3-2 ---
　ワークシート 5 を使って，インタビュー・ガイドを作成しよう。

■実践例 3-2　インタビュー・ガイド

> 「消費者の食の嗜好性と安全安心に対する意識の形成要因」インタビュー・ガイド
> 　　　　　　　　　　　　　　　　○○大学△△学部××学科 4 年　調 査ノ助
>
> ●導入
> 　• 挨拶・自己紹介
> 　• インタビューの目的，内容の紹介
> 　• （必要あれば同意書）
> 　• トランスクリプト，論文の送付の必要性の確認
> 　• 録音許可・開始
>
> ●質問
> 　• 食に関する消費行動
> 　「まず，普段の食料品などのお買いものの状況を確認させていただきます。」
> 　「普段はどちらのお店で食料品を購入されていますか。」
> 　→複数ないか確認「ほかにも食料品を購入するお店はありますか。」
> 　→一般的なスーパーなどがあげられた場合
> 　　「特に，自然食品を専門に扱うようなお店で購入することはありますか。」
> 　「どれくらいの頻度で自然食品を購入しますか。」
> 　「どのような自然食品を購入しますか。」
>
> 　• 食の嗜好性
> 　「○○様の食の好みや価値観についてお聞きします。」
> 　「食料品を購入する際，どのような基準で選択されていますか。」
> 　「そのほかに普段の食生活のなかで気をつけていることはありますか。」

- 食の安全に関する関心の内容

　「○○様の食の安全に関するお考えについてお聞きします。」

　「食の安全に関して具体的にどのようなことに関心をおもちですか。」

　→特定質問　残留農薬，遺伝子組換え食品，残留放射性物質

　「例えば，遺伝子組換え食品の問題について報道されることもありますが，そういった問題にご関心はありますか（あるのであれば具体的な内容について聞く）。」

- 食の安全に関心をもつようになった経緯

　「いつごろから食の安全に関心をもつようになられましたか。」

　「どのようなきっかけで食の安全について関心をもつようになりましたか。」

　→具体的な回答が出ないようであれば，自然食品を購入するようになったきっかけなど，より焦点を絞って聞く。

- 家族の関わり

　（家族の話題が十分に出てこなかったら聞く）「食の問題とご家族とのかかわりについてお聞きします」

　「ご家族は食に関してどのような価値観をおもちですか。」

　「ご家族の健康問題と○○様のお宅での食生活はどのような関係にありますか。」

　・・・・・・・・・

●終了

- クロージング「私がお聞きしたいことはすべてお聞かせいただけました。」
- 録音終了
- 疑問点の確認「調査についておわかりにならないことや不安なことなどはございませんか。」
- 御礼「本日はお忙しい中，お話をお聞かせいただきありがとうございました。」

注

(1)　第1章で簡単に紹介したグラウンディッド・セオリー・アプローチは，まさに経験的なデータを分析することで理論を組み立てることを最大の目標としている。実際の半構造化インタビューを用いた研究では，理論構築までおこなわないことも多

く，代わりに既存の理論を修正したり，これまでとは異なるテーマや対象に理論を
適応することで，理論的な貢献を目指すこともある。

(2)　佐藤郁哉は，本章とはやや異なるかたちで，社会調査における問いの多様性につ
いて論じている（佐藤 2015）。佐藤によれば，調査テーマは特定の問題関心のもと
に調査対象として設定された社会現象であり，調査テーマの絞り込みとは「具体的
な事例を通して，一般的かつ普遍的な問題を設定する」（佐藤 2015: 112）ことを
意味する。さらに佐藤は，調査トピックという用語で，「調査テーマをより具体的
なレベルの調査項目にまで落とし込んだもの」（佐藤 2015: 111）を呼び表してい
る。そして，リサーチクエスチョンは，この調査トピックを疑問文の形式で表現し
たものと定義づけられている（佐藤 2015）。本書では調査テーマを疑問文のかたち
で表したものをリサーチクエスチョンと呼んでおり，この点が佐藤と異なる。

(3)　特に初学者による実際の調査では，先行研究レビューを通して素朴な問題関心を
リサーチクエスチョンへと練りあげた後，その問いの理論的な意義を考える，とい
うプロセスをとることが多いだろう。しかしながら抽象度の高低という点から見る
と，リサーチクエスチョンは理論的な問題関心よりも具体的で，素朴な問題関心よ
りも抽象度が高い。

参考文献

Bauman, Shyron and Josee Johnston, 2014, *Foodies: Democracy and Distinction in the Gourmet Foodscape*, 2nd ed., New York: Routledge.（村井重樹ほか訳，2020，『フーディー——グルメフードスケープにおける民主主義と卓越化』青弓社.）

岩崎美紀子，2008，『「知」の方法論——論文トレーニング』岩波書店.

桝潟俊子，2008，『有機農業運動と「提携」のネットワーク』新曜社.

Merriam, Sharan B., 1998, *Qualitative Research and Case Study Applications in Education*, San Francisco: Jossey-Bass Publishers.（堀薫夫・久保真人・成島美弥訳，2004，『質的調査法入門——教育における調査法とケース・スタディ』ミネルヴァ書房.）

中嶋洋，2015，『初学者のための質的研究26の教え』医学書院.

Patton, Michael Quinn, 2014, *Qualitative Research & Evaluation Methods*, 4th ed., Thousand Oaks, Calif.: Sage.

佐藤郁哉，2015，『社会調査の考え方 上』東京大学出版会.

盛山和夫，2004，『社会調査法入門』有斐閣.

新村出編，2018，『広辞苑 第7版』岩波書店．

鈴木康治，2014，「消費の高度化の新展開──食品安全性に配慮した消費行動の分析を通じて」『早稲田社会科学総合研究』14(3)：45-59．

第4章　インタビューの実施

　リサーチクエスチョンが定まり，調査依頼状とインタビュー・ガイドが完成すれば，次はいよいよインタビューの実施である。インタビューをおこなううえでの研究上の準備について学んだ前章に対し，本章では主に実際にインタビューをおこなうための手続き的な準備や方法について学ぶ。インタビューは研究という特殊な行為であると同時に，人と人が出会い，会話をするという極めて一般的な行為でもある。社会的行為としてのインタビューをおこなうにあたっては社会のルールにある程度したがう必要があることを理解しておこう。

　具体的には，まず調査対象者へのアプローチの仕方について学ぼう。当たり前だがインタビュー法では，調査者自身が自らの足を使って調査対象者を獲得しなくてはならない。どのような方法でアプローチするにしても，調査について丁寧に説明するとともに，個人情報の保護等，調査対象者がもつ懸念を解消する必要がある。

　続いて，インタビューを実施する際に注意すべきポイントについて学ぶ。調査対象者に貴重な時間を割いてもらう以上，よりよい調査となるよう十分な準備をおこなうべきであろう。具体的には，調査依頼を了承してもらえてからインタビューまでのあいだにも準備する事柄があるし，インタビュー中にも意識すべき事柄がある。

　最後に，インタビュー後の作業についても学んでおこう。一連の調査をスムーズに取りおこなうためには，いつ，だれに，どのように調査したのか，調査プロセスの記録を取っておくことは重要である。ここでは調査管理カードの使い方を確認しよう。さらに，インタビュー後は，録音した内容を文字起こしし，分析可能なデータにする必要がある。この作業は「トランスクリプショ

ン」，文字起こしされたものを「トランスクリプト」と呼ぶ。

1　調査対象者の探索

　調査依頼状とインタビュー・ガイドが完成したら，調査対象者にコンタクトを取ろう。前章でも述べたが，調査対象者を見つけることは必ずしも簡単なことではない。調査のスケジュールがあらかじめ定められていることもあって，調査対象者が見つからないと不安を覚えることもある。しかし，彼らにインタビューに答える義務はないということを頭の片隅におきつつ，調査対象者とかかわるようにしよう。

（1）調査対象者へのアプローチ

　ここでは調査対象者を見つける具体的な方策として「知人からの紹介」，「団体からの紹介」，「自分で探す」の3つを学ぼう。

①知人からの紹介

　調査対象者を見つけるにあたって，まずは，あなたがもつ人的ネットワークを活かせないか検討するとよい。仮にすぐに思い当たらなくとも，改めて家族，友人，知人等に聞いてまわると調査対象者を知っている人が見つかることがある。身近に当事者がいなくとも顔の広い友人，知人，家族，親戚などから紹介を受けるという方法もある。見ず知らずの他人にインタビューを依頼されるよりは，知人の口添えがある方が調査対象者の心理的負担も少ないはずだ。

　ただし，人を紹介してもらうということは簡単なことではない。依頼者と紹介者のあいだにすれ違いがあるせいで，思いもよらない迷惑を紹介者や調査対象者にかけてしまうこともある。こういったすれ違いを防ぐためには，協力者にも自分たちの調査についてよく理解してもらう必要がある。さらに，調査者の直接の知人にインタビューを依頼することには慎重になるべきだ。知人だと気安く話を聞けるように思いがちであるが，知人だからこそプライベートな事

柄は話しづらくなるものである。

　知人から調査対象者の紹介を受ける際には，その知人とあなたの関係性に応じて連絡の手段を選ぶとよい。一般的には，事前に直接会う，電話，メールといった方法で事情を説明したうえで，依頼書類（調査依頼状と調査に関するＱ＆Ａ）を郵便，ファックス，メールといった方法で送付する。年配の方，多忙な方などに紹介を依頼する場合は，事前に依頼書類を郵送したうえで，頃合いを見計らって電話をするという方法も考えられる。

②団体からの紹介

　知人から紹介を受けるという方法のほかに，調査対象者が共通して所属している団体や集団にアプローチするという方法もある。宗教や社会運動など，人々の集合的行為がその本質にある現象をテーマとする場合は，関連する団体などから調査対象者を紹介してもらえる場合がある。また，社会的にマイノリティとされる人々も当事者団体をつくり，活動していることが多い。団体に調査対象者の紹介を依頼する場合は，調査対象者個人宛のものとは別に調査依頼状を用意しよう。場合によっては，団体や集団の責任者の方などがインタビューへの同席を希望される場合もある。協力してくださる団体からのお願いは，真摯に対応しよう。

　団体からの紹介を受ける場合は，まずはその団体についてホームページなどで下調べをする必要がある。団体の歴史や活動内容，組織の構成などを十分確認したうえで，メールか書面で調査を依頼しよう。たいていの場合，ホームページに問い合わせ先の住所やメールアドレスが掲載されていたり，問い合わせフォームが設けられていたりする。いずれかの方法で連絡を取ろう。もし，数日待っても返信がなければ，頃合いを見計らって電話をかけるとよい。一般に，人が出払っている可能性の高い昼休みや就業時間の終わりごろの電話は避けるべきとされているが，団体によってケースバイケースである。あなたの課題に関心をもってもらったり，調査に協力してもらえることになったら，依頼書類を改めて郵便，ファックス，メールなどの方法で送ることになる。

③直接，対象者個人にアプローチする

　知人から紹介を受けることもできず，調査対象者が共通して所属しているような団体もない場合，直接，調査対象者個人にアプローチすることになる。このような場合，調査対象者が集まるような場所で該当者に声をかけるか，インターネットなどを通じてアプローチすることになる。

　調査対象者が集まる場所で直接，声をかける場合は，声をかける場所の特性にも十分気を配る必要がある。まず，確認するべきことはその場所に管理者がいるかどうかである。もし，管理者がいる場合は，調査対象者を探すことについて許可を取らなくてはならない場合もある。調査対象となる人々が参加する催しものや，外部とある程度切り離され，限られた人しか訪れないような場所で声をかけるのであればその可能性は高い。街頭など不特定多数の人が行き来するような場所であればそうした配慮は必要ないはずである。許可を取る際は，基本的には団体に調査協力を得るのと同じステップを踏む。許可を取るべきかどうかは，ケースバイケースである。その場の特性をよく見極めながら，状況を判断するようにしよう。

　また，その場でのふるまい方や調査対象者への声のかけ方にも気を使う必要がある。例えば，繁華街にいる若者に声をかけるのであれば，ビジネススーツを着て，仰々しく名刺を差しだすといったコミュニケーションは不適当だろう。その場の雰囲気から浮き立たないよう気をつけつつ，調査対象者や協力者に対して失礼のないようにふるまうことが求められる。決して背伸びをしてふるまう必要はなく，大学生として丁寧にふるまえばそれで十分である。

　インターネット上で調査対象の条件にあてはまる人がホームページやブログを開設していたり，SNSのアカウントを公開していたりすることもある。その場合は，メールやSNSのメッセージ機能にてコンタクトを取ろう。なお，インターネット上では，情報が一人歩きし，思わぬトラブルに巻き込まれることもある。調査者自身のホームページ，ブログ，SNSなどで調査協力を呼びかけることには慎重になったほうがよい。

BOX 4-1　ゲートキーパー

　半構造化インタビューでは，なんらかの集団，ネットワークに属するメンバーを調査対象者として設定することがしばしばある。こういった場合，個々のメンバーから調査協力を取り付ける前に，調査対象者を探すこと自体の許可を取る必要がある。頻繁に調査や取材を受け付けていたり，フォーマルな団体であれば，調査依頼の手続きが定められているような場合もあるだろう。しかしながら多くの場合は，個人的な伝手を辿ったり，集団等の活動に参加したりする中で，中心的なメンバーを見つけ，その人に調査協力を依頼することとなる。首尾よくいけば，その中心的なメンバーから個々のメンバーを調査対象者として紹介してもらえるだろう。

　このように，文字通り門番のように調査者のアプローチをコントロールする力をもった当該集団・ネットワークのメンバーのことを「ゲートキーパー」と呼ぶ（Angrosino 2007=2016）。団体，集団から調査対象者の紹介を受ける方法について論じた際に言及した「責任者」は，まさにゲートキーパーのよい例だろう。

　ゲートキーパーは，調査協力をするかどうかを判断するだけでなく，調査対象者の選定などを通じて調査の方向性に影響を及ぼしうる存在である（佐藤 2002）。例えば，調査対象となる団体に複数の派閥があった場合，ゲートキーパーが紹介してくれる調査対象者は自ずと当人が属する派閥のメンバーが多くなるだろう。しかしながら，その団体をより深く理解しようとするならば，当然異なる派閥のメンバーからも話を聞きたい。この場合，別のゲートキーパーを見つけだし，その人にも調査対象者の紹介を依頼することとなるだろう。

　なお，佐藤郁哉は矯正施設と暴走族という正反対の性質をもつ集団に対するフィールドワークの経験について語っているが，ゲートキーパーとの出会いからフィールドに参入していくプロセスも集団の性質によって異なることがよくわかり参考になる（佐藤 2002）。あるいは，ウィリアム・フット・ホワイトによる都市エスノグラフィーの古典『ストリート・コーナー・ソサエティ』でも，ホワイトがある若者との出会いをきっかけに，いかにしてボストンのイタリア系コミュニティにアプローチしていったかという方法論的な説明がなされており，参考になる（Whyte 1993=2000）。

（2）調査依頼の際の説明事項

　知人や団体などから調査対象の候補となる方を紹介してもらったり，街中などで候補となる方を見つけたりすることができたら，いよいよ調査への協力を依頼する。

表 4-1 調査対象者に説明する必要のある項目

調査内容に関する事柄	インタビュー調査一般に関する事柄
・なぜ調査をするのか（授業／卒業研究など） ・研究テーマ ・調査対象者の条件 ・大まかな質問項目	・調査協力が任意であること ・インタビューを録音すること ・個人情報などプライバシーの保護に配慮していること

出所：筆者作成。

　調査依頼の際には，調査依頼状に記載しているようなあなたの調査の内容に関することと，インタビュー調査一般にかかわる事柄との両方を説明する必要がある。**表 4-1** は説明する必要のある項目の一覧である。

　調査依頼は，口頭，電話，メールのいずれかの方法でおこなうことが多いだろう。それぞれの注意事項は以下のとおりである。

①口頭で依頼する場合

　まずは氏名や所属する大学など自己紹介をし，話をする時間があるかどうか確認する。その場の雰囲気にもよるが，学生証を提示してもよい。話をする許可をもらえたら，授業の一貫あるいは卒業研究としてインタビュー調査をおこなっていることや調査の内容を説明し，インタビューの依頼をしよう。協力の承諾や，課題に興味をもってもらえた場合，今後のやりとりのために連絡先を尋ねておこう。連絡方法は調査対象者の希望に沿うことになるが，時間に縛られずに連絡できるという意味で，可能であればパソコン用のメールアドレスも聞いておくとよい。口頭のやりとりでは誤解が生じることも多いため，すれ違いを避けるため，口頭でやりとしをした当日中に改めて調査について説明するメールを送ろう。連絡先の交換を簡単にするために調査用の名刺を用意するのもよい。

②メールで依頼する場合

　インターネット上で調査対象の条件にあてはまる人を見つけた場合や，団体や知人から調査対象の候補者を紹介してもらった場合などは，メールで連絡を

取ることも多い。次のページに示したメール文面例を参考にしながら，調査対象者に合わせた文面のメールを作成しよう（**実践例 4-1** に文面例を示した）。

③電話で依頼する場合

　団体などと異なり，電話をするのに適した時間帯を予測することが難しいため，個人に電話で調査を依頼することはなるべく避けたほうがよい。団体や知人から紹介を受ける場合は，なるべくメールアドレスを教えてもらうようにしよう。どうしても電話番号しかわからない場合は，電話をかけてもよい時間帯を紹介元に尋ねるのもひとつの方法である。

　電話で相手に伝える内容は，直接声をかける際と基本的に同じである。まずは，こちらから名乗ったうえで，話をする時間があるかどうか確認しよう。紹介を受けた場合はその旨も伝えるようにしよう。調査内容を伝えたうえで，調査を依頼しよう。

　なお，口頭やメールでは，調査について十分説明しきれないこともある。そこで，多くの人が調査に関して共通して疑問に思うようなことはあらかじめ書面にまとめ，調査依頼状を郵送する場合に同封したり，メールで依頼する際に添付書類として送ろう。調査倫理の遵守については調査依頼状にも記載するが，細かいことについては説明しきれない。調査依頼状の内容を捕捉するためQ&Aのような書類を調査対象者に読んでもらうことで，調査に対する理解と協力を得ることができる（**実践例 4-3**）。

■実践例 4-1　メールの文面

○○様

突然のメールで失礼いたします。私は○○大学△△学部××学科 4 年の調査ノ助（しらべ・さのすけ）と申します。○○様よりご紹介いただきご連絡差し上げております。

現在，私は「×××」というテーマで卒業研究をおこなっています。具体的には調査を通じて，○○を明らかにしたいと考え，○○（調査対象者要件）の皆様にイン

タビュー調査を計画いたしました。つきましては○○様にインタビュー調査にご協力いただきたくご連絡をさせていただきました。

インタビューは○○月中のご都合のよい日時に，○○近郊のご都合のよい場所で，おこなわせていただければと考えております。時間は1時間程度を予定しております。なお，具体的な質問内容は○○（質問項目）となります。

疑問に思われるであろうことをQ&A形式でまとめたものを添付させていただきましたので，ご高覧いただければ幸いです。

ほかにご質問がございましたらなんなりとご質問ください。お忙しいところお手数をおかけいたしますが，この件ご検討のうえ，お返事をお願いいたします。

何卒よろしくお願い申し上げます。

○○大学△△学部××学科
調 査ノ助

（3）質的調査法における調査対象者の選定

　これまで調査対象者にアプローチする具体的な方法について学んできたが，ここで半構造化インタビューを含む質的調査法において，調査対象者をどのような基準で選ぶべきか，という点について方法論的に考えておきたい。

　そもそも社会調査において調査対象者の選定が問題となるのは，量的調査法であれ，質的調査法であれ，調査の対象となりうる人々の全員に調査をすることが難しいからだ。たいていの調査では全体のなかからなんらかの方法で一部を選びだし，その人たちに調査をおこなうこととなる。このような特性を踏まえ，社会調査では，調査対象者になりうる人々の全体を「母集団」，そこから選定された実際の調査対象者を「標本／サンプル」，選定するという行為を「標本抽出／サンプリング」と呼ぶ（Punch 1998=2005）。

　多くの場合，量的調査法においてはこのサンプリングは確率論的におこなわれ，質的調査法においては，確率をそれほど重要視されない（Bloor and Wood

2006=2009)。量的調査法における確率論的なサンプリングでは，だれが標本として抽出されるかは偶然に左右される。その結果，標本は，人々の行為や意識に影響を与えると想定される社会属性において，母集団に極めて似通った分布になるものと考えられている。確率論的なサンプリングでは，標本が母集団を正しく代表するかどうかが重要なポイントといえる。

　他方，質的調査法では，確率論ではなく，調査者の問題関心やリサーチクエスチョンと，現実的な調査対象者へのアプローチの可能性に応じて調査対象者を選定することが多い。調査者自身の理論的関心をもとにするサンプリングは「理論的サンプリング」と呼ばれ，リサーチクエスチョンに答えるためにもっとも有用なケースはどれかという判断のもとにおこなわれる（Bloor and Wood 2006=2009）。具体的には，関心のある事象に関連して典型的な事例を抽出したり，反対にほかの事例と際立って異なっているような逸脱的な事例を抽出したりというようにおこなわれる。例えば，自然食品を消費することの意味を調査テーマとすると，平均的な頻度で自然食品店を訪れ，平均的な金額の買いものをしている消費者を選ぶことや，反対に自然食品店でしか買いものをしない消費者を調査対象者とするといったことが考えられる。

　さらに，アプローチが難しい属性の人々を調査の対象としていたり，インタビューをはじめたばかりの場合などは，調査に協力してくれる人に調査をする，という手段を取らざるを得ないこともある（Bloor and Wood 2006=2009）。具体的にはゲートキーパーに調査対象者の紹介を頼んだり，インタビューをおこなった人に別の調査対象者の紹介を頼んだりということが考えられる。実際のインタビュー調査においては，上記2つの基準を組み合わせることになるだろう。

　ここで質的調査のプロセスが，直線的ではなく，循環的であることを思いだしたい。第2章と第3章で述べたように，問題関心やリサーチクエスチョンは調査に先立ってある程度，明確にしておく必要がある。しかしながら同時に，調査を通じて，それらがより詳細になっていったり，深化していったり，特定のポイントに焦点をあてられるようになったりとさまざまに変化していくもの

でもある。そのような問題関心やリサーチクエスチョンの揺れ動きに応じて，調査対象者に求められる条件もより詳細になったり，微妙に変化したりということが，しばしば起こる（Flick 2007=2016）。

　また調査対象者の条件設定を理論的におこなっている以上，質的調査には調査対象者の数やインタビューの回数についても，ここまでやれば十分といった一定の基準を設けることができない。基本的には「問題関心やリサーチクエスチョンに対して，十分な聞きとりを済ませた，もう新しい語りは出てこない」と調査者が思えるまでインタビューを重ねるべきだと考えられている。グランデッド・セオリー・アプローチなど一部の調査手法では，このような状況を「理論的飽和」と呼んでいる。この点は巻末のブックガイドで紹介する『データ対話型理論の発見——調査からいかに理論をうみだすか』（Glaser and Strauss 1967=1996）を参照されたい。

2　インタビュー実施のポイント

　インタビューの実施が確定した後も，調査対象者とのやりとりにおいて注意すべきポイントがある。ここでは，インタビュー前，インタビュー当日，インタビュー後にスムーズにコミュニケーションを成立させ，結果としてより良いインタビューを実現するためのポイントとなる事柄を確認する。

（1）インタビュー前の準備

　事前の準備として重要なのが，インタビュー場所の設定である。インタビュー場所としては調査対象者と調査者にとって都合のよい立地にあり，複数人が1〜2時間程度，会話できるような場所であれば特別なものでなくてよい。多くの場合，街中の喫茶店で問題ないはずだ。録音や会話に支障が出るほどうるさい店は問題だが，内容が聞きとられない程度にまわりに人がいるほうが話しやすい場合も多い。ただし，例えば差別問題にかかわるような特に繊細で複雑な調査テーマを扱う場合は，個室を用意することを検討してもよいだろう。

表4-2　インタビュー当日の持ちもの

• 依頼書類	• 調査ノート（メモ帳）
• 同意書（用いる場合）	• 録音機材（ICレコーダーなど）
• インタビュー・ガイド	• 電池（予備を含む）
• 筆記用具	

出所：筆者作成。

こういった懸念がある場合は，調査対象者の意向を確認することも重要だ。

　また，調査テーマにかかわりのある場所（例えば，調査対象者が所属している団体の事務所など）があるならば，そういった場所でインタビューをおこなうのも一案である。普段の活動の様子などが伺えて，分析の役に立つかもしれない。

　インタビュー当日，もっとも避けるべきことは遅刻である。慌ただしい雰囲気のなかでは，よいインタビューがおこなえない。余裕をもって待ち合わせ場所やインタビュー場所に到着するように心がけよう。ただし，調査対象者の自宅や会社などに赴く場合は，待ち合わせ時刻より早く訪れることは考えものである。調査対象者はその時刻にあわせて準備をしているため，待ち合わせ時刻ちょうどを目安に訪れるとよい。筆者は，最寄り駅などには余裕をもって到着し，適当な場所で質問リストの確認などをして，待ち合わせ時刻を待つという方法を取っている。なお，当日の服装は，失礼のない格好であれば，スーツである必要はない。

　遅刻とともに避けるべきなのが忘れものである。**表4-2**は当日の持ちもののリストである。前日までに用意して忘れないようにしよう。

（2）インタビューをはじめるにあたって

　初対面の人間からいろいろなことを聞かれ，さらにそれを録音されるということに，精神的な負担感を覚える人もいる。まずは，自己紹介をし，調査協力へのお礼を伝えたうえで，雑談をして，場の雰囲気を和らげることを心がけよう。

　すでに依頼書類を渡していたとしても，改めて調査の概要と個人情報保護のための対策についても説明しよう。さらに，調査概要等の説明とは別に，調査

対象者が，トランスクリプトと論文の確認を希望するかどうかもこの時点で確認しておこう。

　ちなみに，調査者と調査対象者の適度な信頼関係を臨床心理学の用語を用い，ラポールと呼ぶ（Merriam 1998=2004，佐藤 2002）。もともとは，セラピストとクライアントが相互を信頼し合うことで，安心して自由にふるまい，感情を交流できる関係が成立している状態を指している（Rogers 1940）。個人的なことも含め，さまざまなことを聞きとるインタビュー調査においても，調査者が調査対象者から信頼されることが重要である。その意味でも，インタビューの直前に改めて，以上のような説明をすることは重要である。

　なお，録音にまつわる失敗は意外と多いので気をつけよう。電池の残量，データの容量の残りを含め，確実に録音できるか事前に確認しておこう。さらに，録音し忘れないように，録音許可を取ったらそのまま録音を開始するとよい。

　また，ICレコーダーなど録音機材をテーブルなどに直接置くと，揺れや振動の影響を受けることがある。ハンカチなどの上に置くとうまく録音しやすくなるので試してほしい。

（3）インタビュー・ガイドに掲載されていない質問

　インタビュー・ガイドは，あくまで基本的な質問を順番に並べたものである。実際のインタビューでは，調査対象者の語りに応じて，インタビュー・ガイドには載っていない質問もすることになる。実際の質問の内容はさまざまだが，その形式という点では，半構造化インタビューでひんぱんに用いられるパターンがある。表4−3に，スヴェンド・ブリンクマン／スタイナー・クヴァール（2015）と桜井厚（2002）の議論をもとに筆者が整理し直したものを示す。

　調査における質問のあり方には，調査対象者自身が回答のあり方を決める余地が大きい質問と，あらかじめ回答の枠組みや表現の仕方がほとんど事前に決められてしまっている質問とがある。前者をオープンエンドな質問，後者をクローズドな質問と呼ぶ。半構造化インタビューの特徴のひとつは前者を多用することで調査対象者自身の見方・考え方・表現方法を把握できることだ。例え

表4-3　インタビューで用いられる質問の形式

導入質問	話題を提示し、対話をはじめるための質問である。インタビューの最初にしたり、途中でトピックを転換するとき、新しいトピックの導入に際して用いられる。「先ほどのちょっと触れられたできごとでは、あなたはどのような経験をなさったのですか」など。
フォローアップ質問	調査対象者の語りは、調査者の態度や反応によって長くなったり、短くなったりする。調査者の側の反応は直接的な質問の場合もあるし、「ええ」といった相槌の場合もある。あるいは調査者が重要な言葉を繰り返すだけでも、さらなる語りを引きだすことができる。
探索的質問	調査対象者が語った内容についてさらに深く知りたいときにおこなう質問である。単に語りを促すことを目的としたフォローアップ質問よりも、意図をもった質問であり、「それについてもう少し詳しく話してくれませんか」、「それについてはなにかご存知ですか」といった形式で、尋ねてみよう。
特定化質問	特定化質問とは、調査対象者の語りを促すという意味ではフォローアップ質問と似ているが、より明確に聞きたいことがあるときにおこなう質問である。「そのときあなたはどう思ったのですか」、「不安を感じたときなにをしたのですか」、「そのとき身体はどう反応しましたか」といった質問がそれに該当する。
直接的質問	調査対象者のそれまでの語りから重要と推測できるにもかかわらず、本人が語らなかったことについて確認するための質問である。「それでそのときどれくらいの時間がかかったのですか」「そのときは何歳だったのですか」など、課題にとって重要な事柄について調査対象者の自発的な語りが終わった後に尋ねる。
間接的質問	調査対象者に直接には聞きづらいことを、間接的に聞く形式の質問でたずねることがある。直接「あなたの年収はどれくらいですか」とは聞けなくても、「同じ年代の方々の平均年収はどれくらいですか」となら聞くことができる。
枠づけ質問	調査対象者の語りが十分に聞けたと判断できるとき、質問を切りあげて次のテーマに移る際にする質問である。調査対象者の自由な語りを引きだすことを目指す半構造化インタビューとはいえ、インタビューの過程をコントロールすることも必要である。「別の話題に移りたいのですが、いいですか」といった質問がこれに該当する。
沈黙	インタビューの最中に生まれる沈黙は気まずいものであるが、場合によっては調査対象者が考えをめぐらせるための時間が必要なこともある。沈黙をうめようと次々と質問を投げかけるのではなく、場合によっては間をおく必要がある。
解釈的質問	解釈的質問とは、調査対象者が語った内容や、調査者の解釈の妥当性を確認するためにおこなう質問である。「あなたのおっしゃっていることは……ということですね」、「あなたが……だ、と考えてもよろしいですか」といった質問がこれに該当する。

出所：ブリンクマン／クヴァール（2015）と桜井（2002）をもとに筆者作成。

ば，いわゆる5W1H（Who, What, Where, When, Why, How）を問うような質問は，オープンエンドの質問の代表例といえるだろう。反対に「はい／いいえ」で回答するような質問はクローズドな質問の代表例である。

　表4-3の分類にしたがえば，「導入質問」や「特定化質問」はオープンエンドな質問となることが多いだろう。これに対し，「直接的質問」や「解釈的質問」，そして「間接的質問」は，どちらかというとクローズドな回答が予想される質問である。また，「フォローアップ質問」や「探索的質問」，「沈黙」は，いずれも調査対象者の語りを引きだすための質問といえる。さらに，「枠づけ質問」は十分に調査対象者の語りを聞けたと判断する際に用いて，新たなトピックへとスムーズに転換するためのものである。

（4）インタビュー中の現場メモ

　先に当日の持ちものの1つとして「調査ノート（メモ帳）」をあげたが，調査テーマがある程度，絞られたら1冊の調査専用のノートを用意しよう。これは第2章でみた非参与観察の際の「現場メモ」を書き込んだり，紹介を受けた調査対象者の情報を書き込んだりと，調査中に得たすべての情報を書き込むためのものである。インタビュー中にも，この調査ノートに現場メモを取っておくとよい。

　基本的には，インタビューは録音機器によって録音されており，のちに文字起こしをして分析のためのデータとなる。そのため，インタビュー中に取る現場メモは，調査対象者の語りを一語一句記録するというよりも，特に印象に残った語りや，これまでの調査対象者とは異なる語り，語りを聞いた際に調査者が考えたことなどを書きとるとよい。あるいは調査対象者の話し方や格好の特徴，その他語りとは別に，リサーチクエスチョンや問題関心とかかわりそうな事柄や調査対象者の語りを理解するうえで参考になりそうな事柄も現場メモの対象である。

　このようにインタビュー中に現場メモを取るのは，語りの分析をおこなう際に参考にするためである。具体的には第5章で学ぶインタビュー要旨やインタ

表4-4 スムーズなコミュニケーションの基準

意味のある語り	インタビューでは，調査対象者から自発的かつ豊かで，さらに具体的な語りを聞きとる必要がある。調査対象者が，調査テーマに関してどのような経験をしてきたのかだけでなく，その経験を調査対象者自身がどのように意味づけているかについても聞きとるようにしよう。
短い質問，長い回答	意味のある語りを聞きとるためには，調査対象者に多くを語ってもらうことが大切で，調査者ばかりが話をするインタビューはよくない。「質問は短く，回答は長く」と意識しよう。
意味の明確化	調査対象者の語りがなにを意味しているのかがよく理解できないときは，調査者によって明確にする必要がある。用意した質問を機械的に聞くのではなく，語りに応じて追加の質問をすることで，語りの意味の理解を深めるようにしよう。
意味の内在性	意味の明確化と関連するが，インタビューの内容はそのインタビュー内で明らかになっていることが望ましい。インタビュー中に覚えた疑問点は，なるべくそのインタビューの最中に解消するようにしよう。
調査者の解釈の妥当性	インタビューのなかで調査対象者の語りの意味を明らかにするには，調査者の解釈の妥当性をインタビュー中に検証する必要がある。解釈的質問をうまく活用して，調査対象者が自らの経験に込めた意味がどのようなものかを確認するようにしよう。
調査の自立性	上記の基準をまとめると，よいインタビュー調査には自立性が求められるといえる。インタビュー調査が自立しているとは，その内容を理解するのに追加の説明が必要でないということである。

出所：ブリンクマン／クヴァール（2015）をもとに筆者作成。

ビューメモを作成する際に，インタビュー中に取った現場メモが役立つだろう。

（5）よいインタビューの基準

　ここまでみてきたようにインタビュー調査をおこなう際には，十分な先行研究レビューをもとにリサーチクエスチョンを設定し，適切なインタビュー・ガイドを用意するという研究内容にまつわる事前準備をしっかりおこなう必要がある。そのような研究としての側面に加え，インタビューには調査者と調査対象者のあいだの対人コミュニケーションという側面もある。それゆえ，実際にインタビューをおこなう際には，コミュニニーションがスムーズに進むよう配慮が必要である。ブリンクマン／クヴァール（2015）は，コミュニケーションとしてのインタビューの成否を決める6つの基準をあげている（表4-4）。

なお，これらの条件は，あくまでインタビューの理想像を示したものだ。すべての基準を完全に満たすためには調査経験を積み重ねる必要がある。ひとつの指針としてこの基準を用いることで，その都度，インタビューの質について自己評価してみよう。

（6）インタビュー後の作業

　インタビュー・ガイドとして用意した質問を聞き終わり，さらにインタビュー中に浮かんだ疑問についても聞き終わったとき，インタビューは終わりを迎える。改めて調査協力についてお礼を伝えたうえ，席を立とう。なお，飲食店でインタビューをしている場合は，会計をどうするか悩むことがある。学生という立場を考えれば，相手の分を支払う必要はないが，インタビューの協力をお願いしている以上，自分の分は支払うべきだろう。ただ，これはあくまで基本的な考えであって実際にどのようにすべきかは，調査対象者の意向や相手との関係性によるだろう。また，所属している大学や研究室において調査にかかわる金銭負担について規定を設けている場合もある。その場合は，当然，その規定にしたがって対応することとなる。[1]

　インタビューから帰宅したら，必ずその日のうちにお礼の連絡をしよう。所属する大学の絵葉書を用いるのもよい。ただ，お礼はすぐに送ることが重要だ。準備に手間がかかるようであれば，当日中にメールを送るほうがよい。葉書であろうとメールであろうと文面はごく簡単なもので問題ない（**実践例 4-2**）。

■実践例 4-2　お礼の文面

○○様

　本日はお忙しいところ，インタビューのために時間を割いてくださり誠にありがとうございました。XXのエピソードなど勉強になるお話をたくさん聞かせていただけました。お聞きしたお話をしっかり論文に活かしてまいります。

○○大学△△学部××学科
調 査ノ助

　また，トランスクリプトや論文の確認を希望する調査対象者にはそれぞれ用意ができたタイミングで送付しよう。これも相手の希望に応じて郵送でも，メールでもかまわない。トランスクリプトについては，引用を控えるよう依頼される箇所などが出てくるかもしれない。調査対象者から依頼があれば真摯に対応しよう。また，論文について感想を伝えられることもあるだろう。これについてもよほど理不尽なものではない限り，誠実に対応することが求められる。

3　調査プロセスの記録と管理

　いつ，だれに，どのように調査をおこなったのかという調査プロセスを記録し，管理することは，スムーズな調査の実施，調査の妥当性の証明，個人情報の保護という3つの観点から大変重要である。

　それぞれを順番に確認していこう。まず，調査をスムーズに実施するためには，調査対象者とのコミュニケーション上のすれ違いを防がなくてはならない。調査対象者の連絡先や約束した調査日時や調査場所についてわからなくなってしまってはインタビューをおこなうどころではなくなってしまう。いつ，だれとどのようなやりとりをしたのか，を記録，管理しておくことで，すれ違いを防ぎやすくなるだろう。この際，記録，管理の対象となる情報がなにか，またそれらをどのように記録，管理するのかを事前に標準化しておくとよい。すべての調査対象者について同じ情報を，同じ方法で記録，管理することが重要だ。

　また，調査にもとづく論文を執筆する際は，おこなった調査の日時，場所などの情報を論文内で示す必要がある。調査の情報が示されることで，読者に対して調査が問題なくおこなわれたことを証明することができる。このためにも，調査プロセスを記録，管理する必要がある。

　さらに，インタビュー調査のすべてのプロセスにおいて個人情報を保護することは非常に重要な課題である。調査協力を依頼する際に，調査対象者の氏名や連絡先など個人情報を調査者は知る。このような個人情報の流出は絶対に避けなければならない。「Ａさんの情報はメモ帳に，Ｂさんの情報は携帯電話に」

といったように調査対象者の個人情報が複数の媒体に保存されていると，それだけで情報の管理が難しくなる。調査対象者の情報は一元的かつ厳格に管理しなければならない。なお，調査テーマによっては，調査を受けたことを他人に知られるだけで調査対象者が害を被ることもある。個人情報に限らず調査に関する情報の管理には常に気を配ろう。

（1）調査管理カードの内容

　調査プロセスを適切に記録・管理する方法として，本書では「調査管理カード」の活用を提案する。調査管理カードは，調査対象者の氏名や連絡先などの個人情報と調査の進捗状況を記録するためのカードだ。具体的には，①調査対象者の個人情報，②インタビューのアポイントメントについての情報，③依頼書類の送付状況，④インタビュー記録，⑤インタビュー後のやりとり，⑥その他特記事項の記載欄を設けている。

（2）調査管理カードの使用方法

　実際の使用方法としては，まず，調査対象者へのアプローチを開始する前に，必要枚数分の調査管理カードを印刷し，バインダーに綴じておくとよい。さらに自宅や研究室など安全な保管場所を決め，調査中はその保管場所から持ち出さないようにする。インタビュー場所にもっていくことも避けるべきだ。そのため，調査管理カードとは別に調査専用のメモ帳を用意するとよい。第2章で説明した非参与観察の現場メモ，本章で説明したインタビュー中の現場メモ用のメモ帳と同じものが良いだろう。口頭で個人情報を聞きとる場合などはそのメモ帳に一度，記録し，当日中に調査管理カードに必要事項を転記する。これは名刺をもらった場合やメール，郵便などで情報を手に入れた場合も同様である。情報を書き込んだメモの該当ページ，名刺，メールなどは間違いなく転記したことを確認したのち，廃棄すると安全だ。

　なお，調査プロセスにかかわる情報のなかでも調査対象者の個人情報の管理には細心の注意が求められる。そのため，調査対象者は氏名ではなくサンプル

調査管理カード

①調査対象者の個人情報

氏 名／サンプル番号	／
所属／属性	
住所（郵送先）	〒
電話番号	-　　　-
メールアドレス	

②アポイントメント情報

アポ獲得日	月　　　日
待合日時／場所	月　　　日　　　時／

③依頼書類の送付

送付日／渡し方	月　　　日／　手渡し　・　郵送　・その他（　　　）

④インタビュー記録

時間	月　　日　　時　　分から　　時　　分
場所	
録音	有　（　　台）・　無

⑤インタビュー後のやりとり

お礼／方法	月　　日／　郵送　・その他（　　　）
トランスクリプト送付希望	有　・　無　・　その他（　　　）
論文送付希望	有　・　無　・　その他（　　　）

⑥その他，特記事項

番号で呼び表す様にしよう。具体的には，まずインタビューのアポイントメントが取れた段階で，調査対象者にサンプル番号を振る。その後，例えばトランスクリプトやゼミ，授業での調査報告など調査対象者に言及しなくてはならない場合は，このサンプル番号を用いればよい。

　調査でフェイスシートや同意書を活用する場合は，それらも調査管理カードと一緒に保管するとよいだろう。ともかく，調査対象者の個人情報をはじめ調査に関する情報を一元的に管理し，散逸を防ぐことが重要だ。また，希望する調査対象者への論文送付を終え，調査プロセスの記録を参照する必要がなくなった段階で，調査管理カードを廃棄する[2]。

4　トランスクリプションの注意事項

　録音したインタビュー内容は，文字起こしすることではじめて分析可能なデータとなる。前述したようにこのデータを「トランスクリプト」と呼び，トランスクリプトを作成する作業を「トランスクリプション」と呼ぶ。インタビューを用いた調査研究では，通常，調査対象者の数だけトランスクリプトを作成することとなる。トランスクリプトにおける記述は，論文内で展開するあなたの主張の根拠になるものである。

（1）トランスクリプトの条件
　学術的なデータとして適切なトランスクリプトには，大きく2つの条件がある。第1に，インタビュー内容ができるだけ忠実に再現されていることである。調査の目的や内容によっては，話された内容だけでなく，話し方や状況も記号表現を用いて文字化するとよい。そうすることで，話されたニュアンスを考慮することができ，分析の際に参考になる。ただし，調査対象者や関係者の個人情報などプライバシーにかかわる箇所については匿名化の処理をおこなわなければならない点も抑えておこう。
　第2に，データの正確性という観点から，トランスクリプトの表記法が一貫

している必要がある。1つのインタビュー内や複数のインタビューのあいだで表記に揺らぎがあると，その語りを同じ語りとして把握してよいのかどうか分析の際に迷いが生じてしまう。なにを，どこまで，どのように文字起こしするのか，事前にルールを設けておくことが必要である。特にグループで調査をするような場合は，どの分析者が読んでもインタビュー内容を等しく理解できるようになっていることが求められる。

（2）トランスクリプション・ルール

　トランスクリプションにおいてどこまで詳細なルールを設けるか，その基準は調査の目的や内容によって異なる。しかしながら，トランスクリプトの形式の統一を図ることや，調査対象者の個人情報の扱いなどプライバシーを保護することは，どのような調査においても共通して求められることである。参考までに巻末に筆者らが授業で用いているトランスクリプション・ルールを掲載した。特に，トランスクリプトのフォーマットや固有名称等の置き換えルールは参考になるだろう。

　　注
(1)　本書では卒業研究には謝金の支払いは不要であると考えている。しかしながら，大学や研究室によっては卒業研究用の謝金予算が計上されていることがあるだろう。また，大学院生の場合，競争的資金にもとづく指導教官の研究プロジェクトの一部として調査をおこなうといったこともあるだろう。こういった場合は，当然，該当する規定にしたがって謝金を支払うこととなる。事前に確認をしておこう。
(2)　ここで示した調査プロセスの記録・管理法はあくまで原則的なものである。実際には例えば，調査対象者と調査終了後も関係が続くといったこともあるだろう。また，紙ベースの調査プロセス管理が，日常的なスケジュール管理の方法に合わないといったこともあるだろう。そのような場合でも，例えばスケジュール帳にインタビューの日程を書き込む際には調査対象者をサンプル番号で呼び表すなど工夫を凝らしてほしい。特にスマートフォンなどインターネットに接続しているデバイス上での情報の扱いには一層，注意を払う必要がある。

参考文献

Angrosino, Michael, 2007, *Doing Ethnographic and Obseravtional Research*, Thousand Oaks: Sage Publications.（柴山真琴訳，2016，『SAGE質的研究キット3　質的研究のためのエスノグラフィーと観察』新曜社.）

Brinkmann, Svend, and Steinar Kvale, 2015, *Interviews: Learning the Craft of Qualitative Research Interviewing*, 3rd ed., Thousand Oaks: Sage Publications.

Bloor, Michael, and Fiona Wood , 2006, Keywords in Qualitative Methods: A Vocabulary of Research Concepts, London, Thousand Oaks and New Delhi: Sage Publications.（上淵寿，2009，『質的研究法キーワード』金子書房.）

Flick, Uwe, 2007, *Designing Qualitative Research*, Los Angeles: Sage Publications.（鈴木聡志訳，2016，『SAGE質的研究キット1　質的研究のデザイン』新曜社.）

Glaser, Barney, and Anselm L. Strauss, 1967, The Discovery of Grounded Theory: Strategies for Qualitative Research, Mill Valley, CA: Sociology Press.（=1996，後藤隆訳，『データ対話型理論の発見——調査からいかに理論を生み出すか』新曜社.）

Rogers, Carl Ransom, 1940, "The Processes of Therapy," *Journal of Consulting Psychology*, 4: 161-64.

Merriam, Sharan. B., 1998, *Qualitative Research and Case Study Applications in Education*, San Francisco: John Wiley & Sons.（堀薫夫・久保真人・成島美弥訳，2004，『質的調査法入門——教育における調査法とケース・スタディ』ミネルヴァ書房.）

Punch, Keith F., 1998, *Introduction to Social Research: Quantitative and Qualitative Approaches*, London, Thousand Oaks and New Delhi: Sage Publications.（川合隆男監訳，2005，『社会調査入門——量的調査と質的調査の活用』慶應義塾大学出版会.）

桜井厚，2002，『インタビューの社会学——ライフストーリーの聞き方』せりか書房.

佐藤郁哉，2002，『フィールドワークの技法——問いを育てる，仮説をきたえる』新曜社.

Whyte, William Foot, 1993, *Street Corner Society: The Social Construction of Italian Slum*, 4th ed., Chicago: University of Chicago Press.（奥田道大・有里典三訳，2000，『ストリート・コーナー・ソサエティ』有斐閣.）

■実践例4-3　調査に関するQ&A

◆◆◆◆◆◆◆◆◆◆◆◆◆◆◆◆◆◆◆◆◆◆◆◆◆◆◆◆◆

調査に関する Q&A

今回実施する調査についてQ＆Aの形で答えさせていただきます。この調査の理解に役立てれば幸いです。

○○大学△△学部××学科　調　査ノ助

◆◆◆◆◆◆◆◆◆◆◆◆◆◆◆◆◆◆◆◆◆◆◆◆◆◆◆◆◆

どうしてインタビュー調査が必要なのですか？

　○○大学△△学部では、卒業の要件として卒業論文の執筆が求められます。

　私は、机上の学問におわることなく、現実の社会の様子を肌で学ぶ機会を少しでも多く得たいと思い、今回の調査を企画いたしました。

協力する義務はあるのですか？

　義務は全くありません。協力されるか否かはご自由に判断されて結構です。私の調査・研究のためにご協力いただければ幸いです。

いつ・どこでインタビューに応対するのですか？

　ご都合のよい日時・場所を選んでいただいてかまいません。

　1時間程度、お時間をいただければと思っていますが、長時間のインタビューに不都合があるとお考えの場合は、その旨をお伝え下さい。

答えたくない質問・わからない質問には、答えなくてもいいのですか？

　答えていただかなくて結構です。その旨をお伝えいただければ、次の質問に移らせていただきます。

　また、途中で不都合をお感じになった場合は、最後までインタビューにお付き合いいただかなくて結構です。その旨をお伝えいただければ、インタビューを終了いたします。

どうしてインタビューを録音するのですか？

　録音する許可をいただいた場合のみ、インタビューを録音させていただきます。録音することによって、インタビュー内容を正確に記録することができます。

インタビューの録音に不都合があるとお考えの場合は、その旨をお伝え下さい。

インタビューの内容はどのように使うのですか？

私の卒業論文を執筆するために使います。論文の中で、インタビュー内容を匿名の発言として一部引用させていただく場合もあります。

調査に協力すると私に何か利益はあるのですか？

学術目的で実施している調査ですので、申し訳ありませんが、謝礼・粗品などはございません。

回答者のプライバシーは確保されるのですか？

回答者の皆様のプライバシーを守ることは最も重要なことであると私たちは認識しています。そのため、次のような3つの手続きをお約束いたします。

（1）回答は、匿名処理させていただきますので、個人のお名前やご住所などが特定されることはありません。

（2）インタビューを録音した場合は、分析レポートを書き終えた時点で、録音データ（ICレコード内の音声データ）を抹消いたします。

（3）回答者の名前・電話番号などは、こちらから連絡させていただく必要がなくなった時点で、シュレッダーにかけて抹消しますので、記録として残すことはありません。

匿名処理とはどういう意味ですか？

回答者のお名前などの情報を不特定にして、インタビュー内容を使うということです。

例えば、「東京都に住む20歳代の男性Aさんは、『社会情勢の変化が最近は速過ぎる』と言った」というようなまとめ方です。

この調査に関して知る方法は他にないのですか？

電話、メールなどでのお問い合わせにも対応いたします。何かございましたら遠慮なくお問い合わせ下さい。

調 査ノ助
電話番号：XXX-XXXX-XXXX
メールアドレス：XXXX@XXXX.ac.jp

第5章　データ分析

　最初の数件のインタビューを済ませたころには，インタビュー音声を書き起こしたトランスクリプトに加え，フィールドノーツや研究テーマに関連する新聞記事，オンラインニュース，報告書や会議録，動画や映像など，溢れんばかりの情報が手元に集まってきていることだろう。質的研究のデータ分析では，このタイミングで手元にある情報の整理をはじめるというのが標準的な進め方である。

　とはいえ，ありとあらゆる情報のなかから適切な情報を取りだし，系統立てて分析するのは，想像以上に難しい。ともするとひとりよがりな分析になってしまい，論文や報告書が「薄い記述[1]」となってしまいかねない（佐藤 2008: 3-11）。

　そこで本章では，論文をより「厚い記述[2]」に仕上げていくために，データからなにを，どう読みとるのかという点からデータ分析について解説する。データを系統立てて分析するというのは難しい作業をするように聞こえてしまうかもしれないが，データの整理のポイントやその手順がわかれば，誰でも進められる。

　本章前半では，インタビュー調査におけるデータ分析の考え方とデータからなにを読みとるのかという点を中心に解説する。後半は，具体例を用いながら，分析をどう進めるのかについて紹介する。

1　意味を理解するプロセスとしてのデータ分析

　データ分析と聞くと，トランスクリプトの分析を思い浮かべるかもしれない

が，質的研究におけるデータ分析とは，意味を理解するプロセスのすべてを含む広い概念である。つまり，分析は調査対象者が自らの経験や行為について語りはじめたときから始まる。インタビューの最中に調査対象者に「○○○は，○○○という意味ですか？」という問いかけをすることがよくあるが，この問いは，話をしていることの意味を深く理解するためのものであり，これも分析の一形態なのである。

　メリアムは，質的研究のデータ分析を以下のように定義する。

　　　データ分析とは，データの意味を理解するプロセスである。そしてデータの意味を理解するということは，人が話したことや調査者が見たこと読んだことを，統合したり切り詰めたり解釈したりすることである。つまり，意味づけをするプロセスなのである。(Merriam 1998=2004: 260)

データ分析は，データの意味づけを理解するプロセスであるというメリアムの定義に補足するならば，データに意味づけをするプロセスには，調査対象者自身による意味づけや，調査者であるあなたの意味づけ，また先行研究による知見についてのあなたの解釈など，さまざまな種類の意味づけがかかわる。このことからデータを統合したり切り詰めたりというプロセスにおいて，異なる次元にあるこれらすべての意味を考慮する必要がある。よって，インタビューの最中に調査対象者に意味を尋ねる質問を投げかけるときには，興味本位や単なる思いつきで問いかけをするのではなく，その問いかけがあなたのリサーチクエスチョンや先行研究で示唆された理論や概念にどう関係するのかということを考えながら，話題になっているトピックの意味について理解を深めていく必要がある。

　加えて，意味を理解するプロセスには，さまざまな特徴をもつデータがかかわる。太田裕子は，質的研究に活用しうるさまざまなデータとデータ分析について以下のように述べる。

表5-1　質的研究に用いられるさまざまなデータ

• インタビューやグループ・インタビューのトランスクリプト	• プレスリリース
• インタビューやグループ・インタビューの映像記録	• アンケート自由回答項目
• フィールドノーツ	• SNS上の会話
• 新聞，雑誌記事，オンラインニュース	• Eメール
• 日記	• 動画
• 会議録や行政文書	

出所：筆者作成。

　　インタビューで語り手が言ったことば，フィールドワークで観察した一連の出来事，収集した資料の中の記述……。こうした質的な「データ」のひとつひとつが，なにを意味しているのか，自分の問いに対してどのような答えをもたらしうるのか，理論的な枠組みに照らしてどう解釈できるのか。それを，考え，導きだすプロセスをデータ分析と捉える。（太田 2019: 160）

　質的研究に用いることができるデータは，実に多様である。インタビューのトランスクリプトやフィールドノーツだけではなく，撮影した録画記録，また新聞，雑誌記事，オンラインニュース，日誌，会議録など，テクストと呼ばれるあらゆる表現物をデータとして用いることができる（**表5-1**）。これらひとつひとつのデータから，あなたがどのような意味を読みとるのかが大切であり，腕の見せどころである。しかし，異なる特徴を持つデータをどう分析し，それらをどうまとめるのかについては，質的研究法という方法論の体系を踏まえた手順に従う必要がある。データ分析の具体的な手順については，本章の後半で触れる。

　これまでの議論を踏まえると，質的研究のデータ分析を以下の3点にまとめることができる。第1に，データ分析とは，集めた情報をリサーチクエスチョンや先行研究から得られた理論や概念と関連づけながら意味を理解するというプロセスと定義できる。第2に，データ分析は，研究を始めたときから論文が仕上がるまで継続的におこなう作業である。第3に，データ分析には，調査対

象者との会話から得られた情報やフィールドノーツなど現場から得られた記録，資料など，さまざまな情報を用いる。このように，質的研究におけるデータ分析とは，さまざまな研究ステップ，さまざまな次元に偏在するデータを意味づけ，それらを体系化するプロセスなのである。

2 「なにを」読みとるのか

　ある程度手元にデータが集まると，そこから「なにを」読みとればよいのかという疑問が生じる。これは後のコーディングの作業のときに，トランスクリプトのどの部分にコードをつけるのかということにもつながる疑問であり，この段階から十分に考えておく必要がある。ここでは，分析の視点に関連づけながらデータからなにを読みとるのかについて考える。

　質的研究のデータ分析の視点にはさまざまなものがある。ここではスタイナー・クヴァールを参照しながら，テクストの内容に着目する分析と社会のリアリティに目配りをしながら分析するという2つの視点に分けて話を進めよう（Kvale 2007=2016）。

　テクストの内容に着目する分析とは，テクストのコミュニケーション内容そのものに注目する分析である（Kvale 2007=2016）。この分析を，テキスト分析あるいは内容分析と呼ぶこともある。内容分析には，テクストの内容をコードに置きかえて統計解析をするような量的な分析も含まれるが，本節ではトランスクリプトの内容を質的に分析する方法に絞って話を進める。

　テクストの内容に着目しデータを分析する場合，分析の出発点はあなたのリサーチクエスチョンに関連して調査対象者が「なにについてどのように語ったのか」という点になる。よって，そのような視点でトランスクリプトをしっかり読み込み，テクスト上に現れる言葉や概念の関係を検討し，そこからなんらかの意味を読み取ることがポイントとなる。具体的な手順については，第3節以降で詳しく説明する。まずは分析の考え方について理解を深めよう。

　テクストの内容に着目する分析をおこなう場合，2つの分析プロセスが関係する。数々のトランスクリプトに現れる情報を圧縮するというデータの「縮約」というプロセスとそれらをひとつのストーリーとして再構成するというデータの「展開」というプロセスである（山口・日比野 2009: 62-3）。データの縮約には，トランスクリプト上に観察される，①パターンや繰り返し現れる語りをまとめること，②類似した概念をクラスターとしてまとめること，③因果関係，相関関係などあり得る関係性でデータをまとめること，④メタファーを使いデータをまとめること，⑤言葉の数を数えること（Kvale 2007: 173-74; Miles et al. 2020）というさまざまなテクニックが用いられ，雑然としたデータになんらかの意味のあるまとまりをつくる。データの展開とは，リサーチクエスチョンを念頭に置きながら，縮約したデータを使いながらストーリーを組み立てていくというプロセスを指す。データの縮約のプロセスが語りを文脈から切り離す脱文脈化だとすれば，展開のプロセスは，データを研究課題のテーマに埋め込む再文脈化と言い換えることができる（佐藤 2008）。

　次に社会のリアリティに目配りする分析とは，インタビューで展開するストーリーを追いながらも，そのなかで人々の関係性がどのように語られているのか，語られるストーリーと特定の時代，地域，あるいは人種，階層，ジェンダー，文化，制度などの社会的なコンテクストがどう関連づけられるのかに注目し，インタビューで語られる内容と社会のリアリティの関係を強く意識しながらおこなう分析を指す。

　第1章で，研究デザインには，認識論，理論的枠組み，方法論，技法という4つの要素があると述べたが，社会のリアリティに目配りする分析の多くは，社会構築主義という認識論と深くかかわる。人々の意図や行為に還元せず社会を説明しようとする客観主義とは対照的に，社会構築主義は，社会のリアリティは人々の社会関係や社会的な相互行為のなかで生みだされるという前提に立つ。よって，社会のリアリティがどのようにつくられるのか，そしてそのリアリティがつくられるプロセスにだれがどのようにかかわっているのかに関心が向けられる（Berger and Luckmann 1967）。例えば，あなたが社会構築主義的

立場からジェンダーやセクシュアリティにかかわるテーマの研究課題に取り組んでいるとしよう。その場合，女性はこうあるべきだという規範や考え方の一方で，規範や特定の考え方が制度や処遇また広くは社会秩序にどのように影響を及ぼすのかということを問うということが考えられる。このような問いの根底には，ジェンダーは自然発生的に存在するものではなく，特定の言説やナラティブにより女性がどのような存在であるのかという概念がつくられるという考え方が流れる。つまり，社会構築主義に根ざすテーマに取り組んでいる場合，女性はこうあるべきという社会全体で共有されている規範と女性を取り巻く社会のリアリティの接点をデータから読みとることが鍵となる。

　他にも科学的な知識が生みだされる社会的なプロセスを問う科学知識の社会学や生物多様性の減少や地球温暖化などの環境問題が社会問題として認識されるまでのプロセスを明らかにするという問題意識を持つ環境社会学も社会構築的な立場をとり，社会のリアリティに目配りする分析である。また，批判的言説分析やナラティブ分析と呼ばれる分析法も同様の視点をもつ。

　これらの研究とは対照的に，会話そのものが社会学的な現象を表しているものという考え方に根差す分析もある。日常的な会話の特徴を詳細に分析する会話分析と呼ばれる方法がその典型である。会話分析は，しばしばエスノメソドロジーと呼ばれる方法を用いて実践される。

　エスノメソドロジーとは，人々が自分の日常世界や日常におけるほかの人の行動をどのように理解しているのかという問題意識をもつ方法論である。いわば人々の方法論とも呼べるもので，ローカルなルールに目を向ける分析である。エスノメソドロジーには，会話の交替の調整をするローカルなルールを明らかにするといった言語学的な分析に加え（Schegloff 1997），制度的状況を明らかにすることに注目する社会学的な分析もある。例えば，看護師の言語行為に着目する分析や，法廷や調停などの法的手続きに関与する法の専門家や紛争当事者などの会話の分析もある（Lynch 1998; 前田・西村 2020）。これらの研究では特定の制度的状況に置かれた人々の相互作用や行為を会話の内容から読みとることが目指される。

　これまで述べてきたように，データの分析には，いくつかの分析の視点があるということをおさえておこう。

●演習 5-1 --
　あなたの研究課題はどのような視点でデータ分析を進めるのがよいだろうか，リサーチクエスチョンに照らし合わせながら，検討してみよう。

3　「どう」読みとるのか

　次に，トランスクリプトの読み方とコーディングの方法に着目して，データから意味をどう読みとるのかについて解説をする。

(1) トランスクリプトを読む

　第4章で触れたように，インタビュー調査から得られた音声はトランスクリプトと呼ばれるテクストに変換する。質的研究の場合，データを収集しながらその都度トランスクリプトを作成する。2〜3件のインタビューが済み，トランスクリプトが完成したところで，調査対象者がインタビューでなにについてどう語ったのかについて，トランスクリプトを読みながら振り返ろう。
　この時に注目すべき点は，調査対象者がインタビューでなにを言っていたのかという，事実ベースの事柄である。しかし，その時あなたが研究者としてひらめいたことや，インタビューを済ませた複数の調査対象者の語りの内容の共通点や相違点，また調査対象者がその時々に置かれていた状況や社会的・経済的・政治的なコンテクストについても思考をめぐらせることも大切である。リサーチクエスチョンの答えを導きだすための手がかりを探すためには，複眼的視座でトランスクリプトを読むという読み方が必要となる。
　ここで一例として「食の嗜好と安全安心のとらえ方」というテーマの研究課題を取りあげよう。リサーチクエスチョンは「複雑な食品生産・流通システム（フードシステム）を背景に，健康上の理由で食生活に気をつけなくてはならな

131

い人は，食の安全安心という問題をどのようにとらえているのか。また，食の好みを日々の実践のなかでどう実現しているのか。」である。この課題に関連するトランスクリプトを読む時には，調査対象者が既存の生産体制や流通システムについてなにを感じ，なぜそのように感じるのか。また日常生活で生じる不便さについてどう語るのか。自身の食の好みを尊重しつつ安全な食生活のために日々どのような実践をしているのかなど，さまざまな角度から検討する。これらを参考にしながらトランスクリプトを読み，リサーチクエスチョンの答えを見出そう。

● 演習5-2 --
　あなたの研究テーマやリサーチクエスチョンを踏まえ，どのような視点からトランスクリプトを読むことが求められるのか書きだしてみよう。

　トランクスクリプトを読む時に必要なのは，「インタビュー要旨」と「メモ」と呼ばれる資料の作成である。インタビュー要旨とメモは，テクストの質的な内容分析に用いられる方法ではあるが，インタビュー調査のデータ分析にも役立つ有用なテクニックである。トランスクリプトに書かれていることを忘れないための備忘録として，また分析の見通しを立てるための資料として，インタビュー要旨やメモを活用しよう。

　ここでウド・クカーツの『質的テキスト分析法——基本原理・分析技法・ソフトウェア』を参照しながらインタビュー要旨とメモの目的や作成法について順にみていこう（Kuchartz 2014=2018）。インタビュー要旨とは，調査対象者がなにを語ったのかについて，事実をまとめたものである。グループワークの場合，インタビューを分担することが想定されるが，他のメンバーがおこなったインタビューの内容を把握するときにこのメモが活躍する。また，データ分析の出発点として複数のインタビューの内容を一覧表にして比較検討することがあるがその時に，全体を俯瞰するための資料として用いる。

　インタビュー要旨の形式は，一から数段落程度，事実を綴るような文章の場

合もあれば，箇条書きで主要なポイントを書いておく場合もある。あなたやグループ・メンバーが読みやすいと思う形式で作成しておこう。その際，インタビューの要旨と共に，調査対象者を示す符号（R1，R2，R3，あるいは番号），またインタビューの要旨を描写するタイトルも書いておこう。これは，データ分析の作業性を高めるためのテクニックである。

　実践例 5-1 に，「食の嗜好と安全安心のとらえ方」のインタビュー要旨の例を示す。

■実践例 5-1　インタビュー要旨の例

調査対象者 R2　地域の食べもの
- まわりの人の食に対する意識と温度差があり，もめごとが生じることが心配。
- 地域固有の料理はおいしい。
- 地域風土の消滅，個食の増加などのさまざまな社会課題がある。

調査対象者 R1　特定の店での買いもの
- 食べものや生活用品を特定の店で購入するのは、お店を信用しているからだ。
- いつもあのお店で購入していることは，まわりの人には言わない。
- あのお店には，この地域の特産品が売っている。
- あのお店で買い物することは，社会貢献である。

　次に，メモについてである。メモには，トランクリプトを読みながらひらめいたことや驚き，また読みながら浮かんだ疑問や分析のポイントを書いておこう。また，グループ・メンバーと議論したこと，ほかのメモに書かれていることとは異なるあるいは矛盾する点，現在検討中の事柄など，思考のプロセスも記録しておこう。メモは，インタビュー要旨と異なり，研究者としての視点で気づいたことを書き留めることが大切である。

　これまで述べてきたように，トランスクリプトを読む時は，ただ漫然と読み進めるのではなく，語られていることの事実を確認すること，また分析的な視点で考えをめぐらせることが大切である。インタビュー要旨やメモを活用しつ

つ，事実ベースの事柄だけではなく，あなたの理解や解釈，思考プロセスを記録しておこう。

（2）コーディングとは

　トランスクリプトの読み込みがある程度進んだところで，次はコーディングである。コーディングとは，データにキーワードを割りあてながら分類する作業である。コーディングの際に使うキーワードは，コードと呼ばれる。

　まずはじめに，トランスクリプト化したデータに現れる言葉，話題，できごとや行動パターンを示す部分にコードをつけてみよう。**実践例5-2** は，田垣正晋のライフストーリー研究のコーディングである（田垣 2008）。田垣によれば，この調査対象者は，交通事故後大学病院に入院した患者である。急性期の治療が終わり，リハビリ専門の病院に転院するというタイミングでインタビューがおこなわれた。

■実践例5-2　サンプル・トランスクリプト（調査者＝I，調査対象者＝R）

1	Ｉ：大学病院から別の病院に転院なさったとき，どん	
2	な思いでしたか。	
3	Ｒ：大学病院から，リハビリ専門の病院に行ったんで	①山の中の病院に行く寂
4	すけど，山の中にあるんで，施設っていうんかそ	しさ
5	ういうところに行かされる寂しさはあったねえ	
6	（①）。そのときは，結局，一般的には大学病院っ	②「最高水準」の病院か
7	ていったら最高水準っていうイメージあるじゃな	ら見放された
8	いですか。そこで見放されたというふうに受けと	
9	めたんですよねえ（②）。医者としては専門的な	③大学病院に「見放され
10	感覚で，医者はわかってるからもう脊損（脊髄損	た」寂しさ
11	傷）ってこういうもんだって処置はしました，後	
12	はリハビリだけっていう感じで出すんだろうけど，	
13	僕らにしたら大学病院に見捨てられたんだってい	
14	う，これからどうなるんだっていう寂しさはあり	
15	ましたね（③）。いまの医学ではこれで終わりな	④いまの医学ではこれで
16	のかっていう（④）。そのときは自分でも身体全	終わり
17	然動かない状態で，なんていうんですか，スト	⑤看護学生の見送りに

134

18	レッチャーのままで車に乗って入って，それで大	「じーん」とした
19	学病院からめちゃくちゃ離れたところにあるから，	
20	そこにやられていくときに，結局最後の見送りに	
21	お世話になった看護師さんとか，看護学生さんと	
22	か付いてるじゃないですか，ちょうど僕みたいな	
23	重症の人には。そういうの（看護学生）が最後に	
24	見送りに来てくれたとき，なにかじーんときまし	
25	たね（⑤）。あのときはなんか，なんていうのか	⑥「割り切れなくて，泣
26	なあ，どういったらいいんだろう，割り切れなく	いた」
	て，泣いたんですよ（⑥）。もう山のほうの病院	⑦ 山の中の「施設」で
	で，僕の感覚だと施設みたいな感じ。そういうも	「一生終わる」
	のをイメージしてたんですよ。結局，そこに行っ	
	て一生終わるんじゃないかって，そういう寂し	
	さっていうんか，あったと思う（⑦）。	

出所：田垣（2008: 140）をもとに筆者作成。

　この例を参考にしながら，トランスクリプト化したデータに観察される言葉，話題，出来事や行動についてコードをつけてみよう。

　トランスクリプトのコーディングが完了したら，次は，コードをつけたデータをより大きなカテゴリーにまとめるという作業である。図5-1のようなイメージでコーディングを進めてみよう。

　ここで覚えておいてほしいのは，研究アプローチによってコーディングの手順が異なるという点である。質的研究のアプローチには，グラウンデッド・セオリー（Charmaz 2006=2008; Strauss and Corbin 1998），修正版グラウンデッド・セオリー（木下 2003）からテーマティック・アナリシス法（Boyatzis 1998; 土屋 2016），テーマ・コーディング（Flick 1995=2011），またKJ法（川喜田 1967）に至るまで，さまざまなものがある。本節でこれらすべてのアプローチについて解説することは難しいため，これらについて学びたい人は章末のブックガイドを参照しよう。ここでは，より大きな視点から「演繹的思考法」と「帰納的思考法[3]」を取りあげ，それらについてコーディングと関連づけながら説明をすすめる（図5-2）。

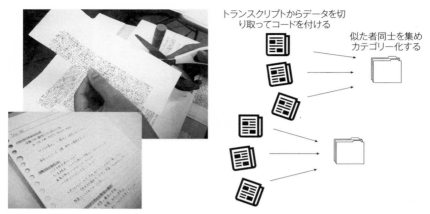

トランスクリプトからデータを切り取ってコードを付ける

似た者同士を集めカテゴリー化する

図 5-1 コーディングの進め方

出所：筆者作成。

①演繹的思考法

　演繹的な思考法とは，一般的な規則にしたがいながら，ある命題からほかの命題を導きだす思考のプロセスから成り立つ。演繹的思考法を基盤とするコーディングの場合，先行研究で示唆された理論や概念，また仮説を手がかりとして，コードをつけ，データの分析を進めるのが一般的である。

　演繹的思考法のコーディングは，先行研究で示唆された結果の妥当性を検討する目的の研究，自らの体験を踏まえてすでになんらかの仮説があり，それを検証するという目的の研究やあなたの課題の研究対象が先行研究とは異なる国，地域，時代，社会集団で，先行的な研究の事例と比較をするという目的をもつ研究に向く。

②帰納的思考法

　帰納的な思考法とは，観察された事柄や社会現象からリサーチクエスチョンの答えを導きだすという思考プロセスを踏むアプローチである。先行的な研究が少ないテーマや取り組もうとしている研究課題が探索的な内容の場合，またなんらかの定説があってもその定説が問題であると考えられる場合，帰納的な

〔帰納的思考法〕

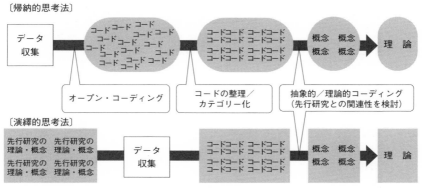

図 5-2 2つの思考法とコーディング

出所：筆者作成。

アプローチが向く（佐藤 2008: 104）。帰納的思考法を基盤とするコーディングにはさまざまなものがあるが，ここではグラウンデッド・セオリーによるコーディングの手順を紹介しよう（Glaser and Strauss 1967=1996）。

　グラウンデッド・セオリーによるコーディングは，調査対象者が語るできごとや経験，調査対象者のものの見方や考え方，感じ方に着目し，そこになんらかパターンを見いだし，理論を生成することを志向する。よって，データを分析する際には，先行研究から得られた理論や概念をいきなりコードとして用いるのではなく，調査対象者が語った言葉，話題にした事柄やできごとを表現するキーワードをコードとし，それらの分類，整理をおこなう。そして徐々に抽象的な概念を導きだす。

　グラウンデッド・セオリーによるコーディングには，データの切片化，オープン・コーディング，抽象的コーディング，理論的コーディングという，4つのステップがある。データの切片化はデータを切る作業，オープン・コーディングは，切ったデータに見出しをつける作業，抽象的コーディングと理論的コーディングは，研究者の分析的・解釈的な視点を取り入れながら，オープン・コーディングで考案されたコードをカテゴリー別に分けていく作業を指す。では，これらの手順を具体的にみていこう。

図5-3 データの切片化

出所：筆者撮影。

③データの切片化

　データの切片化とは，データを意味のある最小限の単位で区切るという作業を指す。意味のある最小限の単位とは，前後の文脈がなくても，その内容がある程度理解できる長さである。**図5-3**は，データの切片化の演習の一環として，トランスクリプトを印刷し，それをはさみで切るという試みをしたときに撮影した写真である。データを細かく区切りすぎてしまうと，切り取ったデータひとつひとつの意味がわからなくなってしまう。逆にデータを長く切りすぎてしまうと，分析とリサーチクエスチョンの関連が判別しにくくなるという問題が生じる可能性がある。よって，適切な長さを見きわめることが大切となる。

　コーディングがはじめてという人は，データを細かく切ってしまうとそれを復元するのに手間取ることがあるため，迷ったら，データを長めに切るとよい（萱間 2013）。データの切片化の作業でデータをどう切るのかについても迷うのがあたり前であるが，迷ったら，インタビューをおこなわなかった研究グループのメンバーに切片化したデータを読んでもらい，切片化の妥当性を確認して

表5-2　オープン・コーディングの視点

1．なに？	なにが問題なのか，どのような現象なのか
2．だれ？	だれがかかわっているのか，その人はどのような役割をはたしているのか，その人たちはどのような関係か
3．どのように？	ある現象のどの部分がかかわっているのか，あるいはかかわってないのか
4．いつ？	それはいつ起こったのか，いつのことなのか
5．どれだけ？	影響の強さ／弱さ，できごとの頻度，ものや事象の大きさ／量など
6．なぜ？	どんな理由づけがなされているのか，どんな理由づけが考えうるのか
7．なんのために？	調査対象者がどのような目的である行為に至った／至らなかったのか
8．どのように？	どのような方法で達成したのか

出所：Böhm（2004）をもとに筆者作成。

もらおう。

④オープン・コーディング

　オープン・コーディングとは，切片化されたデータに，コードをつける作業を指す。コードには，切片化されたデータの内容をうまく表す名称をつけよう。オープン・コーディングをおこなう際には，先行研究のレビューから得られた概念や仮説にはとらわれず，社会現象や事象を調査対象者の語りから読みとることに力点を置く。よって，そこで使われるコードは，調査対象者の語りを反映する具体的なものになることが多い。はじめは，どのようなコードをつけるのか見当がつけづらいが，**表5-2**で示す8つの視点を参考にしながらオープン・コーディングを試みてみよう（Böhm 2004）。

　メリアムは，8つの視点に加え，ある場面に固有な状況を把握するために，個人あるいは組織の特徴，個人あるいは組織が置かれた状況がわかるできごと，継続的に起こったできごととその状況などについてコードをつける必要性を述べている（Merriam 1998=2004）。後述するサンプル・トランスクリプトの場合，調査対象者が「……実際に，まわりの人とそういうことがあったりして……」として過去の経験を振り返りつつ，まわりと自分たちの違いを感じ，自分がやりたいことを控えてしまうことがあると語る場面がある。このような何気ない

語りが，固有の状況を表すものである。

　ここでは，その語りに対して「過去の経験」，「社会的な状況」，「現在の行動」という３つのコードをつけ，過去の経験やまわりの人との温度差についての気づきが，いまの行動に影響を及ぼすのではないかという見通し（仮説）を立てた（**実践例5-3**）。ここで付与したコードと作成した概念モデルを仮説と呼ぶことにする。この仮説は量的研究における仮説とは異なり，暫定的な概念モデルである。複数の調査対象者のインタビューを進めつつ概念モデルやモデルを構成するコードを修正することが見込まれるという前提に立つ。

■**実践例5-3　トランスクリプトとコーディングの例**

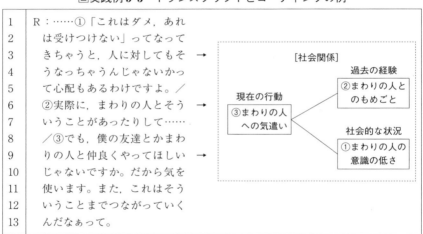

　半構造化インタビューでは，調査対象者があなたにとって意外なことや研究課題にまったく関係ないものの心に残ることを語ってくれることは珍しくない。コーディングの際，そのような発見を捨象してしまうのではなく，調査対象者の言葉をそのまま使いコーディングしておこう。調査対象者の言葉は，対象者が置かれている状況や状態を鮮明に表していることが多く，そのままコードとして残しておくと，後にデータの分析や解釈の糸口となることがある。このようなコーディング法は，インビボ・コーディング（in vivo code）と呼ばれる

表5-3　理論化のためのコード化パラダイム

1. 相関関係，因果関係
2. 利害関係者間とのやりとり
3. 調査対象者あるいは利害関係者の戦略的，意図的な行為
4. 結果

出所：Strauss（1987: 18）をもとに筆者作成。

（Glaser and Strauss 1967=1996）。

　本章の冒頭で質的研究におけるデータ分析は，意味を理解するプロセスとしてとらえる必要があると述べたが，コーディングもデータの意味を理解するプロセスの一形態であることから，一度つけたコードを後に変えてはいけないというものではない。よって，コーディングに迷ったらどのようなコードをつけるかについてあまりこだわりすぎず，あなたのひらめきを頼りにコードをつけてみるという発想の転換も大切である。

⑤抽象的コーディングと理論化

　オープン・コーディングがある程度進んだら，次は抽象的コーディングである。[5]抽象的コーディングとは，オープン・コーディングでつけたコードとリサーチクエスチョンを見比べながら，それらの関係について検討し，オープン・コードをまとめたものである。よって，より抽象度が高いコードとなる。それらをさらにまとめることにより理論的枠組みをつくることを理論化と呼ぶ。[6]

　理論的枠組みをつくるときに参考になるのが，ストラウスが述べている「コード化パラダイム」である。理論化とは，抽象化されたコードから，どのような関係性を読みとることができるのか，それがだれとだれのやりとりなのか，またそれは戦略的，意図的な行為なのかそうではないのか，それができごとの結末を示すものなのかなどといった枠組み（パラダイム）から，コードの関係性を明らかにするものである。表5-3を参照しつつ，あなたの手元にある抽象的コードを理論としてどのようにまとめていくのかについて考えてみよう（Strauss 1987: 28）。

4　コーディングの実践

　では，ここから事例を示しながら，データの切片化，オープン・コーディング，抽象的コーディングと理論化について説明しよう。ここで使う事例は「食の嗜好と安全安心のとらえ方」である。この事例は，筆者のクラスを履修した学生が取り組んだ課題に着想を得たものではあるが，トランスクリプトに書かれている語りは，実在の人物や実際のできごととは異なる内容に編集している。まずはじめに課題の背景を簡単に述べたうえで，データ分析の実践を示す。

（1）課題の背景

　この課題のリサーチクエスチョンは，「複雑な食品生産・流通システム（フードシステム）を背景に，健康上の理由で食生活に気をつけなくてはならない人は，食の安全安心のとらえ方とはどのようなものであり，食の好みを日々の実践のなかでどう実現しているのか」である。

　この調査対象者は，アトピー性皮膚炎の子どもを育てており，また調査対象者の配偶者もアレルギーがあり，食生活に気をつけて生活をしているというご夫婦である。この課題で何人かの調査対象者に話を聞くうちに，食にこだわりがあるように見える人は，いわゆるグルメや，地域の生産者を支えたいという信条や価値観によりこだわりをもっている人ばかりではなく，健康上の理由で自然食品を買わざるをえなくなった人たちが一定数いるということが明らかになってきた。この2つの背景的な情報を踏まえ，**演習 5-3a** のトランスクリプトを読み，データを切片化し，オープン・コードをつけてみよう。

●**演習 5-3** --

　演習 5-3a のトランスクリプト全体を読み，データを切片化し，オープン・コードをつけてみよう。

　1.　最初の段落を切片化して（データを区切る），コードをつけよう。コー

第5章 データ分析

ドは自分なりの表現でよいが，その切片の内容を表すものをつけること
が大切である。

2．切片化し，オープン・コードをつけたら，その結果をグループ・メン
バーと共有しよう。どのように切片化したか，どのようなコードをつけ
たか，またなぜそのようなコードをつけたのかについて話し合い，必要
に応じてコードを修正しよう。

3．最後に**演習 5-3b** のコードと比べてみよう。

演習 5-3a　サンプル・トランスクリプト（調査者＝I，調査対象者＝R）

1	I：食事にすごく気を遣っているということなのです
2	が，食べものを選ぶときになにを基準にして選んで
3	いらっしゃいますか？　先ほど話をされていました
4	が，その食べものがどこから来たというようなこと
5	も，気にされているのでしょうか？
6	R：うーん，そうですね。「100％安全です」っていう
7	表示はないので，とりあえず，まぁ自然食品を置い
8	てあるホールフーズで買いものをするようにしてい
9	ます。あのお店なら，まず信用できるから。あと自
10	宅が×××［Rの自宅の地域］なのですが，別の自
11	然食品のお店から週に1回ぐらい配達もしてもらっ
12	ています。私の奥さんのほうは，まぁ食べものだけ
13	じゃなくて，やれ歯磨き大丈夫かって，洗剤とか，
14	要するに着るものとか，もちろん化粧品も全部そっ
15	ちもこういくわけですよ。すごい敏感で，こだわり
16	をもっている。なんていうのだろう，「これはダメ，
17	あれは受けつけない」ってなってきちゃうと，人に
18	対してもそうなっちゃうんじゃないかって心配もあ
19	るわけですよ。実際に，まわりの人とそういうこと
20	があったりして……でも，僕の友達とかまわりの人
21	と仲良くやってほしいじゃないですか。だから気を
22	使います。また，これはそういうことまでつながっ
23	ていくんだなぁって。まだまだまわりの人たちの意
24	識がそこまで，自然食品とか無農薬とかいろんな情

報はあるけれど，意識がまだまだ高いとは思えない
ですよね。
　僕は仕事で海外や地方に行く機会がとっても多い
んですが，そうしたときに地方にある伝統的な料理
を食べると，本当においしいって感じるんですよ。
その場所で，ほんとにそこで採れたものを工夫して，
そういう食生活をして。そこで採れた作物からお酒
を造り，そうやって食の楽しみもあり，ってなかで
生きてきたのに。どんどんオートメーション化され
て，別にファーストフードが悪いとはいわないけれ
ども，あまりいいとは思わない，うん。そういう方
向性にどんどんなってきちゃったってことをすごく
感じますよね。世界中どこに行っても，地元の人た
ちがなにを食べているんだろう，ってことがすっご
い興味があるんです。例えば，タヒチに行ったとき
に，お金のない日本人に会ったのですが，どうやっ
て食べているんですかって聞いたときに，裏山から
パパイヤ採ってきたりして，生活できてますって。
それはちゃんと理にかなっていて，ちゃんと体を冷
やしてくれるし，南国のフルーツはちゃんと消化酵
素があるらしい，それをすっごく感じますよね。そ
れが，どんどんなんか添加物を使ったり，流通網が
広まることで，ローカルな風土がどんどん壊されて
いってしまって。
　何年か前に，すごい悲しい現実を見せられたこと
があって，田舎の親戚のうちに行ったときに，子ど
もたちが，じいちゃん，ばあちゃんと同じものを食
べないんですよ。スパゲッティー。親が「なに食べ
たいの？」「あぁ，ナポリタン」とか言って，炒め
て食べさせていましたよ。同じ食卓で別のものを出
して。やぁ，私だって子どものとき，怒ってました
よ「また，魚かよぉ！」みたいな。そのときは子ど
もだから肉を食べたかったけど，でもいまも，その
とき食べた魚のおいしさって覚えていて。うん，う
ん，そうやっていくことが大事かなって思います。
もちろん，エンゲル係数があがっちゃうと大変だけ

| 61 | れども，安くあげようってことばっかりに走ってし |
| 62 | まうと，結局，体壊しますよ。 |

　以下に示す**演習 5-3b** のサンプル・トランスクリプトは，筆者がおこなった
コーディングの例である。まず初めに一文ごとにデータを切り，データの切片
化をおこなった。⁽⁷⁾

演習 5-3b　サンプル・トランスクリプト（調査者＝I，調査対象者＝R）

1	I：食事にすごく気を遣っているということなのです	
2	が，食べものを選ぶときになにを基準にして選んで	
3	いらっしゃいますか？　先ほど話をされていました	
4	が，その食べものがどこから来たというようなこと	
5	も，気にされているのでしょうか？	
6	R：①うーん，そうですね。「100％安全です」ってい	①自然食品店で買いもの
7	う表示はないので，とりあえず，まぁ自然食品を置	
8	いてあるホールフーズで買いものをするようにして	
9	います。／②あのお店なら，まず信用できるから。	②店への信頼
10	あと自宅が×××［Rの自宅の地域］なのですが，	
11	別の自然食品のお店から週に1回ぐらい配達もして	
12	もらっています。／③私の奥さんのほうは，まぁ食	③ものへのこだわり
13	べものだけじゃなくて，やれ歯磨き大丈夫かって，	
14	洗剤とか，要するに着るものとか，もちろん化粧品	
15	も全部そっちもこういうわけですよ。すごい敏感で，	
16	こだわりをもっている。／④なんていうのだろう，	④まわりの人とのつなが
17	「これはダメ，あれは受けつけない」ってなってき	り
18	ちゃうと，人に対してもそうなっちゃうんじゃない	
19	かって心配もあるわけですよ。／⑤実際に，まわり	⑤まわりの人とのもめご
20	の人とそういうことがあったりして……でも，僕の	と
21	友達とかまわりの人と仲良くやってほしいじゃない	
22	ですか。だから気を使います。また，これはそうい	
23	うことまでつながっていくんだなぁって。／⑥まだ	⑥まわりの人の意識の低
24	まだまわりの人たちの意識がそこまで，自然食品と	さ
25	か無農薬とかいろんな情報はあるけれど，意識がま	
26	たまだ高いとは思えないですよね。	

27	／⑦僕は仕事で海外や地方に行く機会がとっても多	⑦おいしい伝統料理
28	いんですが，そうしたときに地方にある伝統的な料	
29	理を食べると，本当においしいって感じるんですよ。	
30	その場所で，ほんとにそこで採れたものを工夫して，	
31	そういう食生活をして。そこで採れた作物からお酒	
32	を造り，そうやって食の楽しみもあり，ってなかで	
33	生きてきたのに。／⑧どんどんオートメーション化	⑧流通システムの拡大
34	されて，別にファーストフードが悪いとはいわない	
35	けれども，あまりいいとは思わない，うん。そうい	
36	う方向性にどんどんなってきちゃったってことをす	
37	ごく感じますよね。／⑨世界中どこに行っても，地	⑨ローカルな食べものの
38	元の人たちがなにを食べているんだろう，ってこと	意義
39	がすっごい興味があるんです。例えば，タヒチに	
40	行ったときに，お金のない日本人に会ったのですが，	
41	どうやって食べているんですかって聞いたときに，	
42	裏山からパパイヤ取ってきたりして，生活できてま	
43	すって。それはちゃんと理にかなっていて，ちゃん	
44	と体を冷やしてくれるし，南国のフルーツはちゃん	
45	と消化酵素があるらしい，それをすっごく感じます	
46	よね。／⑩それが，どんどんなんか添加物を使った	⑩ローカルな風土の消滅
47	り，流通網が広まることで，ローカルな風土がどん	
48	どん壊されていってしまって。	
49	／⑪何年か前に，すごい悲しい現実を見せられたこ	⑪悲しいできごと
50	とがあって，田舎の親戚のうちに行ったときに，子	
51	どもたちが，じいちゃん，ばあちゃんと同じものを	
52	食べないんですよ。スパゲッティー。親が「なに食	
53	べたいの？」「あぁ，ナポリタン」とか言って，炒	
54	めて食べさせていましたよ。／⑫同じ食卓で別のも	⑫別々の食事
55	のを出して。／やぁ，私だって子どものとき，怒っ	
56	てましたよ「また，魚かよぉ！」みたいな。そのと	
57	きは子どもだから肉を食べたかったけど，でもいま	
58	も，そのとき食べた魚のおいしさって覚えていて。	
59	／⑬うん，うん，そうやっていくことが大事かなっ	⑬子どものころの食生活
60	て思います。／⑭もちろん，エンゲル係数があがっ	⑭健康問題
61	ちゃうと大変だけれども，安くあげようってこと	
62	ばっかりに走ってしまうと，結局，体壊しますよ。	
63	／	

付箋の活用例

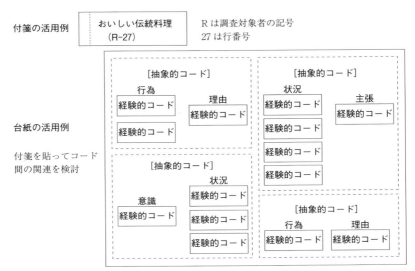

| おいしい伝統料理 (R-27) |

Ｒは調査対象者の記号
27 は行番号

台紙の活用例

付箋を貼ってコード
間の関連を検討

図 5 - 4　付箋を貼ってコード間の関係を検討

出所：著者作成。

（2）データ分析の実践

　トランスクリプト全体のコーディングを終えた後，**表 5 - 3** で紹介したコード化パラダイムを使い，コードの相関関係，因果関係，またそれらが利害関係者のやりとりを示すのか，意図的な行為や行為の結果を示しているのかなどを検討し，そのうえで調査対象者がなにを語っていたのか，またそこからどのような解釈ができるのかについて考える。**図 5 - 4** で示すように，コードのひとつひとつを付箋紙に書き，コードの関係性を検討することで全体像をながめ，サブテーマ間の関係についても検討する。

　演習 5-3b で示す例では，インタビューのトランスクリプトに書かれている語りを表現する14のコードを作成した。「自然食品店で買いもの」，「店への信頼」，「ものへのこだわり」などである。試行錯誤を繰り返し14のコードを，「１消費行動」，「２社会関係」，「３理想の食べものとコンテクスト」，「４社会問題」という４つのサブテーマにまとめた（**実践例 5-4**）。この作業を通じて，この調査対象者が持つ食についての問題意識や，どのような食べものを理想と

考え，日常をどのようにすごしているのか，またまわりの人との関係性にまつわるエピソードなどが浮かびはじめた。

　サブテーマ間の関係についても検討した。例えば，サブテーマ「1 消費行動」に関連し，調査対象者は自然食品店で買いものし，それを友人に薦めることにより，サブテーマ「2 社会関係」で示すような友人や隣人との関係性に緊張感を生み出す可能性があると関連づけることができる。この調査対象者のインタビューからは，「1」が「2」に影響を与えると解釈できるが，調査対象者によっては，「1」が新たな人とのつながりをつくってくれたという経験を語る人がいるかもしれない。食と農の問題に関連する研究書は，オルタナティブなフードシステムは，人々をつなげる可能性があるということを述べている。実際，これまでの研究の多くは，後者のパターンを示唆するものが多い。つまり，今回の調査対象者の語りは，これまでの研究が示唆してきたこととは異なる視点を提供しており，それがこの調査から得られた発見と言える。

■実践例 5-4　抽象的コーディングと理論化

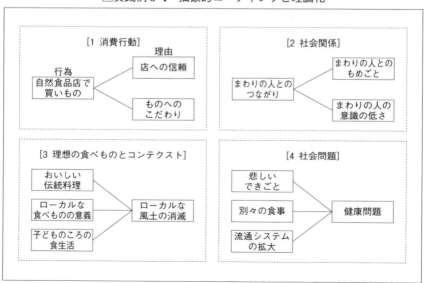

　本章では，1件のインタビュー調査のトランスクリプトの一部分だけを切り取って説明をしていることから，理論化を進めることは難しいが，実際の課題では，複数のインタビューのトランスクリプトからパターン化した現象を読みとることができるようになるはずである。このパターンが繰り返し観察されるようになったとき，あなたのインタビュー調査は飽和点[8]に達したと判断でき，それが調査を終了する目安となる。

　コーディングの作業を継続するうちに，抽象的コーディングにパターンが見えてくるはずである。そのようなパターンに気づいたときには，あらゆる解釈の可能性を検討し，それをメモとして残しておこう。あらゆる解釈とは，例えば，子どものころの経験が食の好みを形づくる原点であった，家族やまわりの人の態度を通して，安全安心の感覚がつくられた，食の好みと安全安心の感覚が買いものの仕方に影響を与えた，オルタナティブなフードシステムをつくるためには，より多くの人の消費行動が変化しなくてはならないなどである。そのうえで，自身の買いものの仕方が変わったことにより，まわりの人との違いが際立つようになった。そして，思わぬ軋轢や葛藤が生じたというストーリーで全体像をとらえていくということになるかもしれない。あるいは，食べものによる健康リスクを心配している人でも，食が産業化している現代社会では，リスクは避けがたいという点に力点を置いて全体像をとらえる人もいるかもしれない。なにを主張するのかは，データからその方向性がみえてくるようになる。

　グラウンデッド・セオリーにもとづくコーディングでは，経験的なコードから，抽象的コードをつくり，そこから理論化をおこなう。コーディングの終着点は理論化であることから，データをまとめる際には，データの記述にとどまらず，どのような概念モデル，理論に向かっているのか，コーディングの過程でそれらを考えておくことが求められる。

●演習 5-4 --
　オープン・コーディングと抽象的コーディングの結果を踏まえ，理論化を実

践してみよう。

1. これまでに完成したすべてのトランスクリプトを使い，オープン・コーディングを完成させよう。次に図5-4を参考にし，コードのひとつひとつを付箋紙に書いてみよう。

2. コードが書かれた付箋紙がある程度集まったら，抽象的コーディングを実践してみよう。あわせて，因果関係／相関関係，意識／状況，状況／主張のようにコード間の関係についても考えてみよう。抽象的コーディングをする際には，データを俯瞰しやすくするために，付箋紙を台紙の上に広げて検討するとよい。

5 テーマ中心のコーディング

　前節では，帰納的思考法を踏まえたコーディングの手順を示してきた。本節では，先行研究から演繹的に導きだしたコードを使うテーマ中心のコーディングを紹介する。

　テーマ中心のコーディングとは，分析者が関心をもつテーマやそのテーマに関連する理論や概念からコードを作成し，データを整理する方法である。集団や国など，分析の単位があらかじめ決まっているような比較研究や，そのテーマについてすでに多くの研究があり，分析の方向性や構造がある程度見通すことができるようなテーマの研究の場合，テーマ中心のコーディングが向いている。

　では次に，テーマ中心のコーディングの手順をみてみよう。ここでは，筆者が授業で教えている，コードを抽象度が異なる3つのレベルに分けて分析を進めるという方法を紹介する。コードに3つの階層性をもたせるというアプローチは，あくまでも目安であり，テーマやリサーチクエスチョンによっては，コードが4層，5層に分かれる場合もある。ポイントは，具体的なコードから概念的なコードまで，コードによって抽象度が異なるということを理解することである。

　実践例 **5-5** を参照しよう。「食の嗜好と安全安心のとらえ方」というテーマの課題の場合，第 1 のレベルのコードは，オルタナティブなフードシステム，グローバル化，食と農の近代化／産業化など先行研究から得られた概念である。食と農の社会学に関連する文献を参照したところ，食と農の近代化／産業化に対抗する軸としてオルタナティブなフードシステムが構想されたこと，食と農の近代化／産業化は，グローバル化により拍車がかかったと書かれており，それらをコードとして採用した。

■**実践例 5-5　概念モデルの例**

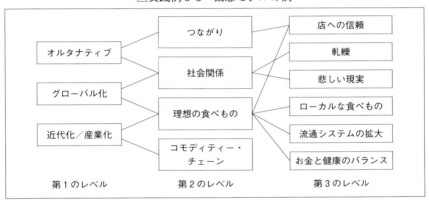

第 1 のレベル	第 2 のレベル	第 3 のレベル

　次に，それらの概念と関連する概念を，第 2 のレベルのコードとして作成した。**実践例 5-5** では，「つながり」，「社会関係」，「理想の食べもの」「コモディティー・チェーン」，などがそれに該当する。先行研究によれば，食と農の近代化や産業化にともない，海外で加工された安価な食品や農産品が流通するようになった。また，コモディティー・チェーンを通し，食品がグローバルな規模で流通するようになった。その副作用として，食品安全性を脅かすような問題が生じたり，伝統や文化に根ざす食といった地域性が消滅しつつあると論じられている。そこで，これらの議論を手がかりに，第 2 のレベルのコードを作成し，トランスクリプトに第 2 のレベルのコードをつけた。第 3 のレベルのコードは，調査対象者が語ったことである。

次に，概念モデルである。概念モデルとは，社会現象の本質や調査対象者の考え，またそれらを表す要素のつながりを単純化して示す図である。テーマ中心のコーディングの場合，トランスクリプションを読み終わった後，**実践例5-5**のようにどのコードとどのコードがどのように関連づけられるのかを示す概念モデルを作成する。概念モデルは，分析の方向性を示す見取り図であり，また論文を書くときのアウトラインの役割も果たす。

　ただし，先行研究を手がかりとして作った概念モデルが調査対象者の語りと完全に一致することは稀で，語りには，概念モデルから外れる内容が含まれる。そのために最初につくった概念モデルを，調査対象者の語りに合わせて修正する必要がある。この段階に至ったら，先行研究から得られた概念や理論だけではなく，調査対象者の視点や調査対象者が置かれている状況にも着目し，語りからなにか発見できないかという視点で検討を進めよう。

　手元には，もうすでにトランスクリプト，インタビュー要旨とメモがあると思うが，加えてコードに関するメモと概念モデルに関するメモも作成しよう。これらには，概念モデルを構成するひとつひとつのコードの定義を書き込むとともに，概念の関係性（相関関係，因果関係，利害関係者間のやりとりなど）や，概念の特徴（調査対象者の意図的な行為，その結果など）について，わかりやすく記述しておくことが大切である。

　グループメンバーとの情報共有のためにこうしたメモが役立つ。メモは，コードの定義が明快であるか，それらがわかりやすい言葉で説明できているのかといった点からグループ・メンバーによるチェックを受けるための資料ともなる。抽象的な概念の説明には，難しさがつきまとうが，こうした確認のプロセスを経て，説明の難しさという課題の克服ができることだろう。

　コードに関するメモを書くのが難しいと感じる人は，メモの内容について他の人に口頭で説明をしてみるとよい。特定のテーマの研究に長く取り組んでいると，なにが専門用語でなにが日常的な言葉なのかわからなくなり，わかりやすい説明ができなくなるという状況に陥る。そのため，メモの内容があなたの専門とは異なる人に伝わるかどうかを確認しておくとよい。

　メモに加えて，先行研究の要約や研究の過程で作成した図表，課題の口頭発表で提出したレジュメなど，手元にある資料はすべて研究をまとめるときの基礎資料となるものであり，保管しておこう。

　最後にどのような思考法でデータ分析をおこなうにしても，質的研究における研究プロセスは循環的であるという点は忘れてはならない。筆者がここに示した手順を追って分析を進めれば，それで分析が完了するというものではなく，データ分析を進めながら，追加の文献に目を通すことやリサーチクエスチョンの練り直しをおこなう必要がある。研究ステップの各段階を何度も行き来することを経て，リサーチクエスチョンの焦点を絞りつつ，より深い分析を目指そう。

6　分析結果をまとめる

　トランスクリプトやメモ，また**表5-1**で紹介した質的研究で活用できるその他のデータを使い，いよいよ分析のまとめである。

（1）分析結果のまとめ方
　図5-5で示すように分析結果は，いくつかの視点からまとめることができる。ここでは，「テーマ中心」でまとめる方法と，「人物中心」でまとめる方法を紹介しよう。

　分析結果をテーマ中心でまとめる場合，人物R1，R2，R3が語った内容について，類似点や相違点からストーリーを再構成することになる。人物中心の場合は，調査対象者がそれぞれ語ったストーリーを順に記述するというまとめ方となる。なお，データを文章としてまとめるときは，R1をA，R2をB，あるいはそれぞれ架空の苗字や名称をあてはめて書くのが一般的である。ここではA，B，Cに置き換えて記載する。

　実践例5-6と**実践例5-7**は，テーマ中心で分析をまとめた場合と人物中心で分析をまとめた場合の例である。

	①食の産業化	②理想の食	③日常実践	
A	①についての語り	②についての語り	③についての語り	➡ 人物中心
B	①についての語り	②についての語り	③についての語り	➡ 人物中心
C	①についての語り	②についての語り	③についての語り	➡ 人物中心
	⬇	⬇	⬇	
	テーマ中心	テーマ中心	テーマ中心	

図 5-5　分析のまとめ方

出所：Kuckartz（2014: 92）をもとに筆者作成。

■実践例 5-6　テーマ中心

3.1　食の嗜好と安全安心のとらえ方

　食のグローバル化にともない，当たり前のようにして海外から輸入された食べものが食卓に並ぶ。グローバル化の恩恵を受け，国内では手に入らないさまざまな種類の食品や農産品が入手できるようになり，食のグローバル化が日本の食を豊かにしてくれるという意識が生まれたが，2000年ごろから，輸入される食料について，質，価格，量の面からさまざまな課題が指摘されるようになった。フードシステムをめぐるこのような変化は，人々の日常生活にも影響を及ぼすようになった。さまざまな影響が考えられるが，なかでも深刻なのは，アレルギーなど健康上の理由で食べるものに日々注意しなくてはならない人びとへの影響である。特に，目の前にある食べものが手元に届くまでのルートや食べものの出自がはっきりしないという点が課題として浮上した。食品表示だけでは，手にした食品が自分や家族にとって安全であるのかどうかの判断はつきにくい。リスクを避けるためにそうした食品は一切買わないという選択をする人がいる一方で，ほかの人のように自分の好きなものを食べたいという人もいて，後者のような考えをもつ人々は複雑な心境を抱く。安全性について判断できないが，好きなものを食べたいという 2 つの相反する意味づけのバランスを取るために日常においてどのように折り合いをつけ，どのような工夫をしているのだろうか？

　健康上の理由で食べものに注意しなくてはならない人々は，食の安全性に気を使うということはいうまでもないが，「100％安全」という確信がもてるものを探すのは難しいということを理解したうえで，信用できるルートを通してものを買うということを大切にしているという。信用できるルートとは，近所にある自然食品の店や知り合いの農家がつくっている食べものや地元の人たちが食べているものであり，グローバル化がもたらしたとされる豊かさとは質的に異なる豊かさ，すなわち自分自身と近い場所にあるものを指し示す。では実際に，ローカルな場に埋め込まれた

豊かさがどのようなものであるのかについて，語りを通してみていこう。……

　……場合によっては，食べものの豊かさへのこだわりは，その他のものに対する強いこだわりとなり，それが逆に地域の人との関係に緊張感をもたらしてしまうこともある。Aさんは次のように語る。

> 「100％安全ですという表示はない」ものの，私の奥さんのほうは，まぁ食べものだけじゃなくて，やれ歯磨き大丈夫かって，洗剤とか，要するに着るものとか，もちろん化粧品も全部そっちもこういくわけですよ。すごい敏感で，こだわりをもっている。(A)

　（以下略）

■実践例 5-7　人物中心

3.1　日々の実践

　食のグローバル化にともない，当たり前のようにして海外から輸入された食べものが食卓に並ぶ。グローバル化の恩恵を受け，国内では手に入らないさまざまな種類の食品や農産品が入手できるようになり，食のグローバル化が日本の食を豊かにしてくれるという意識が生まれたが，2000年ごろから，輸入される食料について，質，価格，量の面からさまざまな課題が指摘されるようになった。フードシステムをめぐるこのような変化は，人々の日常生活にも影響を及ぼすようになった。さまざまな影響が考えられるが，なかでも深刻なのは，アレルギーなど健康上の理由で食べるものに日々注意しなくてはならない人びとへの影響である。特に，目の前にある食べものが手元に届くまでのルートや食べものの出自がはっきりしないという点が課題として浮上した。食品表示だけでは，手にした食品が自分や家族にとって安全であるのかどうかの判断はつきにくい。リスクを避けるためにそうした食品は一切買わないという選択をする人がいる一方で，ほかの人のように自分の好きなものを食べたいという人もいて，後者のような考えをもつ人々は複雑な心境を抱く。安全性について判断できないが，好きなものは食べたいという2つの相反する意味づけのバランスを取るために日常においてどのように折り合いをつけ，どのような工夫をしているのだろうか？

　Aさんのパートナーは，以前アトピー性皮膚炎の症状に悩まされていたことがあり，いろいろなものを試しながら，アトピーの克服を試みてきた。あるとき，知り合いから教えてもらった自宅近くの自然食品の店で購入した食品やほかのものを使うようになってから症状が緩和されたという。「100％安全ですという表示はない」ものの，以来その店で売られているものならば安心であると感じるようになり，そ

の店でものを買うことが習慣となった。

　Aさん自身もローカルな食べものの価値や伝統料理がおいしいと感じた経験があり，工場でつくられる食べものをよくは思っていなかった。そのため，Aさんのパートナーの日々の実践に対し，共感し協力している。しかし，「これはダメ」，「あれはダメ」というものへのこだわりが，いつしか人へのこだわりにつながってしまうのではないか，また自然食品や無農薬食品に対するまわりの人の無理解により，人間関係がぎくしゃくするのではないかと不安を感じる（以下略）

　いずれの実践例においても，あなたの主張を裏づけるために調査対象者の語りを用いるというスタイルを取っているが，**実践例5-6**は，食の安全安心，食のグローバル化といった理論や概念を使いながらそこにデータを埋め込んでいくという論述であるのに対し，**実践例5-7**は，調査対象者ひとりひとりの生活の様子を追いつつ，複数の調査対象者の語りの類似性や相違点を比べるという分析をおこない，リサーチクエスチョンに迫るというスタイルである。

　改めて確認してほしいのは，データをまとめる段階で論文のまとめ方について考えるのではなく，先行研究のレビューから，リサーチクエスチョンづくり，インタビューの実践，トランスクリプトの読み込み，コーディング，概念モデルの作成に至るまでのすべての研究プロセスにおいて，論文をどうまとめるのかについて意識しておくことである。

　また，テーマ中心で分析をまとめるにしても，人物中心で分析をまとめるにしても，まとめたものがリサーチクエスチョンの答えになっているかについても改めて点検してほしい。手元のデータで答えが得られなかった問いはないか。また，リサーチクエスチョンとして問いを立てていなかったが，手元のデータから新たなリサーチクエスチョンが浮かび上がらないか，など，リサーチクエスチョンと答えの整合性を点検するとともに，リサーチクエスチョンの内容についても再検討しよう。

　インタビューから得られたデータを系統立てて分析するのは，簡単なことではない。質的研究の場合，データの構造が定式化していないということだけで

はなく，調査対象者によって話す内容や論点がばらばらである。さらにデータ
を分析するための方法や技法が多種多様であり，分析の方法から分析結果のま
とめ方に至るまで定石があるとはいいがたい。結局のところ，あなたの研究
テーマや視座を踏まえ，データをどう分析するのか，また分析結果をどうまと
めるのかについてひとつひとつ考えていかなくてはならない。

　質的研究のそうした難しさを乗り越えるために，本章では，筆者のクラスの
演習を通して徐々に積みあげてきた手法の手順を出来る限り定式化して示した。
ここで提案した手順を使いながらも，都度工夫をしながらデータ分析を進めて
ほしい。

　　注
(1)　クリフォード・ギアツが述べた「厚い記述（thick　description)」に対して
　　（Geertz, 1973＝1987)，雑に記述されている質的研究の論文のことを佐藤郁哉
　　（2008）が「薄い記述」と呼んだ。
(2)　「厚い記述」とは，クリフォード・ギアツが述べた解釈学的な文化分析の中心概
　　念である。人の経験やできごとの意味を特定の文化の文脈における意味という視点
　　から記述することを指す。
(3)　佐藤は，演繹的アプローチを「天下り式」，帰納的アプローチを「たたき上げ式」
　　のコーディングと呼んだ（佐藤 2002)。研究者によってコーディングのアプローチ
　　の呼び方は異なるが，大切なのはこの2つのアプローチの違いを理解したうえで，
　　データ分析の起点を理論とするのか実証データとするのかの判断である。なぜ，分
　　析の起点をそこにするのかを見極めたうえで適切なアプローチを選ぶことが大切で
　　ある。
(4)　グレイザーとストラウスは，これらのステップをオープン・コーディング，軸足
　　コード化，選択的コード化と呼び，それぞれ異なる点に力点を置くコーディング法
　　であるとした（Glaser and Strauss 1967＝1996)。本章では，グラウンデッド・セオ
　　リーによるコーディング法は，帰納的アプローチのひとつとした。グラウンデッ
　　ド・セオリーのコーディングの考え方や具体的な手順は，グレイザーとストラウス
　　による教科書や戈木クレイグヒル滋子編『質的研究方法ゼミナール――グラウン

デッドセオリーアプローチを学ぶ』に詳しい。

(5) オープン・コーディング後のデータ分類の方法を，本章では抽象的コーディングという名称で呼ぶ。グレイザーとストラウスは，これをアクシャル・コーディングとセレクティブ・コーディングの 2 つに分ける（Glaser and Strauss 1967=1996）。

(6) 本書で「理論化」と呼ぶステップについて，ストラウスは「理論的コーディング」と呼ぶ（strauss 1987）。

(7) 「／」でデータをどのように切片化したかを記載。

(8) 飽和点とは，既存のコードやコード間の関係に一定のパターンを見いだすことができるようになった状態を指す。これが質的研究におけるデータ収集の終了の目安となる。飽和点という考え方は，グラウンデッド・セオリーによるものである。詳しくは，巻末「ブックガイド」のグラウンデッド・セオリーに関する参考図書を参照されたい。

参考文献

Berger, Peter L., and Thomas Luckmann, 1967, *The Social Construction of Reality: A Treatise in the Sociology of Knowledge*, London: Penguin Books.

Böhm, Andreas. 2004, "Theoretical Coding: Text Analysis in Grounded Theory," Uwe Flick, Ernst von Kardorff and Ines Steinke, eds., *A Companion to Qualitative Research*, London: Sage Publications, 252-70.

Boyatzis, Richard E., 1998. *Transforming Qualitative Information: Thematic Analysis and Code Development*, London: Sage Publications.

Charmaz, Kathy, 2006, *Constructing Grounded Theory: A Practical Guide through Qualitative Analysis*, London: Sage Publications.（抱井尚子・末田清子訳，2008，『グラウンデッド・セオリーの構築――社会構成主義からの挑戦』ナカニシヤ出版.）

Flick, Uwe, 2007, *Qualitative Forschung*, Hamburg: Rowohlt.（小田博志・山本則子・春日常・宮地尚子訳，2011，『質的研究入門――「人間の科学」のための方法論 新版』春秋社.）

Geertz, Cliford, 1973, *The Interpretation of Cultures: Selected Essays*, New York: Basic Books.（吉田禎吾他訳，1987，『文化の解釈学』岩波書店.）

Glaser, Barney G. and Anselm L. Strauss, 1967, *The Discovery of Grounded Theory: Strategies for Qualitative Research*, New York: Routledge.（後藤隆・大出春江・

水野節夫訳，1996，『データ対話型理論の発見――調査からいかに理論をうみだすか』新曜社.）

萱間真美，2013，『質的研究のピットフォール――陥らないために/抜け出るために』医学書院.

川喜田二郎，1967，『発想法』中央公論社.

Kuckartz, Udo, 2014, *Qualitative Text Analysis: A Guide to Methods, Practice and Using Software,* London: Sage Publications.（佐藤郁哉訳，2018，『質的テキスト分析法――基本原理・分析技法・ソフトウェア』新曜社.）

Kvale, Steinar, 2007, *Doing Interviews,* Los Angeles: Sage Publications.（能智正博・徳田治子訳，2016，『質的研究のための「インター・ビュー」』新曜社.）

Lynch, Michael, 1998, "The Discursive Production of Uncertainty: The OJ Simpson 'Dream Team' and the Sociology of Knowledge Machine," *Social Studies of Science,* 28(5-6): 829-68.

前田泰樹・西村ユミ，2020，『急性期病院のエスノグラフィー――協働実践としての看護』新曜社.

Merriam, Sharan, B., 1998, *Qualitative Research and Case Study Applications in Education,* San Francisco: Jossey-Bass Publishers.（堀薫夫・久保真人・成島美弥訳，2004，『質的調査法入門――教育における調査法とケース・スタディ』ミネルヴァ書房.）

Miles, Matthew, B., Michael Huberman, A., Jonny Saldaña, 2020, *Qualitative Data Analysis: A Methods Sourcebook, Thousand Oaks,* California: Sage Publications.

太田裕子，2019，『はじめて「質的研究」を「書く」あなたへ――研究計画から論文作成まで』東京図書.

Schegloff, Emanuel A., 1997, "Whose text? Whose context?," *Discourse & Society* 8 (2): 165-87.

Strauss, Anselm L., 1987. *Qualitative Analysis for Social Scientists,* Cambridge: Cambridge University Press.

Strauss, Anselm L., and Juliet M. Corbin, 1998, *Basics of Qualitative Research: Techniques and Procedures for Developing Grounded Theory,* 2nd ed., London: Sage Publications.

佐藤郁哉，2008，『質的データ分析法――原理・方法・実践』新曜社.

田垣正晋，2008，『これからはじめる医療・福祉の質的研究入門』中央法規出版.

土屋雅子，2016，『テーマティック・アナリシス法——インタビューデータ分析のためのコーディングの基礎』ナカニシヤ出版．

山口富子・日比野愛子編，2009，『萌芽する科学技術——先端科学技術への社会学的アプローチ』京都大学学術出版会．

第6章　論文の執筆

　インタビューデータの分析が進んできたら，調査の成果をまとめる準備を始めよう。ここまで，リサーチクエスチョンを練り直したり，調査の方法の検討を繰り返したり，分析結果を通じて先行研究を調べ直したり，試行錯誤を繰り返しながら調査を進めてきたが，論文はそうした試行錯誤をすべて記述するものではない。**図6-1**は佐藤郁哉による調査プロセスの軌跡と論文執筆の約束事の違いを示したものである（佐藤 2015）。試行錯誤してきたことは舞台裏のできごとにすぎない。論文は，「×××というリサーチクエスチョンをもとに，半構造化インタビューを実施し，○○○というデータを収集し，△△△という結論が得られた」という表舞台の形式にまとめなければならないのだ。

　本章では，佐藤が言うところの論文執筆における表舞台の形式について説明していく。まず，論文は問いに対して，ひとつの明確な答えを主張することである（戸田山 2022）。そして，その主張を論理的に裏づけるための事実的・理論的な根拠を提示しなければならない。質的調査論文の場合，問いはリサーチクエスチョン，答えは結論として示す。そして，答えを裏づけるのがデータの分析である。この論証の確からしさが論文の質を左右するのだ。問いと答え，そして根拠を論理的に説明していくために必要なこと，それが論文の型，論文の書き方，論文のスタイルの3つである。論文の型については，第1節の「論文の基本構造」で，論文の書き方については，第2節「論文における文章の書き方」で，論文のスタイルについては，第3節「スタイルガイド」でそれぞれ説明する。最後に第4節「論文を書き始めてから書き終えるまで」では，アウトプットを積み重ねることの意義やひとまず全体を書き上げて何度も修正していくことの必要性について示す。

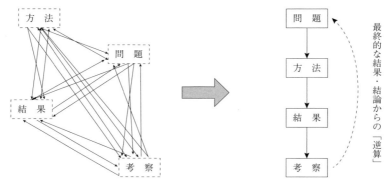

軌跡としての〈問題＊方法＊結果＊考察〉　　約束事としての〈問題→方法→結果→結果→考察〉
　　（舞台裏＝経緯の詳細）　　　　　　　　　（表舞台＝最終的な成果の要約）

図6-1　問題・方法・結果・考察の舞台裏と表舞台

出所：佐藤（2015：284）。

1　論文の基本構造

　質的調査論文は序論，先行研究レビュー，調査の方法，データの分析，結論という順番で構成される。本章ではこれを「1　序論」，「2　先行研究レビュー」，「3　分析課題」，「4　データの収集・分析方法」，「5　分析」，「6　結論」という6つの章に分けて説明する。**表6-1**に各章の内容の簡単な説明をまとめている。また，**実践例6-1**には論文の章構成の例を示している。

　先に示した佐藤のいう問題・方法・考察・結論という構成に合わせて説明すると，1～3章が問題，4章が方法，5章が考察，6章が結論となる。章の分け方については，執筆者によって多少の違いはあるが，問題→方法→考察→結論の順番で論じることには違いはない。それぞれについて詳しく説明していこう。

表 6-1　各章の簡単な説明

1章	序論	論文の問いを提示，背景や問いの重要性を説明する。
2章	先行研究レビュー	論文の問いに関連してどのような研究がおこなわれてきたのかを検討する。
3章	分析課題	先行研究レビューにもとづき，問いを整理する。
4章	データの収集・分析方法	適切な方法を用いて調査をおこない，データを収集したことを提示する。
5章	分析	データにもとづき，問いの答えの根拠を提示する。
6章	結論	論文の問いに対する答えを示す。

出所：筆者作成

■**実践例 6-1　論文の章構成**

食事に制限のある人々にとっての食に対する嗜好と安全安心
──複雑化するフードシステムと抗リスク消費

調　査ノ助

1　序論
　食事は栄養摂取の手段であるとともに愉しみでもある。なにを食べるのか，どのように食べるのかという食事の選択は多くの人々にとって〜（以下略）

2　先行研究レビュー
　本節では，まず複雑化するフードシステム[1)]と〜（以下略）

2.1　複雑化するフードシステムと自然食品店の広がり
　ここでは〜（以下略）

2.2　食の安全安心と抗リスク消費
　次に，〜（以下略）

2.3　食をめぐるネットワーク形成
　それでは〜（以下略）

3　分析課題
　本研究では〜（以下略）。

4　データの収集・分析方法

本研究では，2021年4月から10月まで食事に制限がある人15名に対して半構造化インタビューをおこなった。また〜（以下略）

5　分析
本章では次の3つの観点，食事に制限のある人たちがどのように食料を調達し，食事を実践しているのか，食事に制限のある人たちが〜（以下略）

5.1　食事に制限のある人たちの食の実践
ここでは，複雑化するフードシステムのなかで彼／彼女らがどのように食を選択しているのかに着目する。（以下略）

5.2　食事に制限のある人たちの食の安全と安心
前節では，食事に制限のある人たちがどのように食の嗜好というニーズを満たしているのかについて述べた。ここからは〜（以下略）

5.3　食事に制限のある人たちのネットワーク
ここまで，食事に制限のある人たちが考える未来の損害可能性に対する不安とその不安を解決するための信頼について述べてきた。ここからは〜（以下略）

6　結論
本研究では食事に制限のある人たちへの半構造化インタビューを通じて，彼／彼女らの食に対する認識と食を通じたネットワークについてみてきた。（以下略）

注
1）フードシステムとは×××を含む概念である。

参考文献
柄本三代子，2016，『リスクを食べる——食と科学の社会学』青弓社.
宝月誠，2004，「『食』の社会的世界とコントロール——『安全性』の問題を中心に」『フォーラム現代社会学』3: 9-17.

（1）序論を書く
　序論で必要なのは論文の価値を示すこと，論文の目的を示すこと，どのような手法で調査をおこない，分析をおこなったのかを示すこと，そして論文全体

```
┌─────────────────────────────────────────────────────────────┐
│ トピックとタイトルを決定する                                    │
│    ↓                                                         │
│  研究の目的または全体的な意図を述べる                            │
│      ↓                                                       │
│    回答すべき明確なリサーチクエスチョンに目的を絞り込む            │
│        ↓                                                     │
│      方法においてリサーチデザインを用いる（サンプリング・データの収集ほか）│
└─────────────────────────────────────────────────────────────┘
```

図6-2　トピックから方法へのレベルの階層

出所：Creswell and Creswell（2021=2022: 118）。

の構成を示すことである。序論はただの論文の"書きだし"ではない。ジョン・W・クレスウェルとジョアンナ・クレスウェル・バイアスは序論を書くことは，熟練を要する技であり，読み手を論文に引きつけるように注意を払って展開する必要があるとする（Creswell and Creswell 2021=2022）。本項では特に，**図6-2**に示したクレスウェルらによる「トピックから方法へのレベルの階層」にもとづいて，序論の書き方について考えていこう。

　序論に先駆けて提示されるのはタイトルである。タイトルは研究全体を代表するものとして名づけられる必要がある。タイトルには読み手の関心を引くようなキーワードや概念を含む必要があるが，当然ながらそれは抽象的なものにとどまる。序論ではその抽象的なタイトルをより具体的に説明していくために，ひとつひとつの階層を進めていくように論じていく。

　さて，序論の冒頭に書かれるのは研究の目的と全体的な意図である。この研究にはどのような意義があるのか，どのような価値があるのかを示すことが必要となる。クレスウェルらは序論の最初の文章としてふさわしいものとして，タイムリーな話題，統計的な情報，研究の問い，調査テーマに関する過去の研究などをあげている。第2章でも触れたようにタイムリーな話題を示すのであれば，新聞記事や雑誌記事，政府や自治体による統計や世論調査が役に立つ。こうした議論から論文をはじめることによって論文の価値を主張することが求められるのである。

　次に，明確なリサーチクエスチョンを提示する。これは論文全体を通じてなにを明らかにするのかという言明である。多くの場合，「本研究の目的は〜で

ある」という文章で構成される。リサーチクエスチョンを明確化するためには
これまでどのような先行研究がおこなわれており，どこまで明らかにされてき
たのか，なにが明らかにされていないのかを論じなければならない。これにつ
いては「2　先行研究レビュー」で説明する。また，本書では先行研究レ
ビューを通じて問いを整理し，分析の要点を示す「3　分析課題」という節を
別途設ける。

　続いて，どのような方法で調査をおこなうかというリサーチデザインについ
て論じる。リサーチデザインについては序論で詳述することもあれば，本章で
説明するようにデータ収集・分析方法という節を別途設けて論じることもある。

　そして，序論の最後には，論文がどういう順序で展開されていくのかを簡単
に説明する。そうした説明は読み手が論文を読み進めていく手がかりになるた
め，読み手の関心を引きつける目的のためにも要点を示すことが大切である。

　このように序論には調査の意義，調査の目的，論文の構成の3つの要素を書
く必要がある。**実践例 6-2** は「食事に制限のある人たちにとっての食に対する
嗜好と安全安心」というタイトルの論文で想定される序論の構成例である。

　序論は読者が論文のなかで最初に目を通す章である。しかし，執筆者にとっ
ては，序論は最後に書きあげるともいわれている。分析と結論の章を書きあげ
た後，全体を読み直すなかで論文全体を通じて明らかにする問いと答え，そし
て読者にとって関心を引きつけるポイントをつかむ。その論文全体のエッセン
スを序論に書くことが必要になるのだ。序論はあくまで導入の章であるため，
長すぎてもいけないが，短すぎてもいけない。序論になにを含めるかにもよる
のだが，論文の意義，論文の目的，論文の構成の3つの部分に絞って述べるの
であれば，A4用紙1枚から1枚半程度が目安になるだろう。

■実践例 6-2　序論

近年，エシカルフードという言葉が注目を集めている。エシカルフードとは倫理的に配慮された食品のことを指す（山本 2022）。この言葉は持続可能な開発目標，いわゆるSDGsを関連づけられるかたちで広がっ	←タイムリーな話題から始めて，社会的に注目されている現象であることを主張する。

ている。例えば，農薬を用いた農業は持続可能でない
として，農薬を使用せずに野菜を生産しようという動
きがある。他方，健康上の懸念から，農薬を使わない　　←統計的なデータを示す。
食品を求める人たちも増えている。2017年の有機食品
の市場規模は1,850億円と推計されている（農林水産
省 2022）。(中略)

　そこで，本研究では，複雑な食品生産・流通システ　　←明確なリサーチクエス
ム（フードシステム）を背景に，健康上の懸念から食　　　チョンを提示する。
事を制限している人にとって，食の嗜好と安全安心の
とらえ方とはどのようなものであり，日々の実践のな　　←調査方法を提示する。
かでそれをどう実現しているのかを，インタビュー調
査とそこで得られた語りを分析することで明らかにす
る。

　本研究ではフードシステムや食の安全安心，人と人　　←論文の順序や論文がど
とのネットワークについての先行研究にもとづいて分　　　のように展開していく
析課題を提示し，食事に制限のある人たちへのインタ　　　のかを述べる。
ビューから，上記の問いについての分析をおこなう。

（2）先行研究レビューを書く

　先行研究レビューでは，既存の研究を紹介し，あなたがどのような研究をお
こなうのかを明示する。この章で重要なのは次の3点である。

　1つ目は，研究テーマにおける中心的な概念を明確に定義することである。
第2章でも説明したように，あなたが研究のなかで用いる概念について誤解を
生じさせないようにする必要がある。井下千以子は，①いくつかの意味や解釈
をもつもの，②専門性が高く，説明を要するもの，③社会的に定着していない
もの，④研究のなかで略語として用いるものについても定義を示しておく必要
があるとしている（井下 2013）。

　食の安全安心の場合，安全・安心については災害や犯罪などのように日常生
活において損害可能性が想定される現象に対してよく使われる。食の安全安心
については食中毒の問題や遺伝子組換え食品の問題，栄養の偏りによる生活習
慣病の問題などさまざまな場面で目にする。日常的によく使われる表現なので，
何気なく使ってしまいがちであるが，食の安全安心を調査テーマにするのであ

れば，安全という概念や安心という概念がどのような意味をもつのかを検討し，それぞれに定義をしなければならない。

　2つ目は，研究テーマにおける先行研究をできるかぎり調べあげ，そこでどのような分析がおこなわれてきたのか，どのような問題が課題として残されているのかについて示す。先行研究をできるかぎり調べあげることは論文のオリジナリティを示すためにとても重要である。そのためには先行研究を引用することが必要になる。ここでは先行研究を引用することの意味について考えてみよう。

　3つ目は，どのような分析をおこなうのかという分析のための枠組みの理論的根拠を探ることである。ほかの研究者たちがどのような理論的根拠に立って議論しているのかを確認しつつ，あなた自身の分析のための枠組みを立てていくことが必要になる。先行研究レビューの構成について考えてみよう。

①先行研究の引用

　第2章でも述べたように，調査テーマに関連する先行研究を調べる必要がある。論文や専門書といった多くの文献に目を通すことになるが，読んだものすべてを論文のなかに引用することはできない。私たちはその調査テーマに関する文献の系譜をまとめるわけではないからだ。リサーチクエスチョンを構築するために先行研究を引用するのである。佐渡島沙織らは引用する文献の選択基準として新しさ，信頼度，権威，目的・視点の4つをあげている（佐渡島ほか2020）。それぞれについてみていこう。

　まず，新しさについてである。文献を引用する際には必ずそれがいつ刊行されたのかを確認する。調査テーマによって判断は分かれるが10年以内のものであれば十分新しいといえる。場合によっては，20年以内のものも新しいうちに入るかもしれない。しかし，30年前，40年前となると社会状況が大きく変化していることから，文献を引用してよいかどうか十分に検討する必要がある。地域社会の関係性，科学技術の発展，家族のあり方や個々人のライフコースなど，数十年前と現在では異なっていることが多い。しかし，社会学であればニクラ

ス・ルーマンやピエール・ブルデューによる著作のように30〜40年前に発表された理論や概念がいまも多くの研究者によって応用されているものもある。もしあなたが古い文献を引用するのであれば，その後の研究者によってどのように引用されてきたのか，どのような影響を与えているのかを検討する必要がある。

　次に，信頼度である。第2章で述べたように，先行研究を調べていくと，複数の論文や専門書で，同一の文献が引用されていることがある。複数の文献で引用される文献はその調査テーマにおいて重要とされている文献だ。そうした文献の信頼度は高い。また，入門書や概説書で紹介されているような文献も信頼度が高いものが多い。それは多くの研究者たちのあいだで共通の知識となっているような文献だからである。どの文献の信頼度が高いのかを判断するには調査テーマに関連する先行研究を調べ尽くさなければならない。信頼度の高い文献を引用することで，あなたのリサーチクエスチョンをより深めることができるとともに，調査の意義を高めることができる。

　そして，権威である。これはその文献をだれが書いたのか，ということだ。学術的な研究者が書いているのか，どのような学問的な業績を積んできた人なのかという判断が必要になる。インターネットで文献を検索すると，たくさんのサイトがヒットする。なかには論文の体裁で書かれたPDFファイルもいくつか見つかるかもしれない。それを見つけてあなたはよい文献だと思うかもしれないが，だれがその文献を書いたのかを確認することが必要だ。研究者か，大学院生か，学部生か。学術的な論文なのか，学会報告なのか，授業のためにまとめたものなのか，それぞれ判断して引用してよいかどうかを検討しなければならない。書き手の立場やPDFファイルの出所を確認し，学術論文であること，研究者によるものかどうかを確認できなければ引用してはならない。PDFファイルの体裁が整っていると権威のある論文のようにみえるかもしれないが，学部生が書いた期末レポートの場合もある。そうした文献を引用してしまうと，それだけで論文の価値は著しく失われてしまう。だれが書いた論文なのか，注意深くチェックしなければならない。

最後に，目的・視点について説明する。これはその文献がどのような目的で書かれているのかということである。学術目的で書かれたものなのか，教育目的で書かれたものなのか，広報目的で書かれたのか，宣伝目的で書かれたものなのかを確認しよう。

　まず，学術的な論文雑誌に書かれた論文は明らかに学術目的で書かれたものだと判断できるから，先行研究として引用することに問題はない。ただし，学術目的の論文だからといって，すべての文献があなたの論文に適しているわけではない。第2章でも述べたが，例えば，社会学の調査研究に経済学や工学など異なる分野の文献を引用することには留意が必要だ。学問分野ごとに研究方法や分析視角は異なるので，学問分野の異なる論文を引用することにどのような意義があるのか，その文献がリサーチクエスチョンとどのようにかかわるのか，明確に説明が求められる。J-STAGEやGoogle Scholar, CiNii Researchなどの論文のデータベースなどでキーワード検索をするとさまざまな学問分野の論文がヒットするが「大学の先生が書いているからなんでもOK」ということにはならないのである。

　では，大学の授業で教科書として用いられている入門書はどうか。その入門書に独自の新しい視点が含まれているのであれば先行研究になりうるかもしれないが，入門書はあくまで研究論文や専門書をわかりやすく説明するものである。その入門書を手がかりに論文や専門書を探しだし，それを先行研究で引用することが必要だ。入門書のなかで研究論文や専門書をわかりやすく説明している部分をそのまま引用するのは避けなければならない。それは安易な孫引きとされ，論文自体が誠実さを欠いたものとなる。

　それでは，NPOのような団体が出している小冊子やパンフレットはどうだろうか。これらの資料は，先行研究にはならない。なかには××大学教授監修などの権威づけがおこなわれていることもあるが，それらは団体の活動を広く社会に伝えるためのものである。企業がホームページやメディア等で伝えているものはどうだろうか。これらは営利目的のためにおこなわれている宣伝活動であるため先行研究とは呼べない。なかには科学的なエビデンスを示している

ものもあるが，そのエビデンスの妥当性は当該の学問領域のなかで厳しくチェックされるべきものであり，私たちが「研究の論拠として使おうと思っている情報は，常に批判的な観点から検討することが大切」（佐渡島ほか 2020: 17）なのである。

　ここまで説明してきたように，論文のなかにどのような先行研究の文献を引用するかはあなたが厳しく吟味しなければならないのである。

②先行研究の引用の示し方

　次に，先行研究の引用の示し方について説明する。引用の示し方にはルールがあり，このルールが適切に守られていないと，先行研究で述べられていることをあたかも自分の意見として書いてしまったり，先行研究と自分の意見の境界がわからなくなってしまったりしてしまうという問題が起こる。場合によっては剽窃の疑いをかけられてしまうことさえある。読み手に対してより誠実に議論を展開するために，そして剽窃の疑いから自分を守るために，引用のルールを守ろう。

　引用には大きく分けて直接引用と間接引用（参照とも呼ばれる）の2つの種類がある。直接引用とは，先行研究にある記述を一言一句そのまま紹介することである。直接引用には，引用部分が数十字以内にとどまる場合（短い直接引用）と引用部分が数十字を超える場合および複数の文章にわたる場合（長い直接引用）で表し方が異なる。

　短い直接引用の場合は，引用部分を必ず「」（かぎカッコ）でくくり，そして「」の直後には文献注をつける。**実践例 6-3** に示したように，文献注とはその記述がだれのどの本のどのページに書かれたものなのかを明記するための注であり，引用した先行研究は必ず参考文献リストに記載しなければならない。

　　ギデンズによれば，専門家システムとは「われわれ　←引用部分をカギかっこ
が今日暮らしている物質的，社会的環境の広大な領域　　でとじる
を体系づける，科学技術上の成果や職業上の専門家知
識の体系のこと」（Giddens 1990=1993: 42）である。　←引用部分の直後に文献
私たちの日常生活にはさまざまな専門家の知識が絶え　　注を入れる
ず介入している。

　長い直接引用の場合は，引用部分を強調するために，前後を改行で「1行空
け」，インデントで「2字下げ」という処理をすることが必要である。**実践例
6-4** のように引用部分が左から2字分移動させることが必要になる。これは全
角スペースなどを使って移動させるのではなく，Wordなどワープロソフトの
インデントの機能を用いることが望ましい。なお，長い引用の場合は短い引用
のように「」でくくらないという決まりがあることにも注意が必要だ。

ギデンズは専門家システムを次のように説明している。

　　　　　　　　　　　　　　　　　　　　　　　　←1行空ける。
　　専門家システムとは，われわれが今日暮らして　←引用箇所は左から2字
いる物質的，社会的環境の広大な領域を体系づけ　　分移動させるインデン
る，科学技術上の成果や職業上の専門家知識の体　　トの設定をおこなう。
系のことをいう。一般人の多くは，定期的にか，
あるいは不定期な時にしか「専門家」――弁護士
や建築家，医師など――に相談しない。しかし，
専門家の知識をひとつに統合しているシステムは，
われわれが日常《絶えず》おこなうことがらの多
くの側面に影響を及ぼしている。（Giddens　←文献注を入れる。
1990=1993: 42）

　　　　　　　　　　　　　　　　　　　　　　　　←1行空ける。
　こうした専門家システムは食の分野にもあてはまる。←冒頭1字分下げてから
有機農業については，～（以下略）　　　　　　　　　文章を始める。

　それに対して間接引用とは，先行研究にある記述を自分の言葉でまとめるも

のである。**実践例6-5**でも示したように，この引用部分はかぎカッコでくくられていないため，どの部分が先行研究の議論で，どの部分があなたの議論であるのかを，文章の書き方によって明確にする必要がある。「〜と述べている」「〜という」「〜とする」「〜としている」などが基本である。間接引用として示す部分があまりに長くなると，どうしてもその範囲を示すのが難しくなってしまう。間接引用する内容は必要最小限に短くまとめよう。先行研究の示し方には目的によっていくつかのパターンがある。**表6-2**を参考にしてみよう。

■**実践例6-5**　間接引用

> 　ギデンズは，専門家システムを私たちが暮らしている物質的，社会的領域を体系づけるような科学技術上の成果や職業上の専門家知識の体系とする（Giddens 1990=1993）。私たちの日常生活にはさまざまな専門家の知識が絶えず介入している。
>
> ←引用部分の文頭か文末に文献注を入れる（スタイルガイド参照）。

③先行研究を引用する際には文献注をつける

　先行研究を引用する際には，どの文献から引用したのかを示す注を示す。これを文献注と呼ぶ。文献注をつける位置は決まっている。「②先行研究の引用の示し方」でも説明したが，直接引用した場合はカギカッコの直後に文献注をつける。間接引用の場合は**表6-3**にあるように文頭もしくは文末につける。文頭につけるか文末につけるかは，1つの論文のなかでは一貫した方法を取る必要がある。

　次に，文献注のつけ方を説明する。**図6-3**に示したように文献注には（　）内に，著者名と出版年を入力する。数字はすべて半角数字で書くのが一般的だ。

　また，**図6-4**にあるとおり，文献注にはいくつものバリエーションがある。例えば，直接引用を行った場合には，先行研究のページ番号を示す必要があるのに対して，間接引用の場合はその限りではない。翻訳書から引用を行った場合には，原典すなわち翻訳の対象となった元の文献の刊行年と翻訳書が出版された年を併記しなければならない。一度にすべてのルールを覚えることは難し

表 6 - 2　先行研究の示し方の例

①研究分野で共有されている知識	1. 　　　　　（トピック）については，　　　　　（共有知識）といわれている。
	2. 　　　　　（トピック）については，　　　　　（共有知識）が知られている。
	3. これまでの研究によれば，　　　　　（共有知識）である。
②先行研究の存在	1. 　　　　　（トピック）については，［多くの／一連の／いくつかの］研究が［おこなわれている／おこなわれてきた］。
	2. 　　　　　（トピック）には［多くの／一連の］研究の蓄積がある。
	3. 近年，　　　　　（トピック）についての研究が急速に発展している。
	4. 　　　　　（トピック）についての研究としては，　　　　　（論文1）や　　　　　（論文2）などが［ある／あげられる］。
③先行研究の全体的な特徴	1. 　　　　　（トピック）についての従来の研究は，　　　　　（特徴や傾向）している。
	2. これまでの研究では，　　　　　（特徴や傾向）に焦点があてられてきた。
	3. 　　　　　（トピック）については，　　　　　（特徴や傾向）の［側面／点］から研究されてきた。
④先行研究の内容や知見を自分のリサーチクエスチョンに関連づける	1. 　　　　　（先行研究）は　　　　　（知見）と［している／述べている／指摘している］。
	2. 　　　　　（先行研究）は　　　　　（知見）を［あげている／明らかにしている］。
	3. 　　　　　（先行研究）に［よれば／よると］，　　　　　（知見）［という／である］。
	4. 　　　　　（先行研究）では，知見［という／との説明／との報告］がなされている。
	5. 　　　　　（先行研究）は研究課題について［調べ／調査し／実験をおこない］，　　　　　（知見）ことを明らかにしている。
⑤先行研究についての解釈	1. 　　　　　（引用部分）は　　　　　（解釈）を［示す／示唆する／意味する］。
	2. ［以上の／これらの］先行研究から，　　　　　（解釈）ということがわかる。
	3. ［以上の／これらの］先行研究が示しているのは，　　　　　（解釈）である。
⑥先行研究の不十分さ	1. 　　　　　（研究対象）については，まだ十分には［検討されて／知られて／わかって］いない。
	2. 　　　　　（研究対象）についての研究は，まだ萌芽期の段階にとどまっている。
	3. 　　　　　（研究対象）についての研究は（ほとんど）［なされていない／おこなわれていない／見られない］。
	4. 　　　　　（研究対象）については，これまで［研究／考察］されてこなかった。

出所：二通（2009: 60-8）をもとに筆者作成。

表 6 - 3　文献注をつける位置

| 文末につける | 中野佑一によれば，……である（中野 2023）。 |
| 文頭につける | 中野佑一（2023）によれば，……である。 |

出所：日本社会学会「社会学評論スタイルガイド」をもとに筆者作成。

図6-3　文献注の書き方

出所：日本社会学会「社会学評論スタイルガイド」をもとに筆者作成。

図6-4　文献注のバリエーション

出所：日本社会学会「社会学評論スタイルガイド」をもとに筆者作成。

いので，論文の提出先のルールにしたがうか，もしそうしたルールがなければ，本章第3節に示したスタイルガイドのなかから適切なものを一つ選んでそこに示されたルールにしたがって表記するようにしよう。

④先行研究にある図や表の引用

　本文中で図や表を示すときは，見出しが必要である。見出しには，表は表で，図は図でそれぞれ通し番号を打つ。出典がある場合は，図や表の下に注をつける。図表の引用の仕方によって，出典を**表6-4**のように表記する。出典がな

表 6 - 4　図表の出典の表記法

文献の図表をそのまま引用	中野（2023: 123）
文献の図表の一部を引用	中野（2023: 123）より抜粋
文献の本文内容を図表にまとめたもの	中野（2023: 123）より作成

出所：日本社会学会「社会学評論スタイルガイド」をもとに筆者作成。

い場合は著者作成とする。

⑤先行研究レビューの構成

　先行研究レビューの章によくある間違いとして，先行研究の内容が乏しいこと，先行研究の要約だけを示していること，引用されている先行研究の内容がばらばらでまとまりを欠いていることなどがある。これらがなぜ問題なのかについて考えよう。

　まず，1つ目の先行研究の内容が乏しいとはどのような状態なのか。これはリサーチクエスチョンの根拠として引用する文献が1つしかなかったり，引用する文献が複数あったとしても下調べが甘かったりするような状態のことを指す。論文や専門書のように学術的な文献であれば，参考文献リストに多くの文献がリストアップされている。つまり，先行研究には先行研究があるのだ。あなたが立てたリサーチクエスチョンに近い文献が見つかったら，その文献だけに注目するのではなく，その文献が先行研究としているものにまで目を向ける必要があるのである。

　次に，2つ目の先行研究の要約だけを示していることが，なぜ問題なのかについて説明しよう。要約を作成することは先行研究を理解するうえで必要なプロセスであるが，あなたが先行研究を理解してまとめたことと，あなたが先行研究にもとづいてリサーチクエスチョンを構築することはまったく別である。あなたは先行研究を参考にしたり，批判したりすることでリサーチクエスチョンを構築していく必要がある。そのためには先行研究に対して調査テーマに関連づけた何らかの解釈が必要となる。単に先行研究の内容を要約するだけでは，その解釈を怠ってしまうことになるのだ。**実践例 6-6** では先行研究を引用した

後にそうした解釈をおこなっているので参考にしてほしい。

■実践例 6-6　先行研究の引用

> 　ギデンズは，専門家システムを私たちが暮らしてい
> る物質的，社会的領域を体系づけるような科学技術上　　←先行研究の間接引用
> の成果や職業上の専門家知識の体系とする（Giddens
> 1990=1993）。私たちの日常生活にはさまざまな専門家
> の知識が絶えず介入している。食事に制限のある人た
> ちは，日常生活のなかで食事を選択する際に，こうし　　←先行研究に対する解釈
> た専門家の知識の影響を絶えず受け続けている。

　それでは，3つ目の引用されている先行研究の内容がばらばらでまとまりを
欠いていることについて考えていこう。1つ目の問題で言及したように，あな
たの調査テーマに関連する先行研究はできるだけ多く探さなければならない。
調査テーマに関連する，というのは単に調査テーマに含まれるキーワードを検
索して出てきた文献にとどまらない。例えば，「食事に制限のある人々にとっ
ての食に対する嗜好と安全安心――複雑化するフードシステムと抗リスク消
費」というタイトルの論文であれば，食やフードシステムに関する研究，人々
の安全と安心に対する認識について論じた研究，消費社会論，リスク社会論な
どいくつものトピックに関連する先行研究が必要となる。

　このようにいくつものトピックをあなた自身のリサーチクエスチョンにまと
めるためには先行研究レビューを適切に構成することが必要だ。そのために先
行研究レビューのアウトラインを作成するとよい。

　アウトラインとは論文の設計図のようなものである。質的調査論文の章のう
ち，先行研究と分析はいくつかの節によって構成される。これについては後述
する。こうした章や節の構成を考えるのがアウトラインである。アウトライン
は先行研究を読みながら，分析をしながら，いつでもつくることができるし，
いつでも変更できる。先行研究を読むときはその文献がアウトラインのどこに
引用されるのか意識しながら読むとよいだろう。ここでは，**実践例 6-7** にもと
づいて説明しよう。先行研究レビューを「2.1　複雑化するフードシステムと

自然食品店の広がり」,「2.2　食の安全安心と抗リスク消費」,「2.3　食をめぐるネットワーク形成」という 3 つの節にわけて論じようとしている。この 3 つの節の順番には意味がある。

■実践例 6-7　アウトライン

> 2　先行研究レビュー
>
> 2.1　複雑化するフードシステムと自然食品店の広がり
>
> 2.2　食の安全安心と抗リスク消費
>
> 2.3　食をめぐるネットワーク形成

　まず,「2.1　複雑化するフードシステムと自然食品店の広がり」では食の流通がグローバルに広がっていることと, そのなかで商品を自然食品に限定して販売をしている自然食品店の数が増えていることについて論じる。本節は本研究の対象となる食事に制限のある人たちに注目するための前提になる部分である。

　次に,「2.2　食の安全安心と抗リスク消費」は人々の安全安心に対する認識や将来の損害可能性に備える抗リスク消費について論じる。本節は食に制限のある人たちが食に対してどのように安全安心をとらえているのか, そしてどのような消費行動を取っているのかを分析するための枠組みを構築するための部分である。

　そして,「2.3　食をめぐるネットワーク形成」はそうした消費行動によってつくりだされるネットワークについて論じる。抗リスク消費の行動によってネットワークがつくりだされるので, この部分は2.2で出てくる抗リスク消費の概念の説明よりも後に論じなければならない。

　このように複数の節を並べることで論文全体をストーリーのように組み立てていく必要があるのだ。どのように先行研究レビューを構成するかは第 3 章 1 の「(5) 先行研究とリサーチクエスチョンのつながり」を参照するとよい。な

お，先行研究レビューの構成を考えていくなかで，どうしてもストーリーに合わない先行研究が出てくる可能性がある。その場合，**BOX 6-1** に示したように先行研究を捨てなければならない。これは論文の構成上やむを得ないことなのだ。

BOX 6-1　先行研究を捨てる勇気

　調査を進めていくうえで，よく経験するのが無駄との付き合い方である。無駄とは時間の無駄，労力の無駄，金銭的な無駄，いろいろある。無駄はないほうがよいのだが，なにが無駄なのかは，研究を終えるまでわからない。先行研究はレンガを積みあげていくように，基礎的なものから応用的なものまで読み進めていくことになる。結果，積みあがったレンガが整理されていて強度が高ければなにも無駄にはならない。しかし，そんなことはほとんどない。どこかに無駄が生まれ，レンガはいびつなかたちで積みあがる。論文のストーリーを考えると，無駄な部分はそぎ落とさなければならない。苦労して買った本，苦労して読んだ本，苦労して書いた文章であっても，論文のストーリーに合わなければ，削除せざるを得ないのだ（田中 2022）。つまり，先行研究を捨てる決断をしなければならない場面が出てくるのである。

　本章の冒頭にも説明したように，論文は書き手の苦労の軌跡を伝えるものではない。問いと答え，そして答えに対する根拠が論理的に展開されているものである。この問い，答え，論拠にうまく合わない先行研究は捨てなければならない（念のため書いておくが，本や論文を物理的に捨てるというわけではない）。これはインタビューデータにもあてはまる。インタビューは調査対象者への調査依頼，インタビューの実施，トランスクリプトの作成など多くの苦労が伴う。苦労したからといって，すべてのデータを論文に入れられるわけではない。ほとんどの語りは引用されることはない。また，分析をおこなった部分も論文のストーリーに合わなければ削除せざるを得ないのだ。

　結果的に無駄になってしまうものは山ほどある。コストパフォーマンス第一で無駄なく合理的に論文を書くということは不可能だ。これは無駄なことをしようと呼びかけているわけではない。結果的に無駄になってしまうようなことを恐れず，先行研究を捨てる勇気をもとう。[(2)]

（3）分析課題を書く

　分析課題では，先行研究をもとになにを調査し，なにを分析するかを明言する。リサーチクエスチョンと呼び表すこともある。先行研究を踏まえたうえで，

まだ明らかにされていない問いを提示する。分析課題はただ提示して終わるのではなく，それらの設定根拠や意味内容もきちんと説明するとよい。その説明において，先行研究の総括，つまり重要ポイントの整理をおこなうこともある。**実践例6-8**を参考にしてほしい。

■**実践例6-8　分析課題**

> 　ここまで，フードシステムの複雑化，食の安全安心とリスク，食を通じたネットワークについてみてきた。フードシステムが複雑化することによって食事に制限のある人たちにとっても選択肢が広がっている。ただし，そこでは食に関する知識にもとづいた安全と安心に関するリスクの判断が必要となる。また，そうした知識を得る場所である自然食品店やSNSが人と人とを結びつける結節点として機能すると考えられる。
>
> 　それでは食事に制限のある人たちはどのように自らの食を選択し，食についてどのように考えているのだろうか。本研究では以下の点に着目して分析をおこなう。
>
> 　　1. フードシステムが複雑化することによって，食をどのように選択しているのか。
> 　　2. 食に対する安全と安心をどのように判断しているのか。
> 　　3. 食を通じてどのようなネットワークを形成しているのか。
>
> 　本研究では以上の3つの観点から，食事に制限のある人たちに対するインタビューによって得られた語りと自然食品店に対する非参与観察を通じて作成したフィールドノーツにもとづいて分析をおこなう。

　分析課題は章として独立させるのではなく，序論や先行研究に組み込まれる場合がある。ただし，分析の章に入る前に，どこかに論文のリサーチクエスチョンは必ず提示する。読み手にわかるように提示することが必要となる。

（4）データの収集・分析方法を書く

　データの収集・分析方法とは，いつ，だれが，どこで，だれを対象に，どのようにデータを収集したのかを示すことである。したがって，ここでは次の項目，①調査期間（いつ調査したのか），②調査対象者（だれを対象に調査したのか），③調査方法（半構造化インタビュー，フィールドワーク，ドキュメント記事の収集な

ど），④調査内容（インタビューの場合は質問の内容，フィールドワークの場合は場所や方法，ドキュメント記事の収集の場合は，どのように記事を集めたか）について書く。**実践例 6-9** にはこの例を示した。なおデータ収集において生じた読者に示しておくべきことについてはこの章で書いておこう。

　データの収集・分析方法の情報が必要十分に示されていると，論文全体の信用が高まる。逆に，本節の情報が乏しいと論文全体の価値が著しく低下する。データの収集・分析方法を示すことの意義は，ほかの研究者による検証作業や追調査を可能にすることにある。これを方法の客観性と呼ぶ（原 2005）。

　社会調査の方法論を踏まえ調査を進めてきたならば，その調査のプロセスは批判に耐えうるものである。あなたが収集したデータは信頼に足りうるものといえる。データの収集・分析方法では読者に対して，「私たちは適切なプロセスで質的データを収集した」ということを伝えるために必要なものなのである。

■**実践例 6-9　データの収集・分析方法**

①本研究では，2021年 4 月から10月まで②食事に制限がある人15名に対して調査をおこなった。③調査場所は主に調査対象者の自宅で，それぞれ 1 時間から 1 時間半の半構造化インタビューをおこなった。④主な質問項目は○○○，△△△，□□□である。③また，2021年 3 月と 8 月に東京都内と埼玉県内の自然食品店を対象に13件の非参与観察をおこなった。	①調査期間 ②調査対象者 ③調査方法（この例の場合，半構造化インタビューと非参与観察を実施） ④調査内容

①調査期間

　ここではいつ調査したのかについて述べる。2021年 4 月から10月のように月単位で示すとよい。具体的な日付を示してもよいのだが，多数のインタビューをおこなっている場合は，表記が煩雑になってしまう可能性がある。いつ調査したのかを明示するのは，方法の客観性を踏まえることの他に，調査した時期が調査対象者の語りと関係してくることにもある。例えば，防災に関するテーマで調査したとする。2010年 5 月にインタビューした場合の語りの内容と，2011年 3 月の東日本大震災の後にインタビューした場合の語りの内容はまった

く異なるはずである。いつ調査したのかというのはデータを解釈するうえでも非常に重要な情報なのである。

②調査対象者

　ここではだれを対象に調査したのかについて述べる。分析内容にかかわる情報を読者に示す必要がある。ただし，個人が特定できるほど詳しい情報や人柄などを示す必要はない。調査対象者の立場や属性は，あくまで分析の内容にかかわる範囲にとどめる。

　調査対象者が複数いる場合には調査対象者リストを作成し，それぞれの立場や属性を示す。**実践例 6-10** は架空の団体を調査した際の調査対象者リストである。調査対象者記号（A，B，C……）は任意に振り分けることができる。アルファベットで振り分けてもよいし，R1，R2などアルファベットと数字を使って振り分けることもできる。

■**実践例 6-10　調査対象者リストの示し方**

表1：調査対象者リスト				
対象者	性別	年齢	団体参加歴	←表のタイトルを必ず示す。
A	男性	30代後半	2年	←表には必要十分な情報を載せる。
B	女性	40代前半	10年	
C	男性	50代前半	5年	
D	女性	20代後半	1年	表の出典を示す。自分で作成した場合は著者作成
E	女性	60代前半	15年	
		出典：著者作成。		←／筆者作成。

③調査方法

　調査方法とは半構造化インタビュー，非構造化インタビュー，フィールドワーク，ドキュメント収集など質的データをどのように集めたかについて説明するものである。どのような調査方法を用いたのかを明示することは，方法の客観性の観点からも不可欠だが，データの信頼性を主張するためにも必要である。

④調査内容

　調査内容とは，インタビュー調査であれば，どのような質問を主におこなったかを示すものである。すべての質問を記載することはできないので，いくつか重要なものを書くことにする。フィールドワークであれば，どの場所のなにに注目してフィールドノーツを作成したのかについて示すとよい。

（5）分析を書く

　分析では，データを引用しながら，分析課題，つまりリサーチクエスチョンについて答えることが必要になる。調査対象者の語りをどのように引用し，分析をおこなっていくかを注意深く検討しなければならない。

　まず，データを引用することの意味について考えていこう。ローレル・リチャードソンはデータを引用することの理由として，リサーチクエスチョンを明らかにすること，そして調査に対する信頼性を証明することをあげている。そのため，書き手はだれがなにをどのように，どのぐらいの頻度で語っているのか，こうした語りをどのように引用するのかという判断を常に迫られているという（Richardson 1990）。

　また，グレッグ美鈴はその理由を，読者と調査対象者の世界を即座につなぐこと，調査対象者の見方をより生き生きと伝えること，調査対象者の「声」を書き表すことで，調査対象者をエンパワーメントすること，研究者が記述した結果が実際のデータにあることを示し，結果が妥当であることを示すことにあるとする（グレッグ 2016）。

　リチャードソンやグレッグがいうように，調査対象者の語りであればなんでも引用すればよいのではなく，その内容を注意深く選択する必要がある。それは，語りの引用が多すぎると読者にとっては冗長に感じられるからである。グレッグは調査対象者の発言を引用する際のチェックリストを**表6-5**のようにまとめている。

　それでは，データをどのように引用するのかについて考えてみよう。まず，調査対象者の語りを一言一句そのまま引用する直接引用のかたちを取るか，調

表6-5　調査対象者の発言を引用する際のチェックリスト

目的	● 発言を引用する目的は明確か ● 各引用は，なにを表そうとしているか
明確さ・ 適切性	● カテゴリやテーマなど結果の説明として，発言の引用は適切か ● 発言の引用は，明確にするために編集が必要か ● 発言の引用は，追加説明を必要とするか ● 発言の引用は，本文中での議論に適切か ● 各発言の引用に，発言者がわかるようにしているか
バランス	● 記述と発言の引用のバランスは取れているか ● 発言の引用の長さは適切か ● 発言の引用の数は適切か
倫理	● 発言の引用は，匿名化されているか ● 発言の引用の情報から発言者が特定されないか

出所：グレッグ（2016: 210）をもとに筆者作成。

査対象者の語りを内容はそのままに自分の言葉に置きかえて表現する間接引用のかたちを取るか，いずれかの方法を選択する。

　直接引用のかたちをとるべきなのは，語りを通じてリサーチクエスチョンを明らかにするのに必要な場合や，分析の重要なポイントとなる語りを示す場合である。直接引用には3つのタイプがある[(3)]（Richardson 1990）。1つ目は短い直接引用である。短いフレーズを用いることで調査対象者の言葉を簡潔に具体的な分析の根拠として示すことができる（Creswell and Poth 2018）。2つ目は長い直接引用である。インデントを用いて示すことで，読み手の注意を引いたり，分析の要点を示したりすることができる（Richardson 1990）。3つ目はより長い直接引用である。これは調査対象者が直面した状況の詳細や調査対象者の複雑な考えを明らかにするためのものである。より長い直接引用は論文のなかで多用することは許されない。語りでしか調査対象者が置かれた現実を表現できない場合にのみ用いることができる。

　それに対して，間接引用のかたちをとるのは，調査対象者の状況説明やリサーチクエスチョンにとって傍証と位置づけられるものを示す場合である。直接引用したデータは話し言葉で構成されているので，必ずしも読みやすいとはいえない。ある程度はデータを間接引用するかたちにしておいたほうがよい。

また，データを直接引用する場合も，間接引用する場合も，データに対してなんらかの解釈を提示することが必要である。データを引用しただけでは分析をおこなったことにはならず，データの羅列にとどまってしまう。そうなると，データの解釈を読み手に委ねることになり，解釈を放棄したことになってしまう。引用しっぱなしにならないように注意しよう。

データを引用した際の文章構成は**実践例6-11**のように論点の提示→質的データの引用→質的データに対する解釈→結びの文という形式が基本となる。これは一例に過ぎない。あくまで文例として参考にしよう。

■実践例6-11　データの引用

それでは，食事に制限のある人たちはどのように食品を購入するのだろうか。Aさんは次のように語る。	**論点の提示**
「100％安全です」っていう表示はないので，とりあえず，まぁ自然食品を置いてあるホールフーズで買いものをするようにしています。あのお店なら，まず信用できるから。（A）	**質的データの引用**
Aさんはひとつひとつの食品を吟味しながら選択するのではなく，店に対する信頼から食品を選択している。100％安全であることが確認できない以上，そこには不知が存在している。Aさんは自然食品を置いてある店に対するシステム信頼によってその不知にもとづく不安とうまく付き合おうとしているのである。	**質的データに対する解釈** **結びの文**

（6）結論を書く

結論は，リサーチクエスチョンに対する答えを提示する章である。クレスウェルらは，結論に含まれる要素について，結果の要約，研究結果の意義，先行研究と比較した結果の解釈，研究の限界，今後の研究への課題などをあげている（Creswell and Creswell 2021=2022）。

まずは結果の要約を書く。論文を通してどのような調査をおこない，どのよ

うな分析結果が得られたのかという要点を示す。この部分を執筆していくなかでリサーチクエスチョンを反省的に検討する必要があるともいえる。なにを目的に調査分析をおこなってきたのか振り返ってみよう。

次に，研究結果の意義や先行研究との比較を書く。調査テーマに関する先行研究と比較して自分の調査研究がどのように位置づけられるか，どのように評価できるかを書く。これは自分の研究をこれまでの先行研究の蓄積のなかに位置づけるものであるとともに，ほかの研究とは異なるあなた自身の研究のオリジナリティを主張するものになる。

そして，研究の限界や今後の課題を書く。研究するための時間，予算，調査対象への接近可能性の限界や調査対象者の数，先行研究を十分に理解するだけの能力など研究にはさまざまな制約がある。また，調査を進めていくなかで新たな分析枠組みや研究の方向性がみえてくることがあるが，論文執筆に残された時間や金銭的なコストの制約から，新たな枠組みや方向性を諦めざるを得ない場合もある。そうした限界のうち，ここでは実現可能な課題を示し，この課題さえクリアできれば異なる結論が得られたと確信できるようなものを書く。これは後に続く研究者やあなた自身の指針となるものだ。

2　論文における文章の書き方

論文とは，自分の考えを普遍化したかたち，すなわちだれにでもわかるかたちで書いたものである（戸田山 2022）。私たちが日常的によく使うメールやSNSなども文字でコミュニケーションしているが，こうしたやりとりは主観的な文章で構成されている。しかし，論文ではだれにでもわかるかたち，すなわち客観的な文章を心がけなければならない。それは，あなたをよく知らない読み手に対して，あなたが分析によって明らかにした事実を伝えるためであり，論文とはそうした事実を読み手に伝えるためのコミュニケーションなのである。

（1）わかる文章を書く

　論文を執筆するにあたっては，だれにとってもわかる文章，すなわち「だれ
が読んでも同じ結論に達することができる」（滝浦　2022a: 19）文章を書く必要
がある。滝浦真人はわかる文章を書くためには，読み手の立場に立つ想像力が
必要だとし，次の4つの原則をあげている。

　1つ目は，文章の質にかかわる原則である。それは誤った内容や根拠のない
ことは書かないことだ。質的調査論文において重要なのは根拠の有無である。
私たちは常に先行研究やデータにもとづいて議論を進めているのかどうかを注
意する必要がある。先行研究やデータそのものを示すことも必要なのだが，そ
れにもとづいた解釈が妥当なのかどうかに注意を向ける必要があるのだ。

　2つ目は，文章の量にかかわる原則である。それは過不足ない情報が書かれ
ていることだ。第2章と第3章で述べたように，調査を実践するためには思い
つきの問題関心からリサーチクエスチョンへと練りあげていく必要がある。あ
なたのリサーチクエスチョンを既存の学術的研究，すなわち先行研究の流れに
位置づけて説明しなければならない。説明を尽くすためにはそれだけ多くの文
字数が必要になる。あなたが学部生であれば，1万字を超えるようなレポート
を書く経験はこれまでほとんどなかったかもしれないが，質的調査論文は少な
くともそれぐらいの分量が必要となる。他者にあなたの知見を説明するには文
章の量が多くなるのである。

　3つ目は，論旨に関係する内容だけが書かれていることである。例えば，先
行研究レビューはリサーチクエスチョンを構築するのに必要十分な内容である
ことが必要なのだが，例えば，調査テーマに関する理論の系譜や歴史を詳細に
論述することは適切ではない。また，リサーチクエスチョンの構築とはあまり
関係のない先行研究を紹介するのも望ましくない。論述内容の補足として提示
したいのであれば，注で説明することはできる。あくまで先行研究レビューは
リサーチクエスチョンを構築するためのものだという意識が求められるのだ。
分析においても同様である。調査対象者の語りがいくら面白くても，分析課題
に組み込めなかったものは書くことはできないのである。

4つ目は，文章の様態にかかわるものである。文章は誤解が生じないような明瞭な書き方である必要がある。あなたはだれが読んでもわかるような文章を目指す必要がある。こうした文章のことをここでは滝浦の表現を借りて客観的な文章と呼ぶ（滝浦 2022a）。滝浦によれば，主観的な文章とは書き手が感じたり思ったりしたことを書くことに主眼があるのに対して，客観的な文章とは，書かれる内容が書き手個人を超えるものとしてとらえられる。滝浦は「書き手がそう感じたから，思ったからではなく，もし書き手が違う人だったとしても同じような書き方と結論になったはずだ，というかまえで書かれるのが客観的文章である」（滝浦 2022a: 26）としている。

　論文にまとめる際には論文の基本的な決まりを守りつつ，常に読み手のことを考えながらわかる文章を書くことを心がけよう。

（2）論文の基本的な決まり

　論文の基本的な決まり[4]について説明する。以下に文章表現，表現の統一，記号の利用，書式の設定という4つの決まりについて箇条書きのかたちで示す。あなたの文章がこの決まりに沿っているかどうか確認しておこう。

①文章表現

- 敬体（です・ます調）ではなく，常体（だ・である）調で書く。
- 話し言葉（例：〜じゃない）ではなく，書き言葉（例：〜ではない）で書く。
- 体言止めは使わない。
- 論文中の一人称は本研究，本稿，著者などが一般的。私という表現はあまり使われない。

②表現の統一

- 全角数字と半角数字を統一する。半角数字にすることが一般的。
- 算用数字と漢数字の使い分けを確認する。算用数字に統一することが一般的だが，漢数字が入っている成句（例：一期一会）は算用数字にしてはな

らない。

- 漢字とひらがなの使い分けに注意する。接続詞はひらがなに統一（×其れ
  は　○それは）。
- 句読点は「, 」「。」の組み合わせと「, 」「。」の組み合わせ，「, 」「. 」の組
  み合わせがある。論文全体で統一する必要がある。
- 言葉のゆれに注意する。言葉のゆれとは同一の表現なのに漢字で表してい
  るものとひらがなで表しているものが混在していたり，送り仮名のつけ方
  に違いがあったりするものである。

③記号の利用

- ・（中黒）は言葉を並列させるときに使う。
- （）（丸かっこ）は言葉を補足するときに使う。
- 「」（カギかっこ）は引用や固有名詞を示すために使う。表現の強調に使わ
  れることもあるが，引用と紛らわしくなる場合は使わない。
- 『』（二重カギかっこ）は書名を示す場合に使う。また，「」内に通常「」で
  表される引用や固有名詞を示す場合にも使われる。（例：Aさんは「母から
  『やめなさい』と言われたんです」と述べた。）

④書式の設定

- フォントの大きさは「11」「10.5」「10」のいずれかにするのが一般的。
- 本文のフォントは明朝体に設定する。見出しやタイトルなどはゴシック体
  で設定しても問題はない。
- 段落の冒頭は1字分下げてから文章をはじめる。全角スペースを打つか，
  インデントで1字分「字下げ」をおこなう。
- 必ずページ番号を挿入する。

（2）文章の作成において心がけること

　続いて，文章の作成において心がけておくとよいものを箇条書きのかたちで

表6-6 複数の事柄をパラグラフに分けて並列にして示す

接続表現を用いる	まず，文章の書き方について説明する。〜 次に，文章のつなぎ方について説明する。〜 さらに，段落の分け方について説明する。〜 最後に，段落同士のつなぎ方について説明する。〜
数字を用いる	第1に，文章の書き方について説明する。〜 第2に，文章のつなぎ方について説明する。〜 第3に，段落の分け方について説明する。〜 第4に，段落同士のつなぎ方について説明する。〜

出所：筆者作成。

確認していく。

- 文章は複雑な構造（複文）ではなく，単純な構造（単文）にする。一文一義を心がける。
- 主語と述語の対応関係をはっきりさせる。
- 指示語（特に，この／その，これ／それ，こう／そう）を多用しない。指示語を多用してしまうと指示語が何を指示しているのかが分からなくなってしまう。指示語が何を指しているのかがわかるように使う。
- 複数の事柄をパラグラフに分けて並列的に列挙する場合は，接続表現を用いる場合と，数字を用いて表す場合がある。具体的な例は**表6-6**を参照。

（3）パラグラフライティング

　論文を構成する最小の単位は文章である。ひとつひとつの文章が接続することでパラグラフが形成される。このひとつひとつのパラグラフがつながることで各節が形成され，論文となっていく（滝浦 2022b）。

　ひとつのパラグラフにはひとつの内容について論じるのが大原則である。これをパラグラフライティングと呼ぶ。パラグラフは中心文（トピック・センテンス），支持文（サポート・センテンス），結論文（コンクルーディング・センテンス）

の３つの要素からなる。

　まず，中心文とは，パラグラフになにが書かれているかを書く文，そして一番重要なことを伝える文である。それに対して，支持文とは，中心文で提示された内容を詳しく説明する文である。支持文には，中心文に対する理由づけ，理由の正当性を証明する根拠（例示，データ），中心文の詳述などの役割が含まれる。最後に，結論文とは，パラグラフの最後に小さな結論を導きだす文である。中心文のいいかえをしたり，次のパラグラフにつないだりするための文である。結論文は必ずしも示されるわけではない。

　それでは**実践例6-12**をもとに説明していこう。これは３つのパラグラフからなる文章である。パラグラフ１の①は「食品選択において信頼が必要となる」という論点を提示している中心文である。②は支持文として次のパラグラフ２と３でギデンズとルーマンについて説明すること述べている。

　パラグラフ２の①はギデンズの信頼概念の定義であり，中心文である。②は信頼の定義を補足する支持文となっている。そして，③はギデンズの信頼の定義を受けて，筆者のまとめと位置づけられる結論文になっている。

　パラグラフ３の①はルーマンの信頼概念の定義であり，中心文である。そして，②，③，④，⑤が支持文となっている。これらの支持文はルーマンの信頼論が含意する人格的信頼とシステム信頼について詳しく説明するものである。そして，⑥はルーマンの信頼論を筆者の問題関心に引きつけて解釈する結論文となっている。

　この３つのパラグラフは，パラグラフ１で論点提示を行い，パラグラフ２と３では先行研究を引用して，信頼という概念の社会学的な説明を試みている。このように，パラグラフがどこで分けられるか，パラグラフを構成する文章はそれぞれどのような役割を果たしているのかを考えてみるとよいだろう。中心文に対する説明が足りなければ支持文を追加してみたり，中心文の役割があいまいであれば，前後のパラグラフを確認し，パラグラフを分ける場所を変えてみたり，文章を修正したりすることが可能になる。

①食事に制限のある人々が，スーパーマーケットに並んでいる多種多様な食品を前に，何を買い，何を買わないのかという選択を行うのに必要なのはその食品に対する信頼である。②ここでは，アンソニー・ギデンズとニクラス・ルーマンによる信頼概念について説明する。	パラグラフ1 ①中心文 ---------- ②支持文
①まず，ギデンズは信頼を「所与の一連の結果や出来事に関して人やシステムを頼りにすることができるという確信」（Giddens 1990=1993: 50）と定義づける。②この確信とは相手の誠実さや好意，専門的技術的知識の正しさに対する信仰を指すという。③つまり，ギデンズにとって信頼とは人やシステムに向けられるものなのである。	パラグラフ2 ①中心文 ---------- ②支持文 ---------- ③結論文
①一方，ルーマンは信頼を「多かれ少なかれ相変わらず未規定な複雑性をもった将来を縮減する」（Luhmann 1973=1990: 25）ために必要なものだとする。②ルーマンは社会が複雑化していくなかで，人格的信頼だけでなく，システム信頼が登場してくるとする。③システム信頼とは「政治や科学や法や経済等の各種の機能システムが作動することそれ自体への信頼」（小松 2016: 5）である。④人格的な信頼と比べて，システムをコントロールすることは難しい。⑤そのため，システム信頼には，専門家によってチェックやコントロールがされているはずだというのである。⑥したがって，複雑化するフードシステムのなかでどれが安全な食品なのかを消費者が選択する際にはシステム信頼が必要となるのである。	パラグラフ3 ①中心文 ---------- ② ③ 支持文 ④ ⑤ ---------- ⑥結論文

3　スタイルガイド

　論文は，読み手がわかるかたちで書かなければならない。そのため，前節までに述べた構成を踏まえたうえで，体裁を整える必要がある。どんなに面白い研究でも理解可能なかたちで書かれていなければ，読み手を納得させることは

できない。研究の成果を無駄にしないために，形式に沿った書き方を心がけよう。

　論文の形式をここではスタイルガイドと呼ぶ。スタイルガイドでは，論文の構成を整えること，文章の表記・表現を整えること，文献の引用の仕方，インタビューデータの引用の仕方，参考文献リストを整えることなど論文の体裁上の問題を示している。大切なことは，読者にとって読みやすく，情報が必要十分に示されている論文を作成することである。

　先行研究の引用や参考文献リストの作成にあたってはいくつものスタイルガイドがある。英語の論文で用いられるものとしてはAPA書式[5]（アメリカ心理学会），MLA書式[6]（米国現代語学文学協会），シカゴ方式[7]（シカゴ大学出版会），日本では主に理系の学問領域で用いられている科学技術振興機構による「科学技術情報流通技術基準」[8]などがある。本書では日本社会学会が作成した「社会学評論スタイルガイド」をもとにして説明する。

（1）論文の構成

　論文はタイトル，執筆者名，本文，注，参考文献という要素を含むことが基本である。また，それぞれの形式について説明していこう。

①タイトル

　タイトルは，論文の内容をもっとも簡潔に示したものを指す。本章第1節（1）でも説明したが，読者の関心を引きつけるための工夫も必要である。正式なタイトルは論文を書き終えた後，最後に決めるとよい。

②執筆者名

　執筆者名は個人の場合はあなたの名前，グループで調査をして論文を執筆した場合は，参加者の名前を連名で示すことになる。論文を分担して執筆した場合はその箇所ごとに執筆者名を記載しておいたほうがよい。執筆者名を示すのは著者としての責任を明確にするためである。論文は不特定多数に読まれるも

のであり，読み手に対して，しっかり自分の責任を示しておこう。

③本　文

　本文は論文の中心部分である。第１節で示したように，６つの章（「1　序論」，「2　先行研究レビュー」，「3　分析課題」，「4　データの収集・分析方法」，「5　分析」，「6　結論」）に分けて説明してきた。このうち，「2　先行研究レビュー」「5　分析」については，節（第２階層）と項（第３階層）に分ける必要がある。たとえば，「2　先行研究レビュー」では調査テーマに関連する先行研究を可能な限り調べあげて，リサーチクエスチョンを構築していく。これをどのようにまとめるかについては第３章にも示したが，いくつかのパートに分けて説明する必要がある。このように章をいくつかのパートに分けることを節に分ける，と呼ぶ。節に分けた場合は**実践例 6-13** のように節番号と見出しを書くことが必要になる。

　また，節の論述内容が長くなってしまったり，内容が複雑でなんらかの整理が必要になったりした場合，節をいくつかのパートに分けることもできる。このパートのことを項と呼ぶ。

■実践例 6-13　章と節と項

2　先行研究レビュー　　　　　　　　　　　　　　　　　←**章の見出し** 　　本節では，まず複雑化するフードシステムと〜	
2.1　複雑化するフードシステムと自然食品店の広がり　←**節の見出し** 　　ここではフードシステムの〜	
2.1.1　グローバリゼーションとフードシステム　　　　←**項の見出し** 　　複雑化の背景にはグローバリゼーションの進展が〜	
2.1.2　自然食品店の登場　　　　　　　　　　　　　　←**項の見出し** 　　1970年代における生活公害の深刻化から〜	
2.1.3　自然食品店の広がり　　　　　　　　　　　　　←**項の見出し** 　　人々のライフスタイルが変容しつつあるなかで〜	

　ただし，項に分けるには次の２点に注意する必要がある。ひとつは節の論述内容が項に分けるほど長いかどうかである。節が十分に長くなければ，短い論述内容の項が連続することになる。項に分けるとパラグラフ同士の関係がわかりにくくなってしまうので，短い項が連続するということは読み手に内容がうまく伝わらなくなってしまうのだ。

　もうひとつは項に分けることによって，節を構成するパラグラフ同士の関係をあいまいなままにしてしまうことである。例えば，**表6-7**を参照してほしい。

　一見，「適切でない例」のほうがわかりやすいようにみえるかもしれない。しかし，「適切でない例」にはギデンズの信頼論とルーマンの信頼論のつながりが示されていないのに対して，「適切な例」には一方という接続表現が入ることによって，ここで話題が転換し，ルーマンの信頼論について論じる，というつながりが示されている。また，したがってという接続表現から始まる一文は２つのパラグラフの結論を示すものになっている。「適切でない例」のように項に分けてしまうと２つのパラグラフの関係がわからなくなってしまうのだ。

　加えて，「適切でない例」は，ギデンズの信頼論，ルーマンの信頼論と論者ごとに見出しをつけていてわかりやすいようにみえる。しかし，先行研究レビューにおいてはだれによる議論なのかよりも，どのような議論なのかが重要なのであって，論者ごとに項を分ける必要があるとは限らないのだ。

　項に分けて見出しをつけると，何となく論理展開がうまくいったようにみえる。ただ，実際は連続する項の関係性を示さずに書き進めてしまうことにもつながる。読み手にとっては前後の関係性がわからなくなってしまうのである。項に分けることによって読み手に対してわかりやすくしているはずが，読み手を戸惑わせてしまう可能性があることに注意しよう。

④注

　注は本文で書ききれなかったことや補足の事項，先行研究ではない資料にもとづく情報の出典を示すのに用いられるもので，脚注とも呼ばれる。本文に書

表 6-7　項に分けることでパラグラフのつながりがわかりにくくなる

適切でない例

2.2.2　ギデンズの信頼論
　ギデンズは信頼を「所与の一連の結果や出来事に関して人やシステムを頼りにすることができるという確信」（Giddens 1990=1993: 50）と定義づける。この確信とは相手の誠実さや好意，専門的技術的知識の正しさに対する信仰を指すという。つまり，信頼とは人やシステムに向けられるものなのである。

2.2.3　ルーマンの信頼論
　ルーマンは信頼を「多かれ少なかれ相変わらず未規定な複雑性をもった将来を縮減する」（Luhmann 1973=1990: 25）ために必要なものだとする。（中略）人格的な信頼と比べて，システムをコントロールすることは難しい。そのため，システム信頼には，専門家によってチェックやコントロールがされているはずだというのである。したがって，複雑化するフードシステムのなかでどれが安全な食品なのかを消費者が選びとる際にはこうした信頼が必要となるのである。

適切な例

　ギデンズは信頼を「所与の一連の結果や出来事に関して人やシステムを頼りにすることができるという確信」（Giddens 1990=1993: 50）と定義づける。この確信とは相手の誠実さや好意，専門的技術的知識の正しさに対する信仰を指すという。つまり，信頼とは人やシステムに向けられるものなのである。
　一方，ルーマンは信頼を「多かれ少なかれ相変わらず未規定な複雑性をもった将来を縮減する」（Luhmann 1973=1990: 25）ために必要なものだとする。（中略）人格的な信頼と比べて，システムをコントロールすることは難しい。そのため，システム信頼には，専門家によってチェックやコントロールがされているはずだというのである。したがって，複雑化するフードシステムのなかでどれが安全な食品なのかを消費者が選びとる際にはこうした信頼が必要となるのである。

出所：筆者作成。

ききれなかったことを注で詳しく説明することで，本文中の説明の説得力を高めることができる。

　注のつけ方であるが，本文中の注を挿入したい箇所に数字を打ち，「上付き」の設定にする。数字の後に丸かっこをつけることもある。注番号は通し番号（1からの連番）で設定する（表6-8）。なお，注の説明はページごとに示す場合と，参考文献の前にまとめて示す場合がある。Wordの「脚注」機能を利用すると簡単に作成できる。

⑤参考文献

　論文がまとまったら，引用した文献をリストにまとめよう。このリストを論

表 6 - 8　注のつけ方と注の説明の例

補足の情報	注のつけ方	～という解釈もある[1]。
	注の説明	1) この解釈の問題として，～ということがある。
情報の出典	注のつけ方	～と報じられた[2]。
	注の説明	2)『朝日新聞』2022.9.16東京朝刊，第 1 面.

出所：日本社会学会「社会学評論スタイルガイド」をもとに筆者作成。

文の巻末に記載する。参考文献という見出しがつけられることが多い。ここではこの引用した文献のリストのことを参考文献と呼ぶ。

　参考文献に記載するのは書籍の場合は「著者名，刊行年，書名，出版社」，論文の場合は「著者名，刊行年，論文名，掲載誌，論文の掲載ページ」など，先行研究の文献の種類によって細かい規定がある。それについては（3）参考文献のスタイルガイドで詳しく説明する。

　参考文献は読み手にとってその論文を深く理解するための手がかりになるとともに，論文のテーマに関連する先行研究を探すための道標になる。このリストが正確に記載されていれば，それだけ論文に対する信頼が高まる。逆に，リストが不正確に作成されていると，内容がいかに素晴らしいものであっても，読み手の信頼が得られず，評価が低くなってしまう可能性がある。論文において，参考文献のリストはそれだけ大きな意義がある。

　書誌情報を記載することは一見，簡単であるように思えるかもしれないが，実はとても複雑でやっかいな作業である。書誌情報を正確に書くだけでなく，参考文献リストと先行研究の引用の際に記載する文献注との一致にも注意しなければならない。文献注があるのに参考文献リストにその先行研究がなかったり，参考文献にある先行研究が論文で引用されていなかったりなどといった，参考文献リストと文献注の不一致に注意しなければならないのである。論文全体を見直すことが必要となる。

　書誌情報は，書籍の場合は奥付，論文の場合は論文雑誌に明記されているが，図書館のOPACや「CiNii Research」や「CiNii Books」でも確認することはできる。もし図書館などで本を借りる場合は，書誌情報がわからなくなってしま

うことを防ぐために，あなたが利用したすべての文献について，その奥付を記録しておいたほうがよいだろう。

　参考文献リストの作成は論文執筆において最後におこなう作業のひとつであり，慣れていないとかなりの時間がかかってしまうが，論文提出の締め切りに間に合わせるためにも，日ごろから正確な参考文献リストの作成を意識しながら論文を執筆していく必要がある。

（2）インタビューデータの引用のスタイルガイド

　分析の章においてインタビューデータの引用の方法は説明したが，ここで改めて引用のスタイルガイドについて説明する。短い直接引用，長い直接引用，間接引用，それぞれの方法は**実践例 6-14** に示した。

① インタビューデータの引用

- インタビューデータの直接引用は，語りの様子やいい回しも示す必要がある場合におこなう。
- インタビューデータの間接引用は，語りを直接引用するのではなく，あなた自身の文章表現を用いる。

■**実践例 6-14** データの直接引用と間接引用

短い直接引用	Aさんは農薬について「毒物っていうイメージがあるじゃないですか」と言う。
長い直接引用	Aさんは農薬を使用した野菜と，農薬を使用していない野菜の違いを次のように言う。 　　農薬っていうのは，毒物っていうイメージがあるじゃないですか。なんか心配なんだよ。体にどういう影響があるかわからんし。うん。その点，無農薬の野菜はまあ，あまり心配はないのかなと。（A） 　Aさんは農薬に対して毒物のイメージをもっており，それが体にもたらす影響に対して不安を感じている。

間接引用	Aさんは農薬を使用した野菜には毒物のイメージがあり，農薬による体への影響について不安を感じている。一方，Aさんは農薬を使用していない野菜についてはそういった不安は感じていないと言う。

②短い直接引用

- 一人の話者のひと続きの発言の一部または全部を引用する場合。引用文の長さが数十字程度ならば，地の文（通常の文章表現）で引用する。
- 短い直接引用では，発言の内容を「」（かぎカッコ）内に示す。

③長い直接引用

- 一人の話者のひと続きの発言の一部または全部を引用する場合。
- 引用部分を強調するために，前後を改行で「1行空け」，インデントで「2字下げ」という処理をする。「」（かぎカッコ）は用いない。
- 引用文の後に「(A)」のように，アルファベット（話者記号）を記す。
- 必要があれば，同じ箇所に複数の長い引用を列挙することができる。同一の話者であっても，異なる話者であっても，列挙は可能であるが，各引用文の間を1行空ける。**実践例 6-15** を参考にすること。

■実践例 **6-15**　長い直接引用の列挙

食のリスクについての立場はAさんとFさんの次の発言からわかる。

　　　私は○○でした。(A)

異なる話者

　　　私は○○というのは当たり前じゃないですか。(F)

このように，AさんとFさんはリスクについて農薬の専門家の意見ではなく，自らの経験から〜と判断している。

　　　食のリスクについての立場はGさんの次の発言からわかる。

同一の話者

　　　　　いやいや〇〇〇〇〇〇〇〇〇〇〇〇〇〇〇〇〇〇〇〇〇〇〇〇〇
　　〇〇〇〇〇〇〇〇〇〇〇〇〇〇〇〇〇〇かもね。

　　　　　私が〇〇〇〇〇〇〇〇〇〇〇〇〇〇〇〇〇〇〇〇〇〇〇〇〇〇
　　〇〇〇〇〇〇〇〇〇〇〇というのはわからないかな。（以上，G）

　　　このように，Gさんはリスクについて農薬の専門家の意見ではなく，自らの経験から〜と判断している。

- よくある間違い：長い直接引用の場合，ひとつの文章のなかに引用を入れることはできない。**実践例 6-16** で示すように，必ず文章を分けて引用するようにしよう。

■**実践例 6-16　長い直接引用のよくある間違い**

　　　それについて，Aさんは，

間違い

　　　　　私が〇〇〇〇〇〇〇〇〇〇〇〇〇〇〇〇〇〇〇〇〇〇〇〇〇〇〇
　　〇〇〇〇〇〇〇〇〇〇〇〇〇〇〇〇〇〇〇〇〇〇〇〇〇〇という
　　のはわからないかな。（A）

　　　となにも知らないことを強調した。

　　　それについて，Aさんは次のように述べた。

修正後

　　　　　私が〇〇〇〇〇〇〇〇〇〇〇〇〇〇〇〇〇〇〇〇〇〇〇〇〇〇〇〇〇
　　〇〇〇〇〇〇〇〇〇〇〇〇〇〇〇〇〇〇〇〇というのはわからないかな。
　　（A）

　　　Aさんはなにも知らないことを強調した。

④会話の直接引用

- 複数話者による会話の様子を示す場合，長い直接引用と同じく，前後を改行で「1行空け」，インデントで「2字下げ」という処理をする。
- 調査対象者の発言頭には「A：」のように話者記号を，敬称をつけずに記し，全角コロンをつける。調査者の発言頭には「＊：」のように対象者の話者記号として用いない記号，例えば全角アスタリスク[9]などを用いるとよい。会話に調査者が2人出てくる場合は「＊1：」「＊2：」と示す。**実践例 6-17** を参考にすること。
- 同じ箇所に，会話の引用を列挙することはよくない。また，同じ箇所に，長い発言の引用と会話の引用を混用させることは避けよう。

■**実践例 6-17　会話の直接引用**

農薬を使用した野菜についての意見はAさんの次の語りからわかる。

　A：農薬を散布する際に〜ということがあって。
　＊：そうなんですか。やはり農薬の散布に問題があるのでしょうか？
　A：そうですね。特に問題があるのは〜である。

このように，Aさんは農薬の散布の〜という点について問題を感じている。

（3）参考文献のスタイルガイド

　参考文献の示し方についてもルールがある。ここでは日本社会学会「社会学評論スタイルガイド」に準拠するかたちで説明する。

①文献の並べ方

- 日本語文献も外国語文献も，一緒にして，著者名の名字のアルファベット順に並び替える。
- 同一著者の複数の文献を記載するときは，2つ目以降の文献の表示には，氏名の代わりに，————（4倍ダッシュ）を用いる。

- 同一著者による文献が複数ある場合は，発行年で並び替える。同発行年の
  ものが複数ある場合は，発行月日で並び替え，発行年に「2016a」
  「2016b」と発行月日順を示すアルファベットをふる。
- 同じ名字の異なる人物の場合，下の名前（ファースト・ネーム）で並び替え
  る。

②日本語文献の参考文献の表記方法
- 単著の本

  著者名，出版年，『文献タイトル──サブタイトル』出版社名．

  └全角カンマ └二重カギかっこ └２倍ダッシュ └全角ピリオド┘

- 共著の本

  共著者名・共著者名，出版年，『文献タイトル』出版社名．

  └全角中黒

- 編書論文など

  著者名，出版年，「論文タイトル」編著者名『文献タイトル』

  ※編著者名は奥付で確認┘

  出版社名，00-00.

  └全角カンマ └開始ページ番号＋半角ハイフン＋終了ページ番号

- 雑誌論文

  半角カッコ＋半角数字┘ 半角コロン＋半角スペース

  著者名，出版年，「論文のタイトル」『雑誌名』巻(号)：00-00.

  開始ページ番号＋半角ハイフン＋終了ページ番号

- 翻訳書・翻訳論文

  Family name, First name，刊行年，*Title*，出版都市：出版社.

  タイトルはイタリック┘ 半角コロン＋半角スペース

  （翻訳者，刊行年，『タイトル』出版社.）

  └全角カンマ └全角ピリオド＋全角丸カッコ

- 政府刊行物

  編集機関名，出版年，『タイトル』発行元.

  編集機関と発行元が同一の場合は発行元を省略できる

- ウェブページ・ブログなどウェブサイト上に掲載された情報

  著者名，最終更新年，「タイトル」ウェブサイト名，（0000年00月

  アクセスした年月日

  00日取得，URL）.

- オンラインデータベース（和文／英語）

  データ作成者名，データ作成年，「データ名」，（0000年00月00日

  アクセスした年月日

  取得，URL）.

③英語文献の参考文献の表記方法

- 単著の本

  タイトルはサブタイトルも含めてイタリック体にする
  語頭は大文字（途中の冠詞・前置詞・接続語は除く）

  半角コロン＋
  半角スペース

  Family name, First name，出版年，*Title: Subtitle,* 出版都市：

  半角カンマ＋半角スペース　　　　　半角コロン＋半角スペース

  出版社名.

  半角ピリオド

- 編書論文など

  Family name, First name，出版年，*"Title,"* 編者名 ed.，*Book Title:*

  イタリックは書名のみ。論文名はイタリックにしない

  半角コロン＋
  半角カンマ＋
  半角スペース

  Subtitle, 出版都市：出版社名，00-00.

  開始ページ番号＋半角ハイフン＋終了ページ番号

• 雑誌論文

Family name, First name，出版年，*"Title," Journal Title,*（巻）号：

半角コロン＋半角カンマ＋半角スペース ⌐

00-00.
開始ページ番号＋半角ハイフン＋終了ページ番号

④論文の提出の際のフォーマット

　論文を提出する際には提出先の規程にしたがわなければならない。こうした規程がない場合は次のフォーマットにしたがうとよい。

- 用紙：「Ａ４サイズ」で印刷の向きを「縦」に設定する。
- ページ番号：ページ番号を記載する。フッターの中央に設定するのが標準。
- フォント：本文のフォントは「明朝体」で設定する。フォントのサイズは「11」「10.5」「10」のいずれかに設定する。１行あたり40，45字程度に設定するのが望ましい。
- インデント（段落冒頭）：段落冒頭は必ず１字分，字下げの設定をする必要がある。全角スペースを打つか，インデントで１字分，字下げの設定をする。
- インデント（引用部分）：先行研究の引用部分，インタビューデータの引用部分はインデントを左から２字分ずらす設定をする。
- 改行：改行が適切になされているかを確認する。不自然に１行分空いていないかどうかを確認する。
- 論文タイトルや氏名など，必要不可欠な情報が入っているかどうかを確認する。

4　論文を書き始めてから書き終えるまで

ここまで質的調査論文の基礎構造，文章の書き方，そしてスタイルガイドと

いう3つについて詳しく説明してきた。序論から結論まで書くとなると，短い
ものでも1万5000字，長いものは数万字になる。卒論の場合はそれぞれの大学
の規程にしたがう必要はあるが，これだけ長いと数日で書くのは不可能である。
データ分析が終わっていたとしても，ある程度長い期間が必要なのだ。だから，
論文を完成させるまでに，少しずつアウトプットを積み上げていかなければな
らない。もしあなたが，何らかの問題関心を思いついているのであれば，すで
に論文の執筆を始めているといってよい。論文を書く作業はデータ分析が終
わってから始まるわけではない。

　あなたは何らかの問題関心にもとづき，先行研究のチェックをしたり，文献
批評をしたりしながら，調査テーマを決定してきた。チェックシート書いたり，
文献批評をしておけば，それは論文執筆の一部になりうるアウトプットだ。

　あなたがもうすでに調査を終えて分析を進めているならば，研究計画の構想
や分析の途中経過を授業やゼミで発表しているかもしれない。それもアウト
プットになる。

　そうしたアウトプットを元手に，できるだけ早い段階で論文の初稿を書いて
おこう。論文の初稿とは序論から先行研究レビュー，分析課題，データの収
集・分析方法，分析，結論までを一通り書くことだ。できれば，論文締切の2，
3ヶ月前，遅くとも1ヶ月前には初稿が完成していることが望ましい。

　それはあなたがどこまで進んでいるのか，あなたがどこまでリサーチクエス
チョンに答えられているのかは書いてみなければ分からないからである。書い
てみてはじめて先行研究が足りないことや論理展開に問題があることに直面す
る。とにかく書き始めることが必要なのだ。

　論文の初稿ができたら，あとは繰り返し改訂していくことが必要になる。そ
の段階で誤字脱字の問題や，文献注や参考文献の表記の問題，データの引用の
スタイルの問題を修正しておこう。それらの問題点はギリギリになってから取
りかかるのではなく，できるだけ早めに取り組んでおこう。

　長期間，調査のプロセスに関わっているとモチベーションの維持が難しくな
る。人によっては他の授業の単位取得や就職活動，学業以外のさまざまな仕事

など，研究に集中できなくなってしまうこともあるだろう。時間管理をうまくするために，指導教官との面談，ゼミでの発表の機会を目標にして少しずつアウトプットをしていこう。締め切りギリギリになって一気に書くのではなく，細かく期限を設定しておくことで，少しずつ積みあげていくことが可能なのだ。

　論文を一から作成することはとても骨が折れる作業だ。近道はなく，試行錯誤を繰り返さなければ完成しない。それでも，あなたが調査を通じて得られた知見を，文章を通じて読み手に伝えることには大きな価値がある。そして，読み手を納得させられるようなもの，そしてあなた自身が納得する内容の論文に仕上げることができれば，それはあなたにとって貴重財産になるはずだ。

注

(1) リサーチクエスチョンと先行研究レビューは冒頭の節で紹介されることもある。

(2) 先行研究を捨てる勇気は田中草太による表現を参考にした（田中 2022）。

(3) リチャードソンは短いフレーズ，短い引用，長い引用と表現しているが，本書の内容に合わせて表現を変更した。

(4) 本項は以下の文献を参考にした（金・田中 2022；佐渡島・吉野 2021）。

(5) 以下のURLを参照。2022年11月20日取得，https://apastyle.apa.org/

(6) 以下のURLを参照。2022年11月20日取得，https://www.mla.org/MLA-Style

(7) 以下のURLを参照。2022年11月20日取得，https://www.chicagomanualofstyle.org/tools_citationguide.html

(8) 以下のURLを参照。2022年11月20日取得，https://warp.ndl.go.jp/info:ndljp/pid/12003258/jipsti.jst.go.jp/sist/pdf/SIST_booklet2011.pdf

(9) ここでは全角アスタリスクをつかっているが，対象者の話者記号と混同されないものであれば，他の記号で代用しても問題ない。

参考文献

Creswell, John W. and Johanna Creswell Báez, 2021, *30 Essential Skills for The Qualitative Researcher*, 2nd ed., Los Angeles: Sage Publications.（廣瀬眞理子訳，2022，『質的研究をはじめるための30の基礎スキル——おさえておきたい実践の

手引き』新曜社.）

Creswell, John W. and Cheryl N. Poth, 2018, *Qualitative Inquiry and Research Design: Choosing among Five Approaches,* Los Angeles: Sage Publications.

グレッグ美鈴, 2016,「質的研究を論文にまとめるときの留意点」グレッグ美鈴・麻原きよみ・横山美江編『よくわかる質的研究の進め方・まとめ方——看護研究のエキスパートをめざして』医歯薬出版, 204-19.

原純輔, 2005,「現代社会と社会調査」原純輔・浅川達人『社会調査』放送大学教育振興会, 10-22.

井下千以子, 2013,『思考を鍛えるレポート・論文作成法』慶應義塾大学出版会.

金銀珠・田中里実, 2022,『大学生のための日本語アカデミック・ライティング基礎講座——レポート・論文のアウトラインから執筆まで』学術図書出版社.

二通信子, 2009,「先行研究の提示」二通信子ほか『留学生と日本人学生のためのレポート・論文表現ハンドブック』東京大学出版会, 60-8.

農林水産省農産局農業環境対策課, 2022,「有機農業をめぐる事情」（2022年9月16日取得, https://www.maff.go.jp/j/seisan/kankyo/yuuki/attach/pdf/meguji-full.pdf）

Richardson, Laurel, 1990, *Writing Strategies: Reaching Diverse Audiences,* Newbury Park, California: Sage Publications.

佐渡島紗織ほか, 2020,『レポート・論文をさらによくする「引用」ガイド』大修館書店.

佐渡島紗織・吉野亜矢子, 2021,『これから研究を書くひとのためのガイドブック——ライティングの挑戦15週間 第2版』ひつじ書房.

佐藤郁哉, 2015,『社会調査の考え方 下』東京大学出版会.

高根正昭, 1979,『創造の方法学』講談社.

滝浦真人, 2022a,「アカデミック・ライティングの基礎②：目指したい文章」滝浦真人編『日本語アカデミック・ライティング』放送大学教育振興会, 25-40.

————, 2022b,「アカデミック・ライティングの基礎⑤：パラグラフで書く」滝浦真人編『日本語アカデミック・ライティング』放送大学教育振興会, 156-72.

田中草太, 2022,『#卒論修論一口指南』文学通信.

戸田山和久, 2022,『最新版 論文の教室——レポートから卒論まで』NHK出版.

山本謙治, 2022,『エシカルフード』KADOKAWA.

ブックガイド

■質的研究の入門書

ウヴェ・フリック，2007＝2011，『質的研究入門――〈人間の科学〉のための方
　　法論 新版』春秋社．

　『質的研究入門』という書名からわかるように，質的研究法のエッセンスを
紹介する本である。質的研究の姿勢や質的研究法に関連する理論や研究デザイ
ンについての詳しい解説や，インタビュー法，観察法，テクスト分析などの技
法も網羅的に紹介されている。33章からなるいずれの章も専門的な内容が含ま
れていることから，一度にすべてを理解しようとするのではなく，関連する章
を必要に応じて読み返すという方法で読み進めることをお勧めする。

スタイナー・クヴァール，2007＝2016，『質的研究のための「インター・ビュー」』
　　新曜社．

　インタビュー法の実践を紹介する本である。テーマの設定のし方や研究デザ
イン，インタビューの実践，文字起こし，データ分析や分析の妥当性の検証と
成果の報告などが詳しく解説されている。タイトルの「インター・ビュー」
（原著のタイトルは，InterViews）という名称は，インタビューから得られるス
トーリーは，インタビュアーとインタビュイーの相互的なやり取りからつくら
れるものであるという著者の立場を示す。調査対象者がどのように世界を経験
し，理解しているのかを探求する技法として，インタビュアーもストーリーの
構築に深く関わるという指摘は重要である。

ジョン・W. クレスウェル／ジョアンナ・クレスウェル・バイアス，2021＝
　　2022，『質的研究をはじめるための30の基礎スキル――おさえておきたい
　　実践の手引き』新曜社．

　質的研究が初めてであるという人のための本である。前半は，質的研究の考

え方や研究デザインなど方法論の全体像が示され，後半は，研究の構想の段階から，分析，論文の執筆に至るまで，研究のステップを追う形で関連する知識やスキルが紹介される。この本が面白いのは，その内容が方法論の解説に留まらず，研究のプロセスで生じ得る問題について研究者の視点から語られているという点である。例えば，「研究中に生じる困難な感情にどう対処するのか」や「良い論文のタイトルとは」など，質的研究を行ったことがある人だったら，一度は遭遇したことがある疑問に答えてくれる。

■インタビュー法を使った研究書の実例
西倉実季，2009，『顔にあざのある女性たち──『問題経験の語り』の社会学』
　　生活書院.
　「顔にあざのある女性たちはどのような苦しみを抱え，どのようにその只中を生きているのか」という問いにインタビュー調査を通じて迫ろうとする試み。中でも興味深いのは，著者が当初抱いていたフェミニズム的な問題関心が，女性たちとの対話を通じて修正されていくプロセスが，書き込まれている点である。女性たちは，「美醜をめぐって他者から評価を受ける経験」として語りを聞き取ろうとする著者に対して，彼女たちの経験は美醜以前の「普通／普通でない」という基準で他者から評価されるものだと異議申し立てを行う。問題経験の当事者が持つ力強さと共に，調査がはらむ暴力性についても教えてくれる名著である。

石岡丈昇，2012，『ローカルボクサーと貧困世界──マニラのボクシングジム
　　にみる身体文化』世界思想社.
　フィリピンはマニー・パッキャオなどで知られるボクシング大国だが，本書が焦点を当てるのは，経済的にも社会的にも成功したとは言えないローカルボクサーと呼ばれる人々である。彼らは，厳しい練習と自己摂生をしてまで，なぜ光の当たらない道を歩こうとするのか。著者によれば，ボクサー生活の本質は，ジムの仲間と共に，試合という目標に向かって，日々のルーティーンをこ

なしていくことにある。そのことを通じて，ローカルボクサーたちは今を生きる意味と将来の展望を手に入れる。金銭的に欠乏しているだけでなく「何もすることのない日々」を生きる無業の若年男性にとって，この点が魅力だという。マニラのジムで生活と練習を共にしたというフィールドワークに基づく労作。

吉川徹，2019，『学歴社会のローカル・トラック——地方からの大学進学』大阪大学出版会.

　島根県山間部の高校を対象に，生徒たちの卒業後の人生を約10年にわたり追跡した調査研究。大きく都市定住型，Jターン型，県内周遊型に分類される卒業生たちの多種多様なライフストーリーだけでも魅力的だが，当該地域の教育，雇用構造など，彼ら彼女らの人生経路を分岐させる力を「ローカル・トラック」として理論化している点が本書の評価をさらに高めている。質的データだけでなく，質問紙パネル調査などの計量的なデータも取り混ぜて分析している点も特徴的である。

■質的研究で用いるその他の技法

ノーマン・フェアクラフ，2003=2016，『ディスコースを分析する——社会研究のためのテクスト分析』くろしお出版.

　ディスコース分析とは，社会的なコミュニケーションの場面から，どのような人が，どのような場面で，どのような話題について話すかに着目する研究である。言説分析，談話分析という名称で呼ばれる時もある。さまざまなテクスト分析の中で本書は，批判的言説分析（Critical Discourse Analysis: CDA）を紹介する入門書である。CDAは，社会的な差別，支配，不平等な権力による社会的コントロールを明らかにすることを目的とする学際研究であり，言語が中立的で透明なコミュニケーション手段として存在するのではなく，言葉が社会の現実をつくるという前提に立つ。本書で示される例を参照しつつ，具体的なイメージをもちながら読み進めることが大切である。

ティム・ラプリー，2017=2017，『SAGE質的研究キット　7　会話分析・ディス
　　コース分析・ドキュメント分析』新曜社.

　　質的研究の中には，会議録などのテクストや音声記録，また映像をデータと
して用い社会分析をおこなう方法もある。いわゆる「テクスト」を分析するこ
のような方法の中で，本書は，会話分析，ディスコース分析，ドキュメント分
析を紹介する。テクスト分析という手法は，さまざまな学問領域の問題関心に
応じて体系化されてきたことから，個別の技法を詳しく解説するタイプの教科
書が多い中で，本書は，さまざまな技法を1冊にコンパクトにまとめていると
いう点でわかりやすい入門書である。

佐藤郁哉，2006，『フィールドワーク──書を持って街へ出よう　増訂版』新曜
　　社.

　　フィールドワークとは，研究対象とする人びとの生活に深く入り込み，それ
をまるごと観察し理解を試みるという手法である。研究の成果は，しばしばエ
スノグラフィーと呼ばれる本にまとめられる。本書は，フィールドワークとは
なにか？　なぜフィールドワークという方法を用いるのか？　そしてどのよう
にフィールドワークをおこなうのか？　という視点から，フィールドワークと
いう方法論の体系が示される。フィールドワークは，技（アート）を駆使する
ことを求められる技法であり，経験が大切であるということは言うまでもない
が，本書には現場での経験を理解するためのサイエンスも示される。また，
フィールドワークに関連するキーワードが各章の小見出しになっており，レ
ファレンス資料としても使いやすい。フィールドワークに関心をもつ人は，手
元に持っておくべき本である。

■問いの立て方
ケン・プラマー，2016=2021，『21世紀を生きるための社会学の教科書』筑摩書
　　房.

　　原題は*Sociology: The Basics*。多種多様な社会学の概念や理論とその系譜，

社会学的な問いの発想から調査法，社会学の学問的な価値まで，社会学にかかわる基礎的な知識を学べる一冊である。社会学的な問いを立てるならば，第1章「想像力」，第5章「問い」，第6章「リサーチ」から読み進めていくとよい。あなたの問いが社会学的なものかどうか，どのような調査を行えば答えが導き出せるかを考えることができる。プラマーによれば，社会学とは社会を体系的に，懐疑的に，そして批判的に考えるための想像力を涵養するものである。プラマーはこうした批判意識によって，誰にとってもよりよい世界という希望をもたらすことが社会学の役割だと考えている。

ジョエル・ベスト，2021＝2021，『Thinking critically——クリティカル・シンキングで真実を見極める』慶應義塾大学出版会.

　ベストによれば，クリティカル・シンキングとはある議論を評価したり，査定したりして，それが説得力のあるものなのかを確かめることである。この批判の矛先は他者に向けるだけではなく，自分にも向けられるべきものなのだ。ベストは社会学的な研究を行うための発想，問い，比較，証拠の提示など，トピックごとに解説している。最初から通読してもよいが，調査の各段階で迷いが生じたときに，それに近いトピックを読んでいくというのもよい。思いつきや思い込みで調査を進めてしまうのではなく，妥当性を吟味しながら調査を進めていくための手がかりになることだろう。

筒井淳也，2021，『社会学——「非サイエンス」的な知の居場所』岩波書店.

　理論から演繹的に導かれた仮説を検証することが科学的なのだとすれば，社会学は非科学的だと批判される。筒井によれば，それは社会学の論文が他の学問（例えば経済学）のように理論モデルや数式をあまり用いず，断片的な経験データ，関連研究，緩めの概念連関をガイドとして進行する論述で構成されることが多いからだろう。しかし，社会学が社会の変化に柔軟に対応できるのはこの緩さにもとづく。社会学的な問いは理論から始まるよりも，具体的な対象から始まることが多い。そして，社会学の論文は経験的なデータに根ざして研

究対象を分析し，その知見を論理的に構成する。その意味で非科学的な要素を含みつつも，科学的な学問だといえるのである。社会学とはなにか，なにが社会学的な問いなのかに迷ったら，本書を手に取ってみよう。

■データ分析の方法

バーニー・G. グレイザー／アンセルム・L. ストラウス，1967＝1996，『データ対話型理論の発見――調査からいかに理論をうみだすか』新曜社.

　グラウンデッド・セオリー（Grounded Theory：GT）とは，データに密着した分析から理論を生み出す方法である。1960年代にアメリカ社会学において誇大で抽象的な社会理論と数量的研究に対し批判が向けられるなか，GTは，グレイザーとストラウスが病院で行った研究「死のアウェアネス理論」研究を通して開発された。それまでブラックボックス化していたデータ分析のプロセスを見える形で提案したという点で，その後のデータ分析に大きな影響を及ぼした本である。後にグレイザーとストラウスは，別々にコーディングの技法を展開させている。しかし，いずれの技法もオープンコーディングからより抽象度の高いカテゴリーをつくり，理論化を目指すという帰納法的アプローチである。

グラハム・R. ギブズ，2017＝2017，『SAGE質的研究キット6　質的データの分析』新曜社.

　本書は，質的データの準備からコーディングに至るまでの質的研究の基本と実践を紹介する。また，ソフトウェアを用いた質的データ分析についてもわかりやすく解説される。さまざまな質的研究の中でも，本書では特に，ナラティブ分析について詳しく解説されており，『ライフストーリー・インタビュー――質的研究入門』（桜井厚・小林多寿子編　2005年，せりか書房）とセットで読むと，ナラティブ研究におけるデータ分析について理解が深まることだろう。

ウド・クカーツ，2014＝2018，『質的テキスト分析法――基本原理・分析技法・

　ソフトウェア』新曜社.

　クカーツは，質的テキスト分析法という独自の言葉を用い，質的にテキスト
の内容分析をおこなう方法を紹介する。質的内容分析という名称が本書の特徴
を最もよく表わしているタイトルなのかもしれないが，内容分析という言葉は
英米圏では量的分析を指し示すことが多く，本書が根ざす解釈的なアプローチ
とは異なる。よって，テキストの質的な分析の解説であるという筆者の意図が
読者に伝わるように，質的なテキスト分析というタイトルとしたようだ。この
ように概念を厳密にとらえるという著者のこだわりは，概念，コードなど，
データ分析においてあたり前のように用いられる言葉についての定義にも反映
されている。基軸となる概念や考え方が丁寧に論じられているからこそ，この
分析法の体系がよく伝わる。テキストの質的分析の感度を高めるために，読む
べき一冊である。

佐藤郁哉，2008，『質的データ分析法──原理・方法・実践』新曜社.

　質的データ分析が初めてという人は，まずこの本を手に取るべきだろう。第
Ⅰ部は，質的研究が陥りがちな落とし穴について，わかりやすく解説するとこ
ろから始まる。そして，そのような問題が起こりうる背景として，質的データ
が埋め込まれている文脈という問題が取りあげられる。佐藤は，質的データの
分析とは，文脈に埋め込まれた現場の言葉を理論の言葉に置き換える作業であ
るとする。また，論文の執筆とは，データを論文という新たな文脈に組みなお
す作業とする。第Ⅱ部では，分析の実践に焦点が当てられる。資料の整理の方
法やコーディングの進め方，概念モデルのつくり方から報告書の作成に至るま
で，ガイドブックのような体裁で分かりやすい解説がおこなわれる。質的デー
タ分析の原理と方法，そしてその実践が余すところなく論じられている良書で
ある。

■論文の書き方
小熊英二，2022，『基礎からわかる論文の書き方』講談社.

論文やレポートの書き方に関する本は山ほどあるが，比較的多いのが大学1年生向けのもので，それらは論文の形式や文章の書き方などが平易に説明されている。本書はそうした類書とはまったく異なる。小熊はなぜ論文を書く必要があるのか，どのように問いを立てるのか，どのように研究を進めるのか，どのように書くのか，研究の始まりから終わりまでを具体例や研究事例を交え，根拠を示しながら，詳細に論文の書き方を説明していく。調査の終盤の論文をまとめる段階になってからではなく，調査の前に，調査を進めながらじっくりと読んでいくことを勧める。大量の文献に言及した注記も参考になるだろう。

戸田山和久，2022，『最新版 論文の教室——レポートから卒論まで』NHK出版.

　科学哲学者による論文執筆の入門書である。論文やレポートには問いがあり，答えがある。この答えを論理的に裏づけるために根拠を示すことが論証だ。問いと答えと論証はすべての論文やレポートに共通する形式である。論文やレポートの読み手は他者であり，他者にその内容を適切に伝えるためにはこの形式に則って書かなければならないのである。戸田山はこの論文の形式を架空の会話や実例をもとに，わかりやすく説明している。特にアウトラインの意義，論証の形式，パラグラフライティングなどが参考になる。

石黒圭，2012，『論文・レポートの基本——この1冊できちんと書ける！』日本実業出版社.

　本書は論文の文体や体裁といったアカデミック・ライティングの技法について説明するものである。文章を書くのが苦手な人だけでなく，文章を書き慣れている人にも役立つ。文章を書くことと，わかりやすい論文を書くことはイコールではないからだ。特に，論文における言葉づかい，読点の打ち方や論文専用の表現や文体，明晰な文章構成や文章展開について細かく説明されている，第2部「論文の表現」を参考にしよう。接続詞の使い方や段落の分け方については同じく石黒の『文章は接続詞で決まる』（2008年，光文社），『段落論——日

本語の「わかりやすさ」の決め手』（2020年，光文社）も参照するとよい．

■社会調査の倫理

好井裕明，2006，『「あたりまえ」を疑う社会学——質的調査のセンス』光文社．

　本書は好井をはじめとした優れたエスノグラフィーの書き手たちの経験をもとに，調査者が対象者とどのように関わるのかという課題について深く考えるための本である．そもそも調査とは人の家に土足であがりこむようなものである．それでも話を聞く必要があるのなら，調査対象者とまっすぐに向き合おうとすることが大切だ．話を真剣に聞くだけではない．調査対象者の語りの奥にどのような世界が広がっているのかを考え続けることが大切なのである．これは単に調査のハウツーを知るだけでは身につかない態度であり，調査に赴く前に，先人たちがどういう態度で，なにを考えながら調査を実践してきたのかを学んでおこう．

デラルド・ウィン・スー，2010=2020，『日常生活に埋め込まれたマイクロアグ
　　レッション——人種，ジェンダー，性的指向：マイノリティに向けられる
　　無意識の差別』新曜社．

　スーによればマイクロアグレッションとは，「ありふれた日常のなかにある，ちょっとした言葉や行動や状況であり，意図の有無にかかわらず，特定の人や集団を標的とし，人種，ジェンダー，性的指向，宗教を軽視したり侮辱したりするような敵意ある否定的な表現」（本書34ページから引用）である．インタビューでも，あなたの質問やあなたの言葉にこうした表現が含まれることがある．マイノリティや弱い立場にある人を対象にする場合は，自分の発言に攻撃性がはらむ可能性があることをより強く自覚しなければならない．本書の第1章，第2章にはマイクロアグレッションのポイントがまとめられているので，調査の前に一読してインタビューガイドの質問文に問題がないかを確認しよう．

プリシラ・オルダーソン／ヴァージニア・モロウ，2011=2017，『子ども・若者

とともに行う研究の倫理——研究・調査にかかわるすべての人のための実
践的ガイド』新曜社.

　調査倫理の重要性は年々高まっているものの，紙幅の問題からか，あまり多
くのページを割いて説明している社会調査の教科書は多くない。オルダーソン
とモロウは調査倫理に特化し，調査対象者の権利の尊重，インフォームドコン
セント，個人情報の保護を丁寧に説明している。また，そうした実務的な事柄
だけでなく，研究する価値や調査を実施することの意義など根本的な問題につ
いて考えることの重要性を指摘している。本書は子どもを対象にした調査を前
提としているが，全体的に社会調査一般で考えるべき調査倫理について説明し
ている。質的調査を実践する人には，ぜひ参考にしてほしい一冊である。

トランスクリプション・ルール[1]

■トランスクリプションの目的——なぜルールが必要なのか？

1. トランスクリプションの目的は社会学的データとして適切なトランスクリプトを作成することである。
2. 適切なトランスクリプトとは次の条件を満たすものでなければならない。
   - （ア）インタビューの内容ができるだけ忠実に再現されていること。
     - ①話された内容だけではなく，話し方や状況も特殊な記号表現を用いて文字化しよう。話し方や状況も記述することで，話された内容のニュアンスを考慮することができるようになる。
     - ②インタビュー中に生じた言動をすべて正確に文字化することは，困難である。「できるだけ忠実に」とは，分析レベルに必要十分なところまでとする。
   - （イ）いつ，だれが読んでもインタビューの内容を等しく理解できること。
     - ①一貫した書き表し方で文字化するよう努めよう。
     - ②トランスクリプションは，文字という記号表現を使ってデータを作成する作業である。通常の文章作成とは異なるものと考えること。
     - ③本ルールで説明できる範囲には限界がある。書き表し方の判断に迷った場合は，各自でルールを定めること。

■全体的な注意事項，アドバイス

1. 本ルールは，何回も熟読して，きちんと理解しよう。
2. トランスクリプションはインタビューの記憶の新しいうちにやろう。
3. プライバシーの保護のため，固有名称は確実に置きかえるようにしよう。調査対象者からの希望で書き起こさないところは必ず中略とする。
4. 研究テーマと関係のない雑談は書き起こさなくてもかまわない。判断に迷ったら，ひとまず書き起こしてみるほうがよい。

5．トランスクリプションをおこなうやり方は各自で工夫する。次のようなやり方も推奨できる。

　　（ア）録音を一定の短い時間ごとに区切り，各時間ごとに作業をおこなう。

　　（イ）まずは，録音を聞きながら，本ルールのことを忘れて，音声をざっと打ちだしてみる（音声入力ソフトを用いるのも一案）。

　　（ウ）そして，改めて録音を聞きながら，打ちだした内容に本ルールにそって体裁を整える。

6．こまめに保存しながら作業しよう。一定時間ごとにバックアップを取りながら作業するとよい。

■トランスクリプトのフォーマット

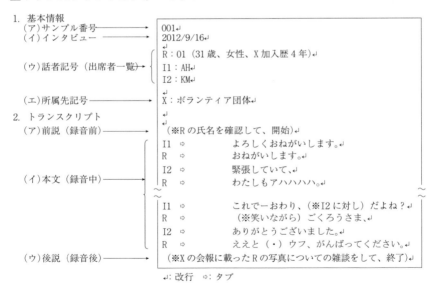

1．基本情報
　　（ア）サンプル番号 ────→ 001↵
　　（イ）インタビュー ────→ 2012/9/16↵
　　（ウ）話者記号（出席者一覧）────→ { R：01（31歳、女性、X加入歴4年）↵
　　　　　　　　　　　　　　　I1：AH↵
　　　　　　　　　　　　　　　I2：KM↵ }
　　（エ）所属先記号 ────→ X：ボランティア団体↵
2．トランスクリプト
　　（ア）前説（録音前）────→ 　（※Rの氏名を確認して、開始）↵
　　　　　　　　　　　　　{ I1　⇨　　　　よろしくおねがいします。↵
　　　　　　　　　　　　　R　⇨　　　　おねがいします。↵
　　　　　　　　　　　　　I2　⇨　　　　緊張していて、↵
　　（イ）本文（録音中）────→ R　⇨　　　　わたしもアハハハハ。↵
　　　　　　　　　　　　　　　　　～
　　　　　　　　　　　　　I1　⇨　　　　これでーおわり、（※I2に対し）だよね？↵
　　　　　　　　　　　　　R　⇨　　　　（※笑いながら）ごくろうさま、↵
　　　　　　　　　　　　　I2　⇨　　　　ありがとうございました。↵
　　　　　　　　　　　　　R　⇨　　　　ええと（・）ウフ、がんばってください。↵ }
　　（ウ）後説（録音後）────→ （※Xの会報に載ったRの写真についての雑談をして、終了）↵

　　　　　　　　　　↵：改行　⇨：タブ

1．基本情報

　　（ア）サンプル番号

　　（イ）インタビュー日

　　（ウ）話者記号（出席者一覧）：インタビューの出席者には話者記号を割り

あてる。話者記号は，話者の交替（だれの発言か）を明示するため，また，インタビューの出席者の固有名称の置きかえを表記するために用いられる。

①話者記号「R」については全角コロン（：）の後に調査対象者のサンプル番号を記載する。必要あれば，続く（）内に調査対象者の情報を差し支えない範囲で記載する。

②話者記号「I」については全角コロン（：）の後に調査員のイニシャルを記載する。

③話者記号「P」については全角コロン（：）の後にその人物の情報を差し支えない範囲で記載する。

（エ）所属先記号

①所属先記号を使用するかは事前に検討しておく。使用する場合，所属先記号「X」を割りあてる。複数の所属先記号を使いたい場合は，さらに「Y」「Z」を割りあてる。

②所属先記号は全角コロン（：）の後にその所属先の情報を差し支えない範囲で記載する。

2．トランスクリプト

（ア）前説（録音前）

①録音を開始するまでのあいだに，特記すべき事柄があれば記載し，なければ不要。

②トランスクリプトの本文は必ずしも録音を開始したところから書き起こす必要はない。録音開始後のインタビューの本題に入ったところからでかまわない。

（イ）本文（録音中）

①出席者の会話（話者の交替）として示す。

②話者が交替しているところで段落を改める。同じ話者の発言が続いている間は改行することなく1つの段落とする。

③各発言（段落）の最初には，話者記号を示し，タブを打つ。

（ウ）後説（録音後）

　　①録音を終了して調査対象者と別れるまでのあいだに，特記すべき事
　　　柄があれば記載し，なければ不要。

　　②トランスクリプトの本文は必ずしも録音を終了したところまで書き
　　　起こす必要はない。

■トランスクリプトの表記法

１．固有名称の置きかえ

表現内容		記号表現	解説
人物名称	調査対象者の氏名	R	話者記号で置きかえる。
	調査員の氏名	I	複数の場合は，質問者を「I1」，ノートテイカーを「I2」と区別する。
	インタビューのその他の出席者の氏名	P	調査対象者の付き添いなど，意図的に同席した人だけが該当する。複数の場合は，数字を添えて区別する。例えば，「P1」「P2」と区別する。
	出席者以外の人物のうち，その氏名を出すと差し障りのある場合	×××［Rの友人］	名称の長さに関係なく，バツ3文字で置きかえる。差し支えない範囲でその人物の説明を付す。
	上記以外の一般に知られた人物名	エミール・デュルケーム	置きかえなくてよい。
所属先名称	研究の対象となる唯一の所属先の名称（全調査対象者がそれに所属するもの）	X Y Z	所属先記号で置きかえる。所属先記号は，一見しての意味がわかりにくいので，安易に使用しない。
	所属先の名称（その名称を出すと差し障りのある場合）	×××［Rの勤務先］	バツ3文字で置きかえる。差し支えない範囲でその所属先の説明を付す。
その他の固有名称	その名称を出すと差し障りのある場合	×××［Rの発明品］	バツ3文字で置きかえる。差し支えない範囲で説明を付す。
	上記以外の名称		置きかえなくてよい。

2．よく用いられる表現内容

表現内容	記号表現	解説	例
引用	「」	話者が他者の発言を引用している場合に，その発言をくくる。	私は「はい」と言って
特定用語の視覚的区別	「」	特定用語（固有名詞や数学表現など）を視覚的に区別した場合に，その語句をくくる。	「ゆかり」という温泉
笑い声	カタカナ	カタカナで表記する。	ハハハハハ
中断	（※中断）	なんらかの事情でインタビューを一時中断した場合に，中断したところに記載する。沈黙や中略と混同しないこと。	R　そうなんです。（※電話が鳴る）ああ，ちょっとすいません。（※Rが電話に出るため，中断）R　お待たせしました。
状況説明	（※　　）	状況（場面，動作，表情など）に特徴がある場合は，状況を具体的に記述する。その状況が始まる位置につける。	R　（※うなずきながら）そうかもしれません。（※店員が注文を取るにくる）I1　なにかお飲みになりますか？（※メニューを渡す）R　（※笑ってうなずく）
聞きとり不能	（？　　）	録音が聞きとれない場合に，聞きとれた音声は発音のままにひらがなで表記し，聞きとれない音声はその文字数分だけ全角スペースを打つ。不明と混同しないこと。	（？わすけい）（？　　い　たい）
言葉の補足	（）	途中でいい切らないままに終わっていたり，省略されていたりする言葉を補うことで，文脈が明らかになる場合に，その補う言葉をくくって挿入する。	19（歳）だね，（卒業）したの。

表現内容	記号表現	解説	例
語彙説明	[]	発音のままにひらがなで表記したり，方言や特殊用語だったり，汎用置きかえ記号を使ったりした場合に，その意味をくくって直後に付す。	それはちゃう［違う］ 環七［環状七号線］ ×××［Rの友人］
中略	《中略》	研究テーマと関係のない雑談のところや，調査対象者からの希望で書き起こさないところにつける。中断と混同しないこと。	●●●●《中略》●●●●
不明	《不明》	録音機器のトラブルなどで一時的に録音内容がなく，しかも，調査ノートから再構成することもできないところにつける。聞きとり不能と混同しないこと。	R　いつからな《不明》るわけでもないですけど。 I　そうなると，まったくどう，《不明》 I　なるほど。
部分再構成	（※ここから録音なし。調査ノートから再構成） （※ここから録音あり）	調査ノートから部分的にインタビューを再構成する場合	R　2年前のことですね。 （※ここから録音なし。調査ノートから再構成） I　どのくらい働いたのですか？ R　3カ月間です。 （※ここから録音あり） I　ううん。具体的には，お仕事の中身は？

注

(1) このルールは，有馬央容氏が国際基督教大学での質的調査の実習授業用に作成したトランスクリプション・ルールを改訂したものである。

ワークシート１：調査テーマと調査の構想

年　月　日

調査テーマ

調査の社会的重要性

調査の学問的重要性

想定される調査対象者

想定される調査の到達点

ワークシート２：先行研究の文献チェックシート

年　　月　　日

①書名／論文名（メインタイトル，サブタイトル）

②執筆者／編者

③プロフィール（学術研究をしている人か，役職，専門）

④出版年（新しい議論か，時代遅れの議論か，古典のようにいまでも使われている議論か）

⑤出版社（学術書の出版社か，一般書の出版社か）

⑥目次／節構成（目次に書かれている章や節のうちあなたの興味関心に近いものはなにか）

226

⑦索引（索引に書かれている理論や概念ののうちあなたの興味関心に近いものはなにか）

⑧参考文献（引用されている文献のうちあなたの研究に関連しそうなものを記載）

- ・
- ・
- ・
- ・
- ・
- ・

本書の要点

ワークシート３：文献の批評

年　　月　　日

文献の書誌情報（著者／刊行年／タイトル／（掲載文献，掲載誌）／出版社／該当ページ）

文献の内容要約

文献のなかに含まれるキーワード，概念

文献の参考文献のうち重要なものを列挙

文献の内容のよいところ，面白かったところをできるだけ書いてみよう

文献の内容についての問題点，説明が足りないところをできるだけ書いてみよう

文献の内容のうち，あなたの調査テーマに関連するところをできるだけ書いてみよう

ワークシート4：調査依頼状の内容

研究の全体的なテーマ

調査の具体的なテーマ

調査目的

調査対象者

質問項目

ワークシート5：インタビュー・ガイドの作成

年　　月　　日

リサーチクエスチョン（調査で明らかにしたいこと）

導入的な質問

インタビューの核となる質問

追加的におこなう質問

日本社会学会倫理綱領にもとづく研究指針（抜粋）

「日本社会学会倫理綱領」については，脚注で示すリンクを参照されたい[1]。以下には，「日本社会学会倫理綱領にもとづく研究指針」の中からインタビュー法に関連する事項を抜粋して記載する。

1．研究と調査における基本的配慮事項

社会学の研究や調査は，さまざまな方法を用いて実施されています。特に調査は，通常，統計的量的調査と記述的質的調査にわけられます。どちらの方法を採用するにしても，社会学研究者として遵守すべき事柄や，遵守することが望ましい事柄があります。以下ではまず基本的に配慮すべき点を指摘し，さらに特に配慮することが望ましい点について述べます。

（1）研究・調査における社会正義と人権の尊重

研究を企画する際には，その研究の目的・過程および結果が，社会正義に反することがないか，もしくは個人の人権を侵害する恐れがないか，慎重に検討してください。とりわけ，個人や団体，組織等の名誉を毀損したり，無用に個人情報を開示したりすることがないか，などについて十分注意することが必要です。

（2）研究・調査に関する知識の確実な修得と正確な理解

研究対象の特質，問題関心，テーマや人的物的資源に照らして，どの方法が適切か，的確に判断するためには，調査方法の基礎を十分理解しておかなければなりません。自分がどのような情報を求めているのかを自覚するとともに，調査の意図やねらいを対象者に明確に伝えるためにも，先行研究など社会学的研究の蓄積をふまえることが必要です。このような知識を確実に修得し，理解していることが，専門家としての，また調査者としての責任であることを認識しておきましょう。

（3）社会調査を実施する必要性についての自覚

社会調査はどのような方法であれ，対象者に負担をかけるものです。多かれ少なかれ調査対象者の思想・心情や生活，社会関係等に影響を与え，また個人情報の漏洩の危険を含んでいます。そもそもその調査が必要なのか，調査設計の段階で先行研究を十分精査しておきましょう。また研究計画について指導教員や先輩・同輩，当該分野の専門家などから助言を求めるようにしましょう。知りたいことが，二次データ・資料の活用に

よってかなりの程度明らかにできることは少なくありません。調査を実施しなければ知ることのできない事柄であるかどうか，また明らかにすることにどの程度社会学的意義があるかどうか，慎重に検討してください。その上で調査にのぞむことが，対象者の理解を得るためにも，有意義な研究を導くためにも重要です。

（4）所属研究機関の手続き等の尊重

　最近では調査者が所属する機関や調査対象者の側の組織等に倫理委員会等が設けられる場合が増えてきました。こうした組織がある場合には，そこが定める手続きにしたがって調査を行うことが必要です。

（5）研究・調査対象者の保護

　対象者の保護に関しては次のことに留意してください。

a．研究・調査対象者への説明と得られた情報の管理

　対象者から直接データ・情報を得る場合，収集方法がいかなるものであろうと，対象者に対し，原則として事前の説明を書面または口頭で行い，承諾を得る必要があります。(a) 研究・調査の目的，(b) 助成や委託を受けている場合には助成や委託している団体，(c) データ・情報のまとめ方や結果の利用方法，(d) 公開の仕方，(e) 得られた個人情報の管理の仕方や範囲などについてあらかじめ説明しましょう。とりわけ，なぜ対象者から話を聴くのか，対象者から得た情報をどのように利用し，またどのように個人情報を保護するのか，などの点について，わかりやすく丁寧な説明をこころがけましょう。特にデータ・情報の管理については，具体的に保護策を講じ，それを説明する必要があります。場合によっては，調査対象者から同意書に署名（および捺印）をもらうことなどを考慮しても良いでしょう。

b．調査への協力を拒否する自由

　このように丁寧な説明を試みても，調査対象者から調査の協力を断られる場合があります。協力してもらえるよう誠意をもって説得することが重要ですが，同時に対象者には，原則としていつでも調査への協力を拒否する権利があることも伝えておかなくてはなりません。

　調査者は，対象者には調査を拒否する権利があることを明確に自覚していなければなりません。

c．調査対象者への誠実な対応

　いかなる場合にも，対象者に対する真摯な関心と敬意を欠いた研究・調査をしてはならないということに留意してください。

特に研究・調査対象者から当該研究・調査について疑問を出されたり，批判を受けた場合は，真摯にその声に耳を傾け，対象者の納得が得られるよう努力してください。行った研究・調査の成果を守ろうと防衛的になるあまり，不誠実な対応になることは許されません。

（6）結果の公表

a. 調査対象者への配慮

研究・調査結果の公表の際には，それによって調査対象者が多大かつ回復不可能な損害を被ることがないか，十分検討しましょう。

とりわけ社会調査は，調査の企画にはじまり，結果のまとめと公表に至る全過程から成り立つものであり，実査や集計・分析だけにとどまるものではありません。調査対象者には研究結果を知る権利があります。調査結果の公表は，調査者の社会的責任という点からも，適切になされる必要があります。

b. 事前了解・結果公表等の配慮

公表予定の内容について骨子やデータ，原稿などをできる限り事前に示し，調査対象者の了解を得ることも心がけましょう。また対象者から研究・調査結果を知りたいと要望があった場合には，少なくとも要点を知らせるよう最大限努力するとともに，調査対象者が公表された研究結果にアクセスできるよう誠実に対応しましょう。

（7）データの扱い方

a. 偽造・捏造・改ざんの禁止

研究・調査によって得られたデータは公正に取り扱わねばなりません。偽造・捏造・改ざんなどは固く禁じられています。データの偽造・捏造は，それを行った者の研究者生命にかかわる問題であり，調査対象者や共同研究者に対する背信行為です。

データの修正や編集が必要な場合には，求められたら修正・編集のプロセスを開示できるように，記録し保管しておきましょう。また報告書などで，その旨明記し読者の注意を喚起しなければなりません。

b. データの管理

調査で得られたデータは，対象者リストも含め，調査中も調査後も厳正な管理が必要です。回収票や電子データの保存・管理には，十分に注意しなければなりません。

（以下略）

2．統計的量的調査における配慮事項（略）

3．記述的質的調査における配慮事項

　事例調査などの質的研究法にも，量的調査について述べてきた原則が当てはまります。確かな専門知識，それに裏打ちされたモラルと責任感が問われるのは，質的研究法においても同様です。事例調査ではとりわけ，対象者の生活世界を詳細に記述しなければならないことがあるため，対象者のプライバシーの保護や記述の信頼性などに，一層配慮する必要が高まります。特に調査の目的と方法，公表のしかたについて対象者に事前に説明し，了解を得ておくことが不可欠です。

（1）事例調査や参与観察における情報開示の仕方の工夫

　フィールドワークのなかには，調査者としてのアイデンティティをいったん措いて対象の世界にとけこむことをもっとも重視するという手法があります。このような手法をとる場合，「調査対象者に事前に調査の目的を説明し同意を得ておく」ことが，対象者との自然な関係の構築を妨げることにならないかという懸念が生じることがあります。このように事前に同意を得ることが困難な手法をとらざるをえない場合には，調査結果の公表前に，調査対象者に対して調査を行っていたことを説明し，了解を得ておくことが原則です。

（2）匿名性への配慮

　プライバシー保護のために，個人名や地域名を匿名化する必要がある場合があります。ただし，匿名にしても容易に特定される場合もあります。他方，対象者の側が実名で記述されることを望む場合もあります。報告でどのような表記を用いるのか，対象者と十分話し合い，いかなる表記をすべきかについて了解を得ておくことが大切です。

4．論文執筆など研究結果の公表にあたって

　研究成果を公表する際に下記のような配慮をすることは，研究の質の向上につながるだけでなく，自身の研究者としての評価をも左右します。

（1）他者のオリジナリティの尊重

　研究結果の公開にあたって，他の研究者や原著者のオリジナリティはもっとも尊重されるべきであり，他の研究者の著作者としての権利を侵害してはなりません。また盗作や剽窃は，学問上の自殺行為と言えるものです。

　今日では，インターネットなどを通じて，電子情報のコピーやペーストが容易にできるようになってきました。このようなメディア環境だからこそ，自分のオリジナルとそ

れ以外とを明確に区別し，他から得た情報は情報源を明記するという原則を厳守することが一層重要です。学生・院生に対しても，この原則を徹底するよう指導しなければなりません。

研究会などディスカッションの場で表明された他者のアイデアを断りなく自分のものにすることも避けなければなりません。とくにアイデアの発展にとって有益なコメントを得た場合には，研究会への謝意や，相手方や日付を特定できる場合には「この点については，○○研究会（○○年○月○日）での××氏のコメントに示唆を得た」「この点については，○○研究会（○○年○月○日）での討論に示唆を得た」などのように注や付記などで明記すべきです。

（2）先行研究の尊重

学術論文を執筆する際には，先行研究を適切にふまえ，しかもそのことを論文の中で明示する必要があります。先行研究やその問題点をどのように理解しているかを示すことは，自分の問題意識や問題提起のオリジナリティやその学問的意義を他者に明確に伝えるうえでも不可欠です。

重要な先行研究に言及しないことは勉強不足を露呈することにもなりかねませんし，フェアな態度とは言えません。

親しい研究仲間の論文に片寄った言及が散見されることがありますが，公正さを欠くものであり，慎しむべきことです。

（3）引用の基本原則

他者の著作からの引用は，公表されたものからしかできません。研究会でのレジュメや私信など，公開されていないものから引用する場合には，引用される側の許可が必要です。

公表された著作から引用する場合は，著作権法第32条の引用に関する規定にもとづいて許可なく引用することができます。引用に際しては，(a) 引用が必要不可欠である，(b) 引用箇所は必要最小限の分量にとどめる，(c) 引用文と地の文を明確に区別する，(d) 原則として原文どおりに引用する，(e) 著作者名と著作物の表題，引用頁数など出典を明示する，という基本原則を遵守しなければなりません。

（4）図表などの「使用」

オリジナリティの高い図表や写真・絵画・歌詞などを使用する場合は，法律用語としては「引用」ではなく，他者の著作物の「使用」にあたります。その場合には，当該図表・写真・絵画・歌詞などの著作権者から使用の許諾を受けなければなりません。

（5）投稿規定・執筆要項の遵守

　論文を雑誌に投稿する際は，各雑誌ごとに，投稿規定・執筆要項を定めていますから，執筆に先立って熟読し，細部まで遵守しなければなりません。日本社会学会は『社会学評論スタイルガイド』を定めています。日頃から，このスタイルガイドに依拠して論文を執筆するよう心がけましょう。とくに大学院生など発表経験の乏しい会員の場合には，投稿に先立って，指導教員や先輩・同輩の院生などに目をとおしてもらい，批評を仰ぐことが重要です。誤字脱字が多い，日本語として意味が通りにくい，文献や注が不備であるなど，不注意な論文が散見されますが，そのような論文を投稿することは，投稿者自身にとって不利なばかりでなく，編集委員会や査読者に無用な負担をかけることになります。

（6）「二重投稿」の禁止

　同一あるいはほとんど同一内容の論文を，同時に別々の雑誌に投稿することは「二重投稿」として禁じられています。学術雑誌の場合には，投稿論文は未発表のものに限られます。どの範囲までを既発表とし，どこからを未発表とするのか，その具体的な線引きは，必ずしも容易ではありません。投稿しようとする雑誌ごとにどのようなガイドラインになっているか，確認しておきましょう。

またアイデアを小出しにして，発表論文数を増やそうとするような態度は慎むべきです。

（7）査読内容の尊重

　査読者に訂正等の指示を受けた場合，その指摘に誠実に対処しましょう。査読者が「誤解」したと考えられる場合もありえますが，なぜ誤解を招いたのか，誤解を防ぐにはどのように記述を改善すればよいのか，という点から，投稿者自身がまず改善・改稿を心がけるべきです。なお，納得のいかない評価に対しては，論拠を示して異議を申し立てることができます。

（8）著作者の権利

　著作者であることによって，大別して，経済的利益の保護を目的とした財産権である著作権と，人格的利益の保護を目的とした著作者人格権の二つの権利が派生します。著作者としての自分の権利を守り，また，他者の権利を侵害しないように留意しましょう。近年，著作権を発行元に譲渡する場合が増えていますが，著作者人格権は，あくまでも著者自身にあります。

　自らの著作を，別の書籍や雑誌に再録したり，あるいはホームページなどに転載する際は，著作権の帰属に気をつけ，発行元および著作権者から許可を得ることが必要です。

（9）共同研究のルール

　共同研究に先立って，あるいは研究の初期段階で，研究チーム内のルールをあらかじめ明確にしておきましょう。とくに役割分担や協力の内容について，成果の発表の仕方について，発表の時期や内容，媒体などについて，合意内容を研究チーム内で確認し，それを遵守しなくてはなりません。研究成果の公表にあたっては，共同研究者や研究協力者の権利を尊重し，共著者として列記する，あるいは協力ないし役割分担の内容について明記するといった配慮も必要です。また共同研究が終了したのちも，その研究で得られたオリジナルなデータの取扱いについては，共同研究者の合意を得るなど，慎重な取扱いが必要です。

　（以下略）

　注

(1)　2022年9月1日取得，https://jss-sociology.org/about/ethicalcodes/。

238

おわりに

　本書の目的は，読者がなんらかの問いを立て，先行研究を調べ，リサーチクエスチョンを構築し，インタビュー調査をおこない，そこで得られたデータを分析して，論文を完成させる，という調査のプロセスを学ぶことにある。読者のみなさんにはぜひ，本書を読み進めながらインタビュー調査を実践してほしい。

　本書は職人芸と呼ばれがちな質的調査の方法を実践できるようにわかりやすく説明することを試みたものである。職人芸とは，研究者たちが調査を実践する中で培ってきた知恵の総体だ。それは端的に説明することが難しく，調査を実践しながら細々と伝えていかざるをえない。質的調査の技法は実践してみないとわからないことばかりである。研究者たちは調査を進めていくなかで困難に直面するたびに，それを乗りこえようと工夫をする。トライアンドエラーの積み重ねが研究者自身の知恵となって積み重なっていく。

　質的調査実習の教育の現場でもこうしたトライアンドエラーを積み重ねている。受講生が主体的に調査を進めることができるように，私たちは毎年度，調査法の説明を工夫し，資料をアップデートしつづけている。そのなかで，リサーチクエスチョンを構築するためにワークシートを活用したり，分析の方法，論文のまとめ方に関する実践例を紹介したりして，授業をしてきた。読者のみなさんには本書の内容を読むだけでなく，ワークシートや実践例を参考にしながら調査を進めていってほしい。

　本書が想定する読者は主に卒業論文でインタビュー調査を実践する学部生である。学部生がひとりで調査を実践することを前提にしているが，社会調査実習の授業などでも利用できるように構成している。第1章の方法論と第5章のデータ分析については大学院生にとっても参考になるだろう。

第1章や巻末のブックガイドを見るとわかるが，質的調査の方法は多種多様である。本書で説明した半構造化インタビューはそのうちのひとつである。半構造化インタビューにしても多種多様な方法があり，本書では説明しきれなかったものもある。そして，質的調査について書かれた書籍は数多く出版されている。本書が引用している書籍，ブックガイドで紹介した書籍，それ以外にもたくさんの優れた書籍がある。そうした書籍を参照しながら，あなたの調査テーマにあった調査法を模索していってほしい。

　最後に，本書を刊行するにあたりお世話になった方々に対して，この場を借りて感謝をお伝えする。

　本書は，著者らが担当してきた国際基督教大学の「質的社会学分析」という授業の教育実践がもとになっている。山口が担当教員として授業をおこない，中野と川口はTA（ティーチングアシスタント）として，受講生の調査をサポートするとともに，論文執筆の指導をおこなってきた。

　そこで，「質的社会学分析」とその前身の「国際社会調査実習」を担当されてきた歴代の担当教員の方々，TAのみなさんにも感謝を申し述べる。共にTAとして本授業を担当したみなさんと相談し合ったこと，議論したことに大きく刺激をうけた。また，本授業を受講したすべての学生に感謝する。数年間，本書のもととなる教材を使って授業をおこない，ご協力いただいた。受講生のみなさんの意見やアイデア，そしてみなさんが執筆した論文が本書の構成の参考になった。

　最後に，ミネルヴァ書房のみなさま，担当編集者の長田亜里沙さまのご尽力により本書を出版することができたことに対し深く感謝を申し述べる。

　本書がより多くの方に届き，実りのある調査がおこなわれることを心より願う。

2023年1月

執筆者を代表して　中野佑一

索　引

執筆者紹介

（執筆順，＊は編著者）

＊山口富子（やまぐち　とみこ）　　はじめに・第1章・第5章・ブックガイド

　　編著者紹介欄参照。

中野佑一（なかの　ゆういち）　　第2章・第6章・おわりに・ブックガイド

　　2005年　国際基督教大学卒業。
　　2015年　上智大学大学院総合人間科学研究科博士後期課程満期退学。
　　2018年　上智大学大学院総合人間科学研究科博士号取得。博士（社会学）。
　　現　在　国際基督教大学特任助教。
　　主　著　「郊外在宅地におけるセキュリティの浸潤——セキュリティタウン居住者の生活様式
　　　　　　と再帰的な犯罪被害不安」（博士論文（上智大学）），2018年。
　　　　　　「セキュリティタウン住民の安全・安心に対する意識——日本版ゲーテッド・コミュ
　　　　　　ニティへの社会学的分析」『日本都市社会学会年報』33号，2015年。
　　　　　　「デヴィッド・ハーヴェイ」中筋直哉・五十嵐泰正編『よくわかる都市社会学』ミネ
　　　　　　ルヴァ書房，2013年。
　　　　　　「「防犯カメラには犯罪を抑止する効果があり，安全をもたらす」という想像——東京
　　　　　　都議会における防犯カメラ設置補助をめぐる議事録分析」『駒澤社会学研究』57号，
　　　　　　2021年。

川口　遼（かわぐち　りょう）　　第3章・第4章・ブックガイド

　　2007年　国際基督教大学卒業。
　　2016年　一橋大学大学院社会学研究科博士課程満期退学。
　　現　在　東京都立大学人文社会学部客員研究員。
　　主　著　「『戦う姫，働く少女』が投げかけるもの」ジェンダーと労働研究会編『私たちの「戦
　　　　　　う姫，働く少女」』（共著），堀之内出版，2019年。
　　　　　　「R.W. コンネルの男性性理論の批判的検討——ジェンダー構造の多元性に配慮した男
　　　　　　性性のヘゲモニー闘争の分析へ」『一橋社会科学』6号，65-78，2014年。
　　　　　　「リベラル・アーツ教育としての質的調査教育——国際基督教大学「質的社会学分析」
　　　　　　での実践を事例に」（共著）『社会科学ジャーナル』78号，65-84，2014年。

《編著者紹介》

山口富子（やまぐち　とみこ）

　1995年　バース大学社会科学政策学部，修士（開発学）。
　2004年　ミシガン州立大学社会科学科社会学部博士課程修了，博士（社会学）。
　現　在　国際基督教大学教養学部教授。
　主　著　『予測がつくる社会「科学の言葉」の使われ方』（共編著），東京大学出版会，2019年。
　　　　　『萌芽する科学技術——先端科学技術への社会学的アプローチ』（共編著），京都大学
　　　　　出版会，2010年。
　　　　　「期待の社会学」塚原東吾・綾部広則ほか編著『よくわかる現代科学技術史・STS』ミ
　　　　　ネルヴァ書房，2021年。
　　　　　Performativity of expectations: The emergence of plant gene editing technologies in
　　　　　Japan. *Elementa: Science of the Anthropocene*, 8(1): 036 (2020).

インタビュー調査法入門
　　　——質的調査実習の工夫と実践——

2023年4月30日　初版第1刷発行　　　　　　〈検印省略〉
2024年5月30日　初版第2刷発行

　　　　　　　　　　　　　　　　　　　　定価はカバーに
　　　　　　　　　　　　　　　　　　　　表示しています

　　　　　編著者　山　口　富　子
　　　　　発行者　杉　田　啓　三
　　　　　印刷者　坂　本　喜　杏

　　　発行所　株式会社　ミネルヴァ書房
　　　　　607-8494　京都市山科区日ノ岡堤谷町1
　　　　　電話代表　075-581-5191
　　　　　振替口座　01020-0-8076

　　　©山口富子ほか，2023　冨山房インターナショナル・吉田三誠堂製本
　　　　　　　　ISBN 978-4-623-09534-6
　　　　　　　　Printed in Japan

谷　富夫／山本　努 編著
よくわかる質的社会調査　プロセス編
B 5 判・244頁
本体2,500円

谷　富夫／芦田徹郎 編著
よくわかる質的社会調査　技法編
B 5 判・232頁
本体2,500円

Ｓ・Ｂ・メリアム／Ｅ・Ｌ・シンプソン 著　堀　薫夫 監訳
調査研究法ガイドブック
A 5 判・292頁
本体3,500円

大谷信介／木下栄二／後藤範章／小松　洋 編著
新・社会調査へのアプローチ
A 5 判・412頁
本体2,500円

ミネルヴァ書房
https://www.minervashobo.co.jp/